IFO-INSTITUT FÜR WIRTSCHAFTSFORSCHUNG

STRUKTUR UND WACHSTUM

REIHE INDUSTRIE

Heft 41

IFO-INSTITUT FÜR WIRTSCHAFTSFORSCHUNG

Papier- und Pappeverarbeitung

Strukturwandlungen und Entwicklungsperspektiven

Von

Klaus Grefermann

DUNCKER & HUMBLOT / BERLIN-MÜNCHEN

CIP-Kurztitelaufnahme der Deutschen Bibliothek

Grefermann, Klaus:
Papier- und Pappeverarbeitung: Strukturwandlungen u.
Entwicklungsperspektiven / von Klaus Grefermann.
Ifo-Inst. für Wirtschaftsforschung. — Berlin;
München: Duncker und Humblot, 1986.
(Struktur und Wachstum: Reihe Industrie; H. 41)
ISBN 3-428-06050-4

NE: Struktur und Wachstum / Reihe Industrie

Satz: Werksatz Marschall, Berlin 45; Druck: Werner Hildebrand, Berlin 65
Printed in Germany

ISBN 3-428-06050-4

Vorwort

Das Ifo-Institut für Wirtschaftsforschung sieht eine seiner Hauptaufgaben darin, den strukturellen Umschichtungen innerhalb einer wachsenden Wirtschaft nachzugehen. Es hat deshalb die Schriftenreihe „Struktur und Wachstum" ins Leben gerufen.

In zwangloser Folge erscheinen Studien über den strukturellen Wandel und die sich daraus ergebenden Wachstumschancen dieser Bereiche. Die vorliegende „Reihe Industrie" vermittelt einen Einblick in Strukturwandlungen und deren Ursachen in wichtigen Industriegruppen der Bundesrepublik. Die Untersuchungen werden in den Branchenreferaten der Abteilung Industrie und Struktur durchgeführt.

Im Mittelpunkt der vorliegenden Untersuchung steht die Analyse der Anpassungsreaktionen der Papierverarbeitung an die veränderten Rahmenbedingungen. Darauf aufbauend werden die Chancen und Risiken für die künftige Entwicklung der Branche insgesamt und ihrer wichtigsten Teilbereiche, nämlich Verpackung, Hygienepapierwaren, Tapeten sowie Schreibwaren und Bürobedarf, herausgearbeitet.

Der Bundesminister für Wirtschaft hat die Studie finanziell unterstützt.

München, im März 1986

Prof. Dr. Karl Heinrich Oppenländer
Präsident
des Ifo-Instituts für Wirtschaftsforschung
München

Inhaltsverzeichnis

Verzeichnis der Tabellen

Textteil

Anhang

Verzeichnis der Abbildungen

I. Problemstellung und Aufbau der Untersuchung

1. Rahmenbedingungen und Problemstellung

Die Papierverarbeitung der Bundesrepublik Deutschland hat in den letzten Jahren eine durchaus positive Entwicklung genommen. Ihr Produktionswachstum war kräftiger als der Durchschnitt der Gesamtindustrie. Die Exportquote ist in den letzten 12 Jahren um über 100 % gestiegen und liegt insgesamt bei 18 %. Der Anteil am Welthandel liegt bei mehr als einem Fünftel; damit ist die deutsche Papierverarbeitung vor den USA und vor Frankreich international der größte Anbieter.

Diese durchaus positive Bilanz darf jedoch nicht darüber hinwegtäuschen, daß die allgemein als typisch mittelständisch geltende Branche einen Strukturbereinigungsprozeß durchläuft, der bei weitem noch nicht abgeschlossen sein dürfte. Diese Entwicklung zeigt sich u. a. darin, daß in den letzten 10 Jahren rund 25 000 Arbeitsplätze, das sind rund 20 %, verloren gegangen sind. Mit dem vermehrten Einsatz elektronisch gesteuerter Maschinen, mit der Verkettung von Einfunktions-Maschinen zu Fertigungsstraßen, mit steigender Komplexität der Anlagen und schließlich durch die mit dem technischen Fortschritt verbundenen Kapazitätseffekte scheinen sich auch künftig negative Auswirkungen auf den Bestand an Arbeitsplätzen abzuzeichnen.

Wesentlich gravierender dürfte aber sein, daß diese modernen Maschinen die Finanzkraft der kleinen und teilweise auch der mittleren Unternehmen zu übersteigen beginnen. So ist die Eigenkapitalquote von rund 37 % im Jahre 1965 auf rund 26 % im Jahre 1981 zurückgegangen. Hinzu kommt, daß die finanziell nicht ausreichend abgesicherten Unternehmen zunehmend Gegenstand skandinavischer Firmenkäufe wurden. Skandinavische, vor allem schwedische Unternehmen der Papiererzeugung haben wegen rohstoffbedingt limitierten Expansionsmöglichkeiten in den letzten Jahren eine Produktpolitik zu höher veredelten Sortimenten eingeschlagen und — in erster Linie in Form von Firmenkäufen im EG-Raum — eine Vorwärtsintegration in die „dritte Stufe" (Papierverarbeitung) betrieben. So ist heute bereits in beträchtlichem Umfang skandinavisches Kapital in der deutschen Papierverarbeitung vertreten.

Bei der Diskussion über die technisch/wirtschaftlichen Folgen der Einführung neuer Bürotechniken und Kommunikationsmedien wird sehr zu Unrecht die Papierverarbeitung meist nicht erwähnt. Dabei haben die von diesen Neuerungen ausgehenden Impulse schon in der Vergangenheit die Nachfrage nach Papierwaren sowohl positiv (z. B. EDV-gerechte Organisationsmittel) als auch negativ (z. B. traditionelle Buchführungsartikel) beeinflußt. Noch viel tiefer greifende Auswirkungen sind in Zukunft zu erwarten, wenn sich neue Speichermedien (z. B. zu Lasten der traditionellen Bürohilfsmittel wie Ordner und Schnellhefter) oder Kommunikationstechniken (z. B. zu Lasten von Umschlägen und Briefausstattungen, aber auch von Lernmitteln) weiter durchsetzen können.

Die mittelständischen Unternehmen befinden sich noch in einem anderen Spannungsfeld: Auf den Beschaffungsmärkten stehen sie den meist wesentlich größeren Papiererzeugern gegenüber. Diese haben den traditionell mittelständischen Papiergroßhandel auch in einigen Bereichen bereits durch herstellereigene Vertriebseinrichtungen verdrängt. Die Abnehmerseite bilden in großem Umfang marktstarke Nahrungsmittel- und Konsumgüterunternehmen sowie Einkaufsverbände. Zum Teil haben diese „abpackenden" Branchen auch eigene Papierverarbeitungsbetriebe.

Schließlich wird die Papierverarbeitung in wichtigen Bereichen, vor allem auf dem Verpackungssektor, von umweltpolitischen Interventionen betroffen. Auswirkungen werden sich von staatlichen Maßnahmen, beispielsweise hinsichtlich des Verhältnisses Einweg-/Mehrwegpackung oder der Abfallbeseitigungsgesetzgebung, ergeben. Auch auf die zunehmende Zahl der Normen sowie Mengen- und Preisinformationsvorschriften sei hier verwiesen. Insgesamt stellt sich die Frage, ob die deutsche Papierverarbeitung mit ihrer gewachsenen, überwiegend mittelständisch geprägten Struktur ihre gute internationale Wettbewerbsposition auch in Zukunft wird erhalten können, zumal man auch von deutlich abgeschwächten Zuwachsraten der Nachfrage auszugehen hat.

Die vorliegende Studie soll dazu dienen, die Situation und die Chancen der Papierverarbeitung unter einer Vielzahl von Aspekten zu beleuchten. Sie schließt an zwei frühere Untersuchungen des Ifo-Instituts an.[1]

2. Aufbau der Untersuchung

Zur Beantwortung der aufgeworfenen Fragen ist es erforderlich, die Produktions-, Absatz- und Marktbedingungen der Papierverarbeitung eingehend zu analysieren. Dabei hat die Darstellung der Vergangenheitsentwick-

[1] R. Schroeder, Papierverarbeitung und Druckerei-Industrie, Struktur und Wachstum, Reihe Industrie, Heft 1, Berlin-München 1965; K. Grefermann, Papierverarbeitung und Druckerei-Industrie aus der Sicht der siebziger Jahre, Struktur und Wachstum, Reihe Industrie, Heft 22, Berlin-München 1973.

lung deshalb besonderes Gewicht, weil die Brüche in der Entwicklung in den Jahren 1973/74 und 1980/81 mit ihren Konsequenzen herausgestellt werden müssen.

Die Analyse der Papierverarbeitung impliziert notwendigerweise eine Durchschnittsbetrachtung, bei der fachzweigspezifische Besonderheiten nur ungenügend berücksichtigt werden können. Auf diese muß aber speziell eingegangen werden, da die Wirtschaftsgruppe durchaus heterogen in ihrer Zusammensetzung ist.

Die Studie gliedert sich in drei Komplexe: einen allgemeinen Teil (Abschnitte II-V), einen Fachzweigteil (Abschnitt VI) und einen Perspektivteil (Abschnitt VII). Im allgemeinen Teil wird ein Überblick über die Papierverarbeitung als ganzes gegeben, wobei sich auch Hinweise auf fachzweigspezifische Abweichungen finden. Insbesondere werden die Bedeutung der Branche, die Nachfrage- und Angebotssituation, Produktion und Produktionsfaktoren, die Marktstruktur sowie die außenwirtschaftliche Verflechtung analysiert. In diesem Teil werden vor allem auch jene Daten vorgestellt, die nur auf Ebene der Wirtschaftsgruppe vorliegen. Im Fachzweigteil werden für wichtige Teilbereiche der Papierverarbeitung die Entwicklung von Nachfrage, Angebot, Außenhandel sowie bereichsspezifische Besonderheiten dargestellt. Der Perspektivteil faßt die Aussagen der übrigen Abschnitte zusammen und versucht, aus den heute erkennbaren Entwicklungen die Frage zu beantworten, ob die Papierverarbeitung der Bundesrepublik Deutschland sich in Zukunft im Substitutions-, aber auch im internationalen Wettbewerb wird behaupten können.

Zum Zwecke der besseren Lesbarkeit wurden alle größeren Tabellen in einen Anhang aufgenommen (z. B. s. Tabelle A 13).

II. Bedeutung und Organisation der Papierverarbeitung

1. Bedeutung und Abgrenzung der Branche

a) Charakterisierung der Branche

Die Papierverarbeitung gehört zu den Verbrauchsgüterindustrien. Hergestellt werden sowohl Zwischenprodukte für industrielle Produktionen als auch Artikel für den gewerblichen und privaten Verbrauch. Der Schwerpunkt der Erzeugung liegt eindeutig bei Verpackungsmitteln und -hilfsmitteln. Die Papierverarbeitung wurzelt in sehr alten handwerklichen Traditionen; ihr Aufschwung zu einem bedeutenderen Industriezweig begann, als der Ausgangsstoff Papier so billig wurde, daß er für Massenartikel in Frage kam. Entsprechend dieser historischen Entwicklung stellt sich heute die Struktur der Branche dar: auf der einen Seite finden sich noch im Handwerklichen wurzelnde Betriebe, die produktmäßige oder regionale Marktnischen bedienen, andererseits sind aber auch relativ große Unternehmen anzutreffen. Diese haben ihren wirtschaftlichen Schwerpunkt dann häufig im Bereich der Papiererzeugung.

Die Produkte der Papierverarbeitung sind aus der Produktion und vor allem der Distribution von Gütern und aus dem täglichen Leben nicht mehr wegzudenken. Schachteln, Beutel, Hygieneartikel und Tapeten sind nur einige wenige Beispiele. Charakteristisch ist, daß bei vielen Produkten das Papier einst andere Materialien substituiert hat, z. B. die Wellpappenkiste in einigen Anwendungsbereichen die Holzkiste, die Hygienepapierwaren solche aus Textilien, Flüssigkeitspackungen aus Karton solche aus Glas. Mit der Entwicklung neuer Werkstoffe aus Kunststoffen oder Metallen, häufig auch aus Kombinationen verschiedener Materialien, ist Papier in einigen Anwendungsbereichen dann ebenfalls teilweise substituiert worden, z. B. bei Tragetüten und -taschen durch Kunststoff. Vielfach hat sich bei den Substitutionsvorgängen inzwischen eine „mehr oder weniger friedliche Koexistenz" der einzelnen Materialien eingestellt.

Produktionstechnisch betrachtet handelt es sich bei der Herstellung von Papierwaren überwiegend um Zuschneide-, Stanz-, Präge-, Klebe- und Druckvorgänge. Gerade wegen der letzteren sind die Übergänge zur Druckerei-Industrie fließend. Die maschinelle Ausstattung ist je nach Fachzweig sehr verschieden, sie reicht von einfachen Stanz- und Faltmaschinen (z. B. bei der

Kartonagenherstellung) bis zu den Großanlagen der Wellpappeerzeugung. Hinsichtlich der Kapitalintensität liegt die Papierverarbeitung zwar über dem Durchschnitt des Verbrauchsgüter produzierenden Gewerbes, erreicht jedoch nicht den Mittelwert des verarbeitenden Gewerbes insgesamt. Hinsichtlich der Lohnintensität entspricht die Papierverarbeitung dem Durchschnitt der Gesamtindustrie und liegt deutlich unter dem Verbrauchsgüterbereich.

Ausfuhren und Einfuhren spielen für das Marktgeschehen bei Papierwaren insgesamt gesehen nur eine relativ bescheidene Rolle. Die Export- und Importquoten sind vergleichsweise niedrig, haben jedoch steigende Tendenz, was auf eine zunehmende Bedeutung der außenwirtschaftlichen Verflechtung hindeutet. Nicht fehlen darf bei der Charakterisierung der Branche der Hinweis darauf, daß zwar eine Fülle von Materialien (Leder, Textilien, Holz, Metall, Kunststoffe usw.) verarbeitet werden, daß das entscheidende „namensgebende“ Ausgangsmaterial jedoch das Papier ist, das zu einem erheblichen Teil von ausländischen Lieferanten stammt.

b) Bedeutung der Branche

Die Papierverarbeitung gehört in der Bundesrepublik Deutschland zu den kleineren Wirtschaftszweigen. Selbst wenn man die Linkage-Effekte in die Betrachtung einbezieht, ändert sich daran nichts. Gemessen am Umsatz ist sie nur der sechstgrößte Zweig des Verbrauchsgüter produzierenden Gewerbes; ihr Anteil am Umsatz des gesamten verarbeitenden Gewerbes liegt bei nur rund 1,5 %. Die Bedeutung als Arbeitgeber entspricht ziemlich genau derjenigen beim Umsatz.

Diese Anteile scheinen den Schluß nahezulegen, daß die Bedeutung der Papierverarbeitung relativ niedrig zu veranschlagen ist. Dies um so mehr, als hinsichtlich der Produktionsstandorte und damit der Arbeitsplätze keine ausgeprägte regionale Konzentration zu beobachten ist, mithin auch keine Abhängigkeit einer Region von dieser Branche gegeben ist, wie dies beispielsweise bei der Spielwarenindustrie in Ober- und Mittelfranken der Fall ist. Die Bedeutung der Papierverarbeitung ist aber vor allem auf zwei Gebieten zu sehen: einmal in ihrer Struktur, die durch das Vorherrschen kleiner und mittlerer Unternehmen geprägt ist. Gerade diese erfreuen sich des besonderen Interesses der staatlichen Wirtschaftspolitik, denn „kleine und mittlere Unternehmen sind das Rückgrat unserer Wirtschaft. Nur mit dem tatkräftigen Beitrag der mittelständischen Wirtschaft werden wir die Wettbewerbsfähigkeit der deutschen Wirtschaft sichern und den strukturellen Wandel bewältigen können.“[1] Zum anderen ist die Papierverarbeitung als

[1] So der Bundesminister für Wirtschaft im Vorwort zur Broschüre „Förderungsmaßnahmen des Bundes für den Mittelstand“, Bonn 1983.

Verpackungshersteller von besonderer Bedeutung. Verpackungen dienen nicht nur dem Schutz, der Sicherung der Transportfähigkeit und der Haltbarkeit eines Produktes, sie bilden auch einen beträchtlichen Bestandteil des Haus- und Gewerbemülls und sind als solcher an zentraler Stelle in die Umweltdiskussion gelangt.

c) Verflechtung mit anderen Wirtschaftsbereichen

Die Papierverarbeitung bildet mit der Papiererzeugung und der Druckindustrie zusammen die Papierwirtschaft. Auf der Beschaffungsseite ist sie relativ stark auf ihren Vorlieferanten, die Papiererzeugung, fixiert (vgl. Tab. A 1). Sie bezieht von dort 41,8 % (1980) ihrer Vorleistungen (aus inländischer Produktion). Dies gilt nach Ausschaltung der bereichsinternen Lieferungen, die etwa 70 % der Bezüge von Papier- und Pappewaren ausmachen und damit recht bedeutsam sind. Für die Papiererzeugung ist die Papierverarbeitung der wichtigste inländische Kunde: sie nimmt etwa 45 % von ihrem Inlandsabsatz auf. Das bedeutet, daß gegenwärtig ungefähr 20 000 der rund 47 500 in der Papiererzeugung Beschäftigten von der Produktion der deutschen Papierverarbeitung abhängig sind.

Die sonstigen Vorleistungen für die Erzeugung von Papierwaren, zu denen nach den Definitionen der Input-Output-Tabellen auch die in Anspruch genommenen Transportleistungen sowie die Leistungen des Handels gezählt werden, verteilen sich auf eine Vielzahl von Branchen. Hier sind in erster Linie die Lieferungen von chemischen Erzeugnissen (z. B. Kleber, Lacke), von Kunststofferzeugnissen und von Druckerzeugnissen zu nennen. Auf sie entfällt ein weiteres Sechstel der Vorleistungen (ohne bereichsinterne Lieferungen).

Papierwaren werden weitaus überwiegend, nämlich zu 82,9 %, auch in Betrieben der Papierverarbeitung hergestellt; weitere nennenswerte Hersteller finden sich in der chemischen Industrie (5,1 %), der Papiererzeugung (4,9 %), der Druckerei (2,2 %) und der Kunststoffverarbeitung (1,5 %). Die Papierverarbeitung wiederum stellt zu rund 85 % Papierwaren her, ist also relativ „produkttreu“. Immerhin werden in ihr auch rund 9 % der Gesamtproduktion von Papier und Pappe der Bundesrepublik hergestellt. Dies deutet auf eine Rückwärtsintegration dergestalt hin, daß Papier und Pappe verarbeitende Unternehmen sich eine eigene Rohstoffbasis verschafft haben. Ein Spezifikum der Papierverarbeitung bilden die sogenannten Regiebetriebe. Darunter werden in der Branche solche (branchenfremden) Betriebe verstanden, die Papiere und Pappen für Verpackungszwecke aus der Papiererzeugung beziehen und daraus für die eigenen Produkte Verpackungen herstellen. Da Herstellung der Packungen und Abpacken in aller Regel „in line" erfolgen, treten die Packungen nicht als „eigenständiges Produkt" in Erscheinung und werden mithin auch nicht zur amtlichen Statistik gemeldet. Daher zeigen die Produktionsstatistiken eine zu niedrige Produktion an, wobei dies bei den einzelnen Verpackungsmitteln von unterschiedlicher Bedeutung ist. Als wesentlich bleibt also festzuhalten, daß Papierwaren noch in einer ganzen Reihe von Branchen (z. B. pharmazeutische Industrie, Zigarettenindustrie, Nahrungsmittelindustrie) hergestellt werden, ohne daß dies in den einschlägigen Statistiken zum Ausdruck kommt.

Wichtigste Lieferanten von Investitionsgütern für die Papierverarbeitung sind die Hersteller von Papierverarbeitungs- und Druckereimaschinen. Da dieser Bereich des Maschinenbaus außerordentlich exportintensiv ist (Exportquote 1983: 70,3 %) und außerdem auch noch einige andere Wirtschaftsbereiche (darunter in erster Linie die Druckindustrie) beliefert, ist für die deutsche Papierverarbeitung nur ein Teil der 36 500 Beschäftigten (1983) des Papierverarbeitungs- und Druckereimaschinenbaus tätig. Dennoch ist dieser Maschinenbaubereich bei seinen Produktentwicklungen auf die Papierverarbeitung ebenso angewiesen wie umgekehrt. Daraus ergeben sich auch für die Papierverarbeiter gewisse Vorteile im internationalen Wettbewerb, da sie durch den engen Kontakt zu ihren Maschinenlieferanten häufig maschinentechnologische Neuerungen schneller nutzen können als ihre ausländischen Wettbewerber. Allerdings schwindet dieser Vorsprung in dem Maß, wie die neuen Maschinen und Anlagen zum Export gelangen, was — wie die hohen Exportquoten zeigen — fast die Regel ist. Aus der relativ niedrigen Importquote bei Papierverarbeitungs- und Druckereimaschinen (1983: 17,5 %) ist zu ersehen, daß dieser Zweig des deutschen Maschinenbaus einerseits im internationalen Vergleich eine hervorragende Stelle einnimmt und andererseits seine deutschen Kunden relativ wenig auf ausländische Konkurrenzerzeugnisse zurückgreifen (müssen).

Der Output an Papierwaren entfällt zu 70 % auf die Nachfrage anderer Produktionsbereiche und zu 30 % auf die Endnachfrage (vgl. Tab. A 2). Etwa die Hälfte des letztgenannten Absatzbereichs wird von den Exporten eingenommen. Unterstellt man, daß die exportierten Papierwaren einer ähnlichen Verwendungsstruktur unterliegen wie die im Inland verbliebenen, so setzt sich der Absatz von Papierwaren letztlich zu etwa acht Zehnteln aus der Nachfrage anderer Wirtschaftszweige und zu knapp zwei Zehnteln aus der Nachfrage privater Haushalte zusammen.

Unter den Abnehmerbereichen dominieren, etwa gleichgewichtig, die chemische Industrie und die Nahrungs- und Genußmittelindustrie. Auf diese beiden Absatzbereiche entfällt etwa ein Viertel des Outputs; der Rest verteilt sich auf eine Vielzahl von Produktionsbereichen, zu denen nach den Definitionen der Input-Output-Tabellen auch Handel und Dienstleistungen — ebenfalls wichtige Abnehmer von Papierwaren — gehören.

2. Organisation der Papierverarbeitung

a) Anzahl und Größe der Unternehmen und Betriebe

Im Jahre 1983 gab es in der Bundesrepublik im Jahresdurchschnitt 732 *Unternehmen* (mit 20 und mehr Beschäftigten) mit wirtschaftlichem Schwerpunkt in der Papierverarbeitung. In ihnen waren insgesamt 102 070 Personen beschäftigt. Die Papierverarbeitung hatte damit einen Anteil am gesamten verarbeitenden Gewerbe von 2,0 % bei den Unternehmen und 1,5 % bei den Beschäftigten (Tab. A 3). Mit 139 Beschäftigten je Unternehmen ist die Papierverarbeitung also durch im Durchschnitt wesentlich kleinere Unternehmen als das verarbeitende Gewerbe insgesamt charakterisiert. Dieses verzeichnet durchschnittlich 182 Beschäftigte je Unternehmen.

Die Unternehmensgröße wird rein rechnerisch durch zwei Faktoren bestimmt. Sie ist einmal auf die durchschnittliche Größe der zum Unternehmen gehörenden Betriebe zurückzuführen, zum anderen darauf, aus wieviel Betrieben das einzelne Unternehmen besteht. Im Jahre 1983 gab es insgesamt 880 *Betriebe* mit dem wirtschaftlichen Schwerpunkt in der Papierverarbeitung. Dies entspricht einem Anteil am verarbeitenden Gewerbe insgesamt von 1,9 %. In den Papierverarbeitungsbetrieben waren 102 495 Personen beschäftigt, durchschnittlich also 116 Beschäftigte je Betrieb. Die entsprechende Relation für das verarbeitende Gewerbe insgesamt betrug 147. Stellt man die Betrachtung auf das Konzept der „fachlichen Betriebsteile" ab, das fachliche Betriebsteile von kombinierten Betrieben dem jeweiligen Wirtschaftszweig zuordnet („Beteiligten-Konzept"), so waren diese fachlichen Betriebsteile in der Papierverarbeitung ebenfalls deutlich kleiner als im Vergleichsaggregat (87 gegenüber 111 Beschäftigten). In der Papierverarbeitung sind also die Betriebe im allgemeinen kleiner als im verarbeitenden Gewerbe insgesamt. Andererseits sind überdurchschnittlich häufig Zweigbetriebe vertreten: Während im Mittel des verarbeitenden Gewerbes insgesamt 12,3 % aller Unternehmen mehr als einen Betrieb hatten, waren es in der Papierverarbeitung (geringfügig) mehr, nämlich 13,5 %.

Zu jedem Unternehmen des Bergbaus und verarbeitenden Gewerbes gehören im Durchschnitt 1,2 Betriebe. „Von besonders hoher Mehrbetrieblichkeit ist demnach der Wirtschaftszweig Elektrotechnik und der Bergbau geprägt. Dabei ist die Mehrbetrieblichkeit stark größenabhängig."[2] Letzteres gilt auch für die Papierverarbeitung, wo die drei umsatzstärksten Unternehmen im Durchschnitt immerhin über jeweils 7,7 Betriebe verfügen, während das Mittel für den Wirtschaftszweig mit 1,2 Betrieben nach diesen Sonderauswertungen der Monopolkommission dem des gesamten verarbeitenden Gewerbes (einschl. Bergbau) entspricht.

---

[2] Monopolkommission, Hauptgutachten 1982/1983, Baden-Baden 1984, S. 58.

Insgesamt läßt sich also hinsichtlich der Papier- und Pappeverarbeitung sagen, daß die Unternehmen zwar häufiger über Zweigbetriebe verfügen, als das im Durchschnitt des verarbeitenden Gewerbes der Fall ist, daß aber die Betriebe doch beträchtlich kleiner sind, so daß sich insgesamt auch eine unterdurchschnittliche Unternehmensgröße ergibt. Innerhalb der Papierverarbeitung ist die Größenstruktur je nach Branchenzugehörigkeit recht unterschiedlich. Durchschnittlich am größten sind die Unternehmen, Betriebe und fachlichen Betriebsteile im Bereich „Herstellung von sonstigen Waren aus Papier und Pappe". Hierfür sind wohl in erster Linie die Firmen aus dem Sektor Hygienepapierwaren maßgebend. Am kleinsten sind die Einheiten des Bereichs „Herstellung von Schreibwaren, Bürobedarf aus Papier und Pappe; Buchbinderei" (vgl. Tab. A4 und A5).

Wegen der Brüche in der amtlichen Statistik ist eine Analyse der zeitlichen Entwicklung von Zahl und Größe der Unternehmen und Betriebe in der Papierverarbeitung nur mit beschränkter Genauigkeit möglich. Immerhin läßt sich aber sagen, daß die Anzahl in den letzten Jahren deutlich rückläufig war. Dabei hat sich die durchschnittliche Größe von Unternehmen und Betrieben nicht signifikant verändert.

Bishier blieben bei der Betrachtung die Kleinbetriebe (mit weniger als 20 Beschäftigten) außer Betracht.[3] Welche Bedeutung sie haben, ist nur ungefähr abzuschätzen, da die kleineren Handwerksbetriebe zur amtlichen Statistik nicht regelmäßig melden müssen. Immerhin gab es allein im Industriebereich 1983 fast 1 000 derartige „Minibetriebe", von denen rund zwei Fünftel weniger als fünf Beschäftigte hatten (vgl. Tab. A 6). Nach den Ergebnissen der letzten Handwerkszählung (1977) zu urteilen, sind dem noch einmal etwa ebensoviele Betriebe aus dem Handwerksbereich hinzuzurechnen: Damals wurden in der Papier- und Pappeverarbeitung 1 038 selbständige Unternehmen mit weniger als 20 Beschäftigten gezählt, von denen rund 70 % weniger als fünf Arbeitnehmer beschäftigten.

Hinsichtlich der Unternehmens- und Betriebsgrößenstruktur in der Papierverarbeitung bleibt also festzuhalten, daß sie von kleinen und mittleren Einheiten geprägt wird. Das zahlenmäßige Übergewicht kleinster Betriebe deutet — wenn man auch deren wirtschaftliches Gewicht nicht allzu hoch veranschlagen sollte — darauf hin, daß die produktmäßige und regionale Differenzierung der Märkte für Papierwaren sehr stark ausgeprägt ist, daß also eine Fülle von Marktnischen besteht, die für kleinste Unternehmen offensichtlich ein reiches Betätigungsfeld bieten. Diese Struktur unterstreicht auch, daß die Branche eindeutig als mittelständisch typisiert werden kann.

---

[3] Ein (unbekannter) Teil dieser Kleinbetriebe ist allerdings in den „fachlichen Betriebsteilen" enthalten.

b) Konzentration

Erwartungsgemäß gehört eine mittelständisch strukturierte Branche wie die Papierverarbeitung nicht zu den hoch konzentrierten Wirtschaftszweigen. Die Monopolkommission klassifiziert diese nach der Höhe des Konzentrationskoeffizienten und bezeichnet Wirtschaftszweige mit einem Umsatzanteil für die drei größten Unternehmen von 12,7 % wie die Papierverarbeitung gerade noch als „mäßig konzentriert" (Klassengrenzen 10 bis unter 25 %). Damit liegt die Papierverarbeitung im unteren Mittelfeld der 41 erfaßten Wirtschaftszweige, nämlich an 24. Stelle. Im Zeitablauf hat sich der Konzentrationskoeffizient in den letzten 15 Jahren nur geringfügig geändert. Er betrug (hier: Umsatzanteil der *zehn* größten Unternehmen) Ende der sechziger Jahre rund 22 % und liegt heute bei etwa 25 % (Tab. A7 und A 8). Dabei ist zu berücksichtigen, daß dies wegen der Brüche in der amtlichen Statistik nur relativ grobe Vergleichswerte sein können.

Nun ist eine Betrachtung der Konzentration auf der Ebene des gesamten Wirtschaftszweiges eine relativ grobe Analyse, da sie hohe Konzentrationen auf Teilmärkten überdecken kann. Die Monopolkommission hat daher auch die Angebotskonzentration in insgesamt 315 Güterklassen (Viersteller der Produktionsstatistik) untersucht. Für den Bereich der Papierverarbeitung wurden vier Klassen ausgesucht. Die drei größten Anbieter hatten demnach 1982 am Produktionswert der Güterklasse einen Anteil von

49,5 % bei Geschäftsbüchern, Bürohilfsmitteln, Lernmitteln und Kalendern (insgesamt 86 Anbieter)

47,6 % bei Zellstoffwatte-, Filtrierpapier- und Kreppapierwaren (insgesamt 44 Anbieter)

23,4 % bei Verpackungsmitteln aus Karton und Vollpappe, Displays, Etuis etc. (insgesamt 287 Anbieter)

21,0 % bei Wellpappe (insgesamt 121 Anbieter).

Damit liegen die Güterklassen Bürobedarf und Hygienepapierwaren sehr nahe bei dem für die Klassifikation der Monopolkommission als „sehr hoch konzentriert" maßgebenden Schwellenwert (50 % und mehr). Daraus wird deutlich, daß auf einzelnen Teilmärkten, selbst unter Verwendung eines so groben Rasters, wie es die Güterklassen darstellen, in einer mittelständisch geprägten Branche durchaus beachtliche Angebotskonzentrationen auftreten.[4]

[4] Die Verwendung der Konzentrationsmaße, wie sie oben vorgeführt wurde, gibt nur in beschränktem Umfang Aufschluß über die tatsächliche Konzentration, da Konzernverbindungen unberücksichtigt bleiben. Diese spielen, vornehmlich in Form von Tochtergesellschaften ausländischer Muttergesellschaften in der deutschen Papier- und Pappeverarbeitung durchaus eine Rolle. Darauf wird bei der Beschreibung der Bedeutung des Auslandskapitals einzugehen sein.

c) Regionale Verteilung

Die Papierverarbeitung ist hinsichtlich ihrer Standortansprüche relativ wenig gebunden; bezüglich der Infrastruktur sind nur vergleichsweise geringe Voraussetzungen erforderlich. Wesentlich ist eine gute Lage zu den Kunden, da viele Papierwaren lange Transportwege aus Kostengründen nicht vertragen. Diese Freizügigkeit hat dazu geführt, daß die Betriebe der Papierverarbeitung im wesentlichen dort angesiedelt sind, wo sich auch viele andere Industriebetriebe finden. So sind denn auch Nordrhein-Westfalen, Baden-Württemberg und Bayern die Bundesländer, in denen es die meisten Firmen der Papierverarbeitung gibt. Wenn im Durchschnitt in der Bundesrepublik 1,5 % der Industriebeschäftigten in der Papierverarbeitung arbeiten, so ist die Abweichung in den einzelnen Bundesländern von diesem Durchschnitt gering. Die Extreme bilden Berlin — Standort eines der bedeutendsten Unternehmen der Papierverarbeitung — mit einem Anteil von 2,5 % einerseits und das Saarland, das eine sehr einseitig ausgeprägte Industriestruktur aufweist, mit einem Anteil von 0,3 % andererseits (Tab. A9). Wenn auch keine Ballungen von Papierverarbeitungsbetrieben zu verzeichnen sind, so darf bei der Beurteilung der regionalen Verteilung doch nicht unberücksichtigt bleiben, daß eine Reihe von derartigen Betrieben in sonst wenig industrialisierten Räumen ansässig sind. Sie sind meist in der Zeit, als aus der Landwirtschaft Arbeitskräfte frei wurden, dort angesiedelt worden.

III. Nachfrage- und Angebotssituation

1. Charakterisierung des Marktes für Papierwaren

Der Markt[1] für Papierwaren scheint auf den ersten Blick relativ homogen zu sein: etwa 50 % machen (wertmäßig) die Verpackungen aus, ein Viertel entfällt auf Hygieneartikel und rund 10 % auf Schreibwaren und Bürobedarf. Der verbleibende Rest wird allerdings von einem „Sammelsurium" gebildet, das von Lampenschirmen bis zu Tapeten und Karnevalsartikeln reicht. Allerdings sind auch die scheinbar so großen Blöcke, z. B. Verpackungen, in sich heterogen, haben entsprechend differenzierte Nachfrageverhältnisse und unterliegen unterschiedlichen Einflußfaktoren auf die Marktentwicklung. Eine Untersuchung des Marktes für Papierwaren hat dieser Vielfalt Rechnung zu tragen, was nur durch eine Analyse auf der Ebene der Teilmärkte erfolgen kann.[2] An dieser Stelle soll ein Überblick über den Gesamtmarkt gegeben werden, soweit dieser trotz der dafür notwendigen Verallgemeinerungen und Vereinfachungen der Charakterisierung der zu untersuchenden Branche dienen kann.

Der Gesamtmarkt für Papierwaren kann, wie oben bereits erwähnt, im Hinblick auf die Nachfrageverhältnisse in vier großen Gruppen eingeteilt werden. *Verpackungen* bilden den bedeutendsten Bereich, wobei hier wiederum Wellpappe und Wellpappeerzeugnisse im Vordergrund stehen. Die Mehrzahl davon wird in Form von Versandschachteln und -kisten in die Verbrauchsgüter-, Nahrungs- und Genußmittel- und Investitionsgüterindustrie geliefert. Zwar werden mit diesem Packmittel häufig Konsumerzeugnisse verpackt, private Haushalte spielen als Nachfrager für Verpackungen aber generell nur eine marginale Rolle. Die Nachfrage ist — abgesehen von einem gewissen „Sockelbedarf" — sehr konjunkturreagibel. Sehr stark ist auf einigen Teilmärkten der Verpackung die Substitutionskonkurrenz mit Verpackungen aus anderen Materialien oder Verpackungssystemen (z. B. Losetransport).

Sowohl Gewerbe und Dienstleistungen als auch, wenn auch in geringerem Maße, private Haushalte sind die Abnehmer von *Schreibwaren und Bürobe-*

---

[1] Die folgenden Anteile gelten für die wertmäßige *Produktion*, berücksichtigen also nicht Abweichungen, die sich aus unterschiedlichen Außenhandelsintensitäten ergeben. Für die hier zu gebende Übersicht ist jedoch die Produktionsstruktur ausreichend aussagefähig.

[2] Dies erfolgt in Abschnitt VIII.

darf, zu denen Geschäftsbücher, Buchungsrollen sowie teilweise auch Kalender gehören. In diesem Sektor spielt auch der Handel als Absatzmittler (und auch als Abnehmer) eine bedeutende Rolle. Substitutionskonkurrenz mit ähnlichen Artikeln aus Kunststoff ist — wo technisch sinnvoll — stark; die Übergänge zur Druckindustrie sind fließend.[3]

Hygienepapierwaren (z. B. Toilettenpapier, Papiertaschentücher, Tampons, Windeln) sind zwar für den privaten Verbrauch bestimmt; neben der privaten Nachfrage spielt aber die gewerbliche Nachfrage (z. B. von Hotels, Bahn, Fluggesellschaften) eine beachtliche Rolle. Die Substitutionskonkurrenz bei Hygienepapierwaren mit anderen Materialien ist heute vernachlässigbar gering; sie ist schon früher zugunsten der Papierwaren entschieden worden. Dieser Bereich ist auch noch besonders dadurch gekennzeichnet, daß neben Markenartikeln „No Names" eine bedeutende Rolle spielen, was von besonderem Einfluß auf Vertriebsstrategien und -wege ist.

Größere Bereiche der Produktpalette von Papierwaren unterliegen Normen, Gesetzesvorschriften und Standards. Diese gehen teilweise von nationalen oder supranationalen Instanzen aus (wie z. B. Vorschriften über Packungsgrößen oder -gestaltungen). Zum Teil werden sie von bedeutenden Nachfragern (z. B. Bundesbahn und -post) erlassen.

In einem marktwirtschaftlich orientierten Wirtschaftssystem wie dem der Bundesrepublik ist die Nachfrage die entscheidende Bestimmungsgröße für die Produktion. Allerdings wird die Nachfrage auch von der Angebotsseite beeinflußt; deshalb soll die Analyse der Nachfrageseite durch eine solche der Angebotsseite komplettiert werden. Im folgenden wird zunächst die Entwicklung der Nachfrage analysiert und sodann werden zwei wesentliche Determinanten der Angebotsentwicklung herausgestellt, nämlich

— die Ausstattung der Papierverarbeitung mit Produktionsfaktoren, wobei den Veränderungen im Einsatzverhältnis der einzelnen Produktionsfaktoren besondere Aufmerksamkeit geschenkt wird;
— die außenwirtschaftliche Verflechtung der Papierverarbeitung, von der natürlich ebenfalls Einflüsse auf die Nachfrage ausgehen.

[3] So gehören Wandkalender zu den Druckerzeugnissen, Taschen-, Tisch-, Umsteck- und sonstige Terminkalender zu Papierwaren; Briefumschläge und Karteikarten werden, je nachdem, ob sie bedruckt sind oder nicht, einer der beiden Gütergruppen zugerechnet.

2. Entwicklung der Nachfrage

a) Entwicklung und Struktur der Inlandsnachfrage

Die Entwicklung der Inlandsnachfrage nach Papierwaren hängt, wie erläutert, stark von der Entwicklung der gewerblichen Wirtschaft, insbesondere des verarbeitenden Gewerbes ab. Vergleicht man das Wachstum der Inlandsnachfrage nach Papierwaren mit demjenigen des Umsatzes des verarbeitenden Gewerbes insgesamt (Tab. A 10), so zeigt sich, daß die Papierverarbeitung in der ersten Hälfte des Beobachtungszeitraumes[4] nur ein deutlich unterdurchschnittliches Wachstum aufzuweisen hatte. Dies wird jedoch erst bei der Realbetrachtung sichtbar; nominal haben die Papierwaren wegen des erheblich stärkeren Anstiegs der entsprechenden Preise kräftiger expandiert. Dies gilt auch für die zweite Hälfte des Beobachtungszeitraumes. Hier ist aber real zwischen den beiden Vergleichsaggregaten kein Wachstumsunterschied mehr festzustellen. Seit Ende der siebziger Jahre sind also Papierwaren entsprechend der Expansion ihres wichtigsten Abnehmerbereiches gestiegen.

Allerdings darf aus diesen Vergleichen noch nicht geschlossen werden, daß sich die spezifische Nachfrage nach Papierwaren, d. h. die Nachfrage je Produktionseinheit ihrer wichtigsten Abnehmergruppe, durchgreifend geändert hat. Um zu einer solchen Aussage zu kommen, muß vielmehr eine etwas genauere Analyse durchgeführt werden (vgl. Tab. A 11), denn die Jahre 1973 bis 1976 müssen in der Papierwirtschaft als Extremjahre angesehen werden. Die erste Ölkrise der Jahre 1973/74 war dabei der wichtigste auslösende Faktor; in ihrer Folge kam es zur sogenannten Faserkrise. Als 1973 sprunghafte Ölpreissteigerungen einsetzten, begannen sich diese Energiekostenerhöhungen auch sehr rasch zunächst auf die Halbstoffpreise und dann auch auf die Papierpreise auszuwirken. Diese Erzeugnisse waren über lange Zeiträume praktisch preisstabil geblieben: So stieg der Preis für Papier und Pappe in der Bundesrepublik Deutschland beispielsweise von 1955 bis 1973 nur um insgesamt 6 %; 1974 übertraf das Preisniveau dasjenige von 1973 dann um 34 %. Bei Papierwaren kletterten die Preise von 1973 bis 1974 um rund 27 %. Einher mit den nun einsetzenden starken Preisschüben gingen Gerüchte über bevorstehende Verknappungen auf den internationalen Zellstoff- und Papiermärkten. Spekulative Käufe der Papierverarbeiter und der Druckindustrie setzten ein; diese wollten sich angesichts starker Preissteigerungen und befürchteter Verknappungen noch rechtzeitig und umfassend eindecken. Diese starke Nachfrage traf auf der Angebotsseite außerdem auf

[4] Die Wahl der beiden betrachteten Zeiträume 1970 bis 1976 und 1977 bis 1984 erfolgte aus methodisch-statistischen Gründen. Selbstverständlich handelt es sich bei den vier Stichjahren um konjunkturell unterschiedliche Jahre. Da hier aber nicht so sehr das Niveau der Wachstumsraten, als vielmehr der Vergleich zwischen den einzelnen Aggregaten wichtig ist, spielt dies hier keine ausschlaggebende Rolle.

einige Lieferausfälle: Streiks in Nordamerika sowie zeitlich zufällige Stillegungen einiger Betriebe. Auf den Halbstoff- und Papiermärkten zeigten sich zeitweise Formen einer Hysterie. Die Entwicklung kulminierte im Frühsommer 1974; die Produktion der Papierverarbeitung und der Druckindustrie ging im Zuge der einsetzenden Rezession zurück. Zudem konnten diese Branchen ihren nun stark abgeschwächten Bedarf an Papier und Pappe aus den übervollen eigenen Vormateriallagern decken. Angesichts der stark gestiegenen Kosten für Papier und Pappe begannen die Papierverwender, aber auch deren Kunden, nun mit umfassenden Maßnahmen zur Kostensenkung durch Materialeinsparungen: So wurden Zeitschriftenformate reduziert, auf dünnere und billigere Sorten zurückgegriffen, bei Verpackungen konstruktive Veränderungen mit geringeren Wandstärken eingeführt und dergleichen mehr.

Ende 1975 begann sich eine konjunkturelle Wende abzuzeichnen. Die Wiederbelebung der allgemeinen Konjunktur wurde im Fall der Papiererzeugung noch verstärkt durch die Notwendigkeit der Papierverwender, ihre mittlerweile geleerten Läger wieder aufzufüllen. So brachte das Jahr 1976 für die Papiererzeugung einen Aufschwung, der aber noch nicht wieder auf das Niveau des Jahres 1973 führte. Die Einsparungen hatten zu deutliche Folgen hinterlassen; es begann gleichsam eine „normale Entwicklung" auf einem nach unten verschobenen Niveau. Diese Entwicklung wird auch aus dem Verlauf der „Spezifischen Nachfrage", also der Nachfrage je Einheit der Produktion des Hauptabnehmerbereichs, deutlich (Abb. 1). Der rapide Rückgang der Jahre 1973 bis 1975 wurde später nicht wieder aufgeholt. Mit dem zweiten Ölpreisschub 1979/80 kam es sowohl bei Papier und Pappe als auch bei Papierwaren nochmals zu kräftigen Preiserhöhungen, die aber längst nicht das Ausmaß der Jahre 1973/74 erreichten.[5] Auch diese Preisschübe hatten weitere Rückgänge der spezifischen Nachfrage zur Folge. Dieser Prozeß scheint auch derzeit noch nicht abgeschlossen.

b) Absatzwege und -mittler

Ein großer Teil der Produktion von Papierwaren wird direkt von den Erzeugern an die Nachfrager geliefert, d. h. der Handel wird als Absatzmittler nicht eingeschaltet. Dennoch hat der Handel eine wichtige Funktion am Markt für Papierwaren. Grundsätzlich sind vier Arten von Vertriebsbeziehungen denkbar:

a) Hersteller — Gewerbliche Verarbeiter

b) Hersteller — Großhandel — Gewerbliche Verarbeiter

[5] Im Zeitraum 1979 bis 1981 stieg der Erzeugerpreisindex für Papier und Pappe um 19 % und der für Papierwaren um 18 %.

c) Hersteller — Großhandel — Einzelhandel — Privater Verbraucher

d) Hersteller — Einzelhandel — Privater Verbraucher

Die Direktlieferung, also die direkte Hersteller-Kunden-Beziehung, ist typisch für die Mehrzahl der Verpackungen, die ja meist nach Kundenspezifikation und nur selten als Stapelware hergestellt werden. Dies gilt insbesondere dann, wenn die Verpackungen bedruckt geliefert werden sollen. Hier spricht dann vor allem eine hohe Beratungsintensität für Direktlieferung.

Abb. 1

Spezifische Nachfrage[1] nach Papierwaren

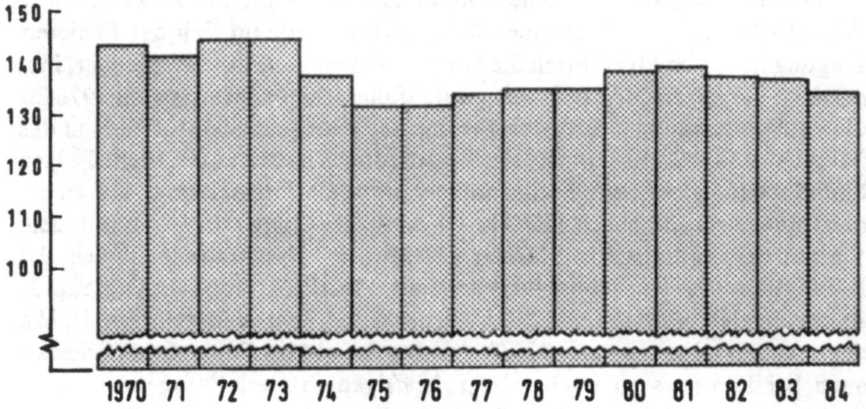

1.) Inlandsverfügbarkeit von Papierwaren (Mill. DM i.Pr. von 1980) bezogen auf den Index der Nettoproduktion (Verarb. Gewerbe, 1980 = 100)

Quelle: Berechnungen des Ifo-Instituts nach Stat. Bundesamt

IFO-INSTITUT für Wirtschaftsforschung München 413/85 ifo

Der Großhandel wird dann eingeschaltet, wenn er zur Übernahme der Sammel-, Sortierungs- und Detaillierungsfunktionen notwendig ist. Dies ist vor allem im Bereich Schreibwaren und Bürobedarf der Fall, wo die einschlägigen Großhändler ein breites Sortiment von Büromaterialien, -möbeln und -maschinen führen. Häufig ist diesen „Bürohäusern" auch ein Einzelhandel angegliedert, der dann die privaten Abnehmer beliefert, so daß der Übergang zu Fall c) hier fließend ist. Wichtigste Kunden des Großhandels sind allerdings Industrie, Verwaltungen und Dienstleistungen. Vom Inlandsabsatz des

Großhandels mit Schreib- und Papierwaren, Schul- und Büroartikeln wurden 1980 beispielsweise getätigt mit

dem Einzelhandel	34,9 %
dem Großhandel	5,9 %
dem produzierenden Gewerbe	30,9 %
anderen gewerblichen Abnehmern und freien Berufen	11,9 %
der öffentlichen Verwaltung	10,7 %.

Die Direktbelieferung des Einzelhandels durch die Hersteller (Fall d)) spielt ebenfalls eine nicht unbeträchtliche Rolle. So beziehen die Unternehmen des Einzelhandels mit Schreib- und Papierwaren, Schul- und Büroartikeln rund ein Drittel ihrer Waren direkt von Unternehmen des produzierenden Gewerbes.

3. Ausstattung mit Produktionsfaktoren

Für eine Branche ergeben sich an einem Standort Vor- oder Nachteile, je nachdem, ob sie knappe und damit teure oder reichlich vorhandene und damit billige Produktionsfaktoren nutzen kann. Der Knappheitsgrad der einzelnen Produktionsfaktoren innerhalb einer dem internationalen Wettbewerb ausgesetzten Volkswirtschaft läßt sich im Rahmen eines Vergleichs mit anderen Volkswirtschaften anhand der entsprechenden Faktorpreise ablesen. Demnach können in der Bundesrepublik generell die Produktionsfaktoren Arbeit[6], Rohstoffe, Energie und Umwelt als relativ knapp, Sachkapital und technologisches Know-how hingegen als relativ reichlich vorhanden gelten.

Im folgenden soll auf die Einsatzverhältnisse der Produktionsfaktoren in der Papierverarbeitung eingegangen werden. Analysiert werden sollen auch die Veränderungen der Knappheitsrelationen zwischen den einzelnen Produktionsfaktoren und die Effizienz der gewählten Faktorkombinationen, d. h. die Produktivitätsveränderungen.

a) Einsatz von Sachkapital

aa) Investitionstätigkeit im Inland

In weiten Bereichen der Papierverarbeitung dominieren produktionstechnisch gesehen Fertigungsprozesse. Diese sind hinsichtlich der Produktions-

[6] Dies gilt trotz der hohen Arbeitslosenzahl, da die Arbeitskosten in der Bundesrepublik im internationalen Vergleich sehr hoch liegen.

anlagen im allgemeinen weniger aufwendig und weniger hochtechnisiert als verfahrenstechnische Prozesse. Daher mag es zunächst überraschen, wenn die Sachkapitalintensität, üblicherweise gemessen als Bruttoanlagevermögen je Beschäftigten, in der Papierverarbeitung nur 8,5 % unter dem Durchschnitt des verarbeitenden Gewerbes insgesamt liegt, der doch durch so kapitalintensiv produzierende Industriezweige wie Mineralölverarbeitung, Chemie, Zellstoff- und Papiererzeugung und eisenschaffende Industrie erheblich in die Höhe gedrückt wird. Die Papierverarbeitung ist aber in der Tat verglichen mit den meisten Investitions- und Verbrauchsgüterindustrien überdurchschnittlich kapitalintensiv. Hierfür sind vor allem zwei Begründungen maßgebend: zum einen gibt es auch in der Papierverarbeitung hochtechnisierte verfahrenstechnische Prozesse — hier sei vor allem auf die Wellpappeerzeugung und die Herstellung von Hygienepapierwaren verwiesen — zum anderen hat auch die zunehmende Automatisierung der fertigungstechnischen Prozesse dazu geführt, daß der Kapitaleinsatz je Beschäftigten stark gewachsen ist. Dieser Vorgang hat sich in der Papierverarbeitung rascher und intensiver vollzogen als im Durchschnitt des verarbeitenden Gewerbes; 1972 hatte sie bei der Sachkapitalintensität noch über 20 % unter diesem Durchschnitt gelegen.

Im Vergleich zum verarbeitenden Gewerbe hat die Papierverarbeitung überdurchschnittlich investiert (Tab. A 12). Zwar blieb der Anteil ihrer Investitionen an denen des gesamten verarbeitenden Gewerbes mit Schwankungen (1,3 bis 1,9 %) tendenziell konstant. Die Investitionsquote jedoch, also der Anteil der Bruttoanlageinvestitionen am Umsatz, lag in den vergangenen zwölf Jahren fast immer (Ausnahme: 1974) und zum Teil beträchtlich über der durchschnittlichen Investitionsquote des verarbeitenden Gewerbes. Auch gemessen an der Investitionsintensität, d. h. den Investitionen je Beschäftigten, war die Papierverarbeitung recht investitionsfreudig.

Im zeitlichen Verlauf betrachtet zeigt sich, daß die Investitionen in der Papierverarbeitung in den Jahren 1974/75 stark gedrosselt wurden. Die Ausgaben wurden — real betrachtet — gegenüber 1972 um rund ein Drittel gekürzt. Diese Investitionszurückhaltung wurde bis 1978 beibehalten. Erst dann kam es zu einem Investitionsstoß, der im Jahre 1981 kulminierte. Die Investitionsausgaben erreichten mit fast einer Milliarde DM (nominal) einen Höhepunkt; 5,6 % vom Umsatz wurden investiert (Tab. A 13). Eine derartige Quote war zuletzt 1972 (mit 7,1 %) erreicht bzw. übertroffen worden. Der weitere Verlauf der achtziger Jahre war bisher durch ein gedrücktes Niveau geprägt (Abb. 2).

Abb. 2

Investitionstätigkeit in der Papierverarbeitung

Investitionsquote[1] in der Papierverarbeitung und im verarbeitenden Gewerbe

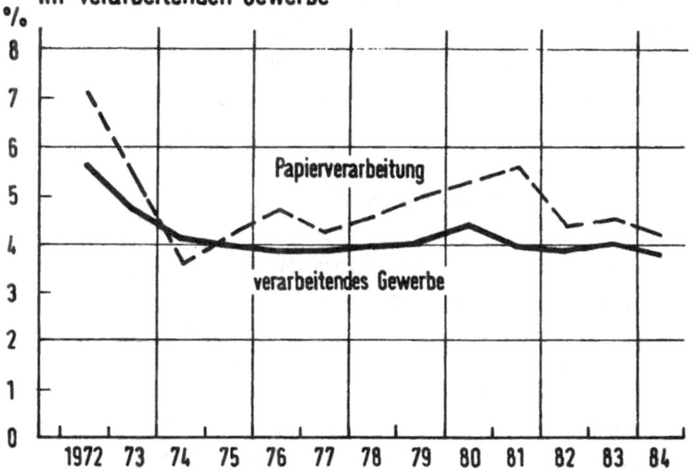

1) Brutto-Anlageinvestitionen in % vom Umsatz

Quelle: Statistisches Bundesamt; Ifo-Investitionstest.

Entwicklung der realen Investitionen in der Papierverarbeitung

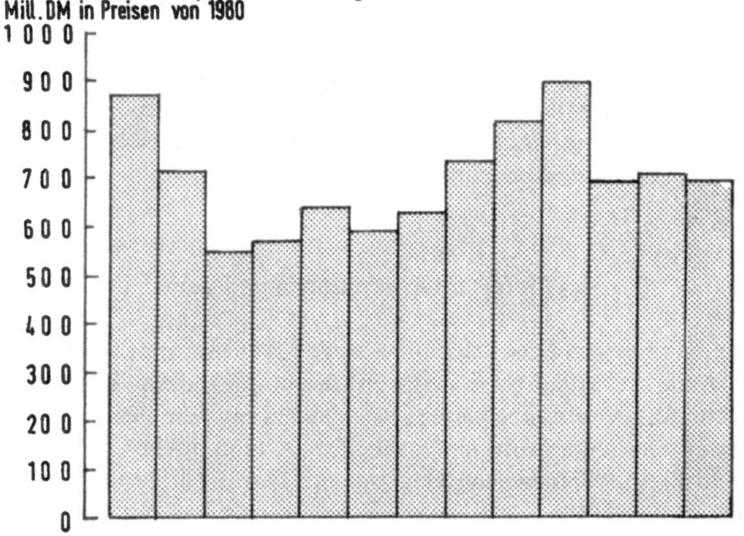

Quelle: Ifo-Investitionserhebung

IFO-INSTITUT für Wirtschaftsforschung München 414/85

Man kann davon ausgehen, daß die „normale" Investitionstätigkeit der Papierverarbeitung bei etwa 700 Mio. DM (in Preisen von 1980) liegt. Im Beobachtungszeitraum wurden diese „Sockelinvestitionen" von zwei Wellen überlagert: Einmal lief zu Beginn der siebziger Jahre die Expansionswelle aus, die Ende der sechziger Jahre unter euphorischen Wachstumserwartungen nach Überwindung der ersten Nachkriegsrezession 1966/67 eingeleitet worden war. Zum anderen war Anfang der achtziger Jahre der letzte Aufschwung der deutschen Wirtschaft vor der großen Rezession zu verzeichnen.

bb) Miete und Pacht von Anlagen

Bei der Beurteilung der Investitionsentwicklung in der Papierverarbeitung ist zu berücksichtigen, daß auch dort das Anlagen-Leasing zunehmend an Bedeutung gewinnt. Das Mieten und Pachten von Sachanlagen ist im Vergleich zu den Investitionen ständig gewachsen. Rund drei Viertel aller Unternehmen der Papierverarbeitung hatten 1983 Produktionsanlagen, Datenverarbeitungsanlagen, Produktions- und Lagergebäude, Kraftfahrzeuge u. dgl. gemietet oder gepachtet; die Aufwendungen dafür übertrafen ein Viertel der gesamten Investitionsaufwendungen[7] (Tab. A 14). Die Papierverarbeitung nutzt die Möglichkeiten des Leasings im Vergleich zu anderen Konsumgüterindustrien etwa gleich stark. Im Durchschnitt betrug dort der Anteil der entsprechenden Aufwendungen im Jahre 1983 27,8 %, bei den produktionstechnisch verwandten Branchen Druckerei, Vervielfältigung lag der Anteil bei 22,5 % und in der Herstellung von Kunststoffwaren bei 27,3 %; in der Papierverarbeitung bei 26,2 %.

Innerhalb der Papierverarbeitung zeigten sich zwischen den einzelnen Zweigen im Jahre 1983 kaum Unterschiede (Tab. A 15). Die kräftigste Bedeutungszunahme hat das Leasing in den letzten Jahren im Bereich Tapeten/Spezialpapiere/Verpackungsmittel erfahren.

cc) Motive für Investitionen im Inland

Insgesamt gesehen haben sich die Motive für Investitionen in der Papierverarbeitung im Verlauf der siebziger Jahre kaum geändert. Rationalisierung und Kapazitätserweiterung waren etwa gleichrangig; die Ersatzbeschaffung spielte eine eher untergeordnete Rolle (Tab. A 16 und Abb. 3). Seit 1980 ist hier jedoch eine Trendwende eingetreten. Das Erweiterungsmotiv verlor

---

[7] Zur Darstellung der Bedeutung des Leasings muß aus Gründen der Vergleichbarkeit auf diese amtlichen Daten zurückgegriffen werden. Außerdem ist in diesem Zusammenhang nicht so sehr die absolute Höhe, als vielmehr die Entwicklungstendenz maßgebend.

abrupt an Bedeutung und die Ersatzbeschaffung wurde zum beherrschenden Ziel. Allerdings ist mit dem Ersatz einer alten Anlage durch eine neue in aller Regel auch ein Kapazitätseffekt verbunden. So ergab sich im Jahre 1983, als nur noch 28 % der Unternehmen die Kapazitätserweiterung als Hauptziel ihrer Investitionen ansahen, immerhin noch ein Kapazitätszuwachs von 2,5 %. Es ist aber klar erkennbar, daß seit 1980 eine wesentliche Verlangsamung des Ausbaus der Produktionskapazitäten erfolgte. Vorher hatte sich dieser annähernd konstant auf 5 % pro Jahr belaufen. Lediglich im Jahre 1973 hatte es einen Rekordzuwachs um 7,7 % gegeben.[8] Im Durchschnitt der Periode 1972 bis 1983 stiegen die Kapazitäten um 4,6 % pro Jahr. Die Produktion (gemessen in Tonnen) stieg im gleichen Zeitraum um rund 2,7 %. Es müßte also in erheblichem Maße zur Bildung von Überkapazitäten gekommen sein, wenn nicht in entsprechendem Maße Betriebe aus dem Markt ausgeschieden wären. In der Tat liegt die durchschnittliche Kapazitätsauslastung der Papierverarbeitung in der langen Aufschwungsphase bis 1973 höher als in den darauffolgenden Jahren (83,6 % zu 81,7 % der betriebsüblichen Vollauslastung); eliminiert man jedoch das in mancherlei Hinsicht extreme Jahre 1975, so werden die Unterschiede zu gering, als daß sie nicht durch Ungenauigkeiten im Datenmaterial erklärt werden könnten. Man kann also davon ausgehen, daß durch das Ausscheiden von Unternehmen, Betrieben und/oder Anlagen die durchschnittliche Gesamtkapazität der Branche nicht zu hoch ist. Dies kann in Teilbereichen allerdings durchaus anders aussehen.

dd) Altersstruktur des Anlagevermögens

Bei ihren Investitionen geben die Unternehmen der Papierverarbeitung im langjährigen Durchschnitt etwa 18 % für Bauten und 82 % für Ausrüstungen (Geräte, Maschinen, Fahrzeuge, Betriebs- und Geschäftsausstattung) aus. Diese Aufteilung entspricht etwa den Relationen für den Durchschnitt des verarbeitenden Gewerbes. Die Ausrüstungen sind somit entscheidend für die Beurteilung der Frage, ob es durch die Investitionstätigkeit gelungen ist, die Produktionseinrichtung auf dem erforderlichen Stand der Modernität zu halten.

Das Durchschnittsalter der von der deutschen Papierverarbeitung genutzten Ausrüstungen lag 1983 bei 7,6 Jahren. Es entsprach damit dem Durchschnitt des gesamten verarbeitenden Gewerbes. Dabei hatten die Maschinen,

[8] Die Zuwachsraten gelten zwar nur für den Berichtskreis des Ifo-Investitionstests, sind aber von Verzerrungen bereinigt, die sich aus unterschiedlich stark repräsentierten Unternehmensgrößen ergeben könnten. Erfahrungsgemäß geben diese Daten zumindest die Entwicklungstendenz, wahrscheinlich auch das Niveau wieder.

Abb. 3

Investitionsziele und Kapazitätszuwachs in der Papierverarbeitung

Zielsetzung der Investitionen in der Papierverarbeitung

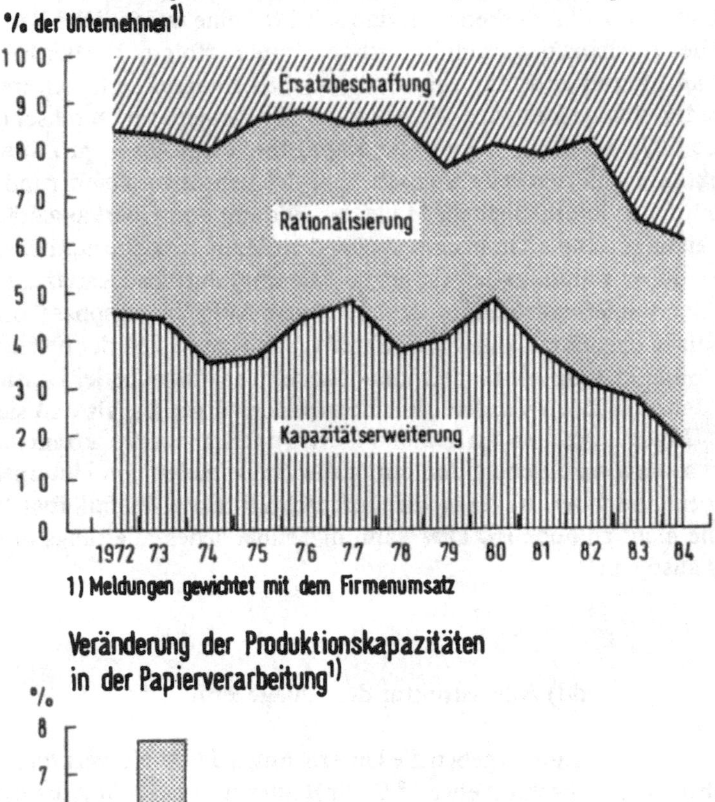

1) Meldungen gewichtet mit dem Firmenumsatz

Veränderung der Produktionskapazitäten in der Papierverarbeitung1)

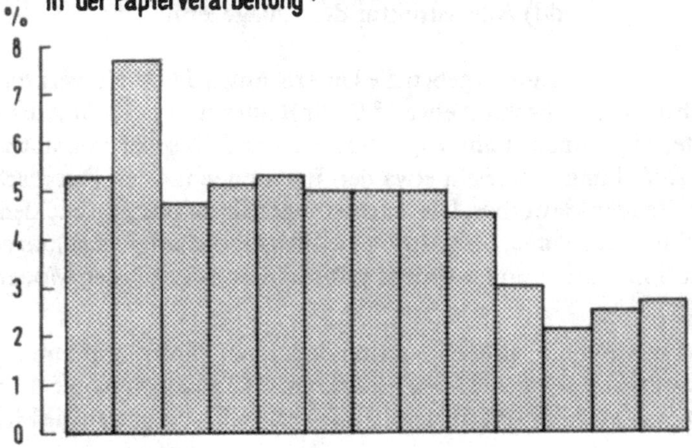

1) Strukturbereinigte Berichtskreisergebnisse

Quelle: Ifo - Investitionstest

IFO-INSTITUT für Wirtschaftsforschung München 415/85

auf sie entfielen rund drei Viertel der Ausrüstungen, ein Durchschnittsalter von 8,1 Jahren (verarbeitendes Gewerbe: 8,8 Jahre) (Tab. A 17).

Im Beobachtungszeitraum ist das Durchschnittsalter der genutzten Ausrüstungsgüter in der Papierverarbeitung beträchtlich gestiegen, während es sich im Durchschnitt des verarbeitenden Gewerbes nur wenig verändert hat. Zwar wurden in der Papierverarbeitung in beträchtlichem Maße „Uralt-Anlagen" abgelöst, und zwar stärker als in anderen Branchen. Hierzu dienten vor allem die Investitionen der Jahre 1983/84. Es war aber 1983 noch nicht gelungen, den Anteil der alten Anlagen sehr weit zu reduzieren, denn noch immer war fast ein Drittel älter als zehn Jahre. Da das Motiv der Ersatzbeschaffung 1984 nochmals an Bedeutung gewonnen hat, ist anzunehmen, daß die Modernisierung von den Unternehmen aber energisch vorangetrieben wird.

ee) Kapitalintensität

In der Papierverarbeitung hat, wie bereits erwähnt, der Produktionsfaktor Kapital eine — gemessen am verarbeitenden Gewerbe — leicht unterdurchschnittliche Bedeutung. Der Realkapitaleinsatz — gemessen am *Bruttoanlagevermögen* — belief sich in der Papierverarbeitung 1972 auf 8,6 Mrd. DM und ist bis 1984 auf 12 Mrd. DM (jeweils in Preisen von 1980) gestiegen (Tab. A 18). Dies entspricht einem Anteil von 1,20 bzw. 1,35 % am gesamten Bruttoanlagevermögen des Bergbaus und des verarbeitenden Gewerbes. Der Kapitaleinsatz ist also in der Papierverarbeitung schneller gestiegen als im übergeordneten Aggregat.

Die Papierverarbeitung setzt weniger Kapital ein als der Durchschnitt des verarbeitenden Gewerbes, um die Arbeitsplätze mit den für die Produktion erforderlichen Bauten und Ausrüstungen auszustatten. Dies zeigt sich an der üblicherweise als *„Kapitalintensität"* bezeichneten Kennziffer Bruttoanlagevermögen (in Preisen von 1980) zu Beschäftigtenzahl. In der Papierverarbeitung war 1972 je Beschäftigten ein Anlagevermögen von 65 260 DM vorhanden; bis 1984 war dieser Wert (real) um 82,2 % auf 118 924 DM gestiegen. Für den Durchschnitt des verarbeitenden Gewerbes betrug diese Zunahme im gleichen Zeitraum nur 56,4 %.

Im Verlauf der siebziger Jahre hat sich das Wachstum der Kapitalintensität sowohl in der Papierverarbeitung als auch im verarbeitenden Gewerbe deutlich verlangsamt, erst zu Beginn der achtziger Jahre trat wieder ein deutlicher Wachstumsschub ein.

ff) Kapitalverflechtung mit dem Ausland

Wenn sich die Wettbewerbsverhältnisse im internationalen Maßstab verändern, so ist dies nicht nur von Einfluß auf den Waren- und Dienstleistungsverkehr, sondern auch auf den Kapitalfluß und hier insbesondere auf die Direktinvestitionen.

Im folgenden wird zunächst auf die Auslandsinvestitionen der deutschen Papierverarbeiter eingegangen. Sodann wird analysiert, inwieweit ausländische Unternehmen sich auf diesem Sektor in der Bundesrepublik engagiert haben.

α) Deutsche Direktinvestitionen im Ausland

Die deutsche Papierverarbeitung gehört zu den Branchen, die relativ wenig Investitionen im Ausland getätigt haben. Deutsche Unternehmen hatten Ende 1983 insgesamt 263 Mio. DM im Ausland direkt investiert[9], und zwar handelt es sich dabei praktisch ausschließlich um unmittelbare Direktinvestitionen (Tab. A 19). An diesen Investitionen waren 35 Investoren beteiligt; auf jeden Investor entfiel damit Ende 1983 eine Investitionssumme von 7,5 Mio. DM.

Der Schwerpunkt der Auslandsinvestitionen durch Unternehmen der deutschen Papierverarbeitung lag Ende der siebziger Jahre. Von 1976 bis 1980 hat sich die Zahl der im Ausland investierenden Unternehmen verdoppelt, die Investitionssumme mehr als vervierfacht. Die Objekte, in die die deutsche Papierverarbeitung investiert hat, sind zahlenmäßig gering: Ende 1983 handelte es sich um insgesamt 46 Unternehmen. Diese Unternehmen hatten jeweils im Durchschnitt rund 130 Beschäftigte und einen Umsatz von knapp 30 Mio. DM (Tab. A 20). Wenn auch die Bundesbankstatistik keine näheren Aufschlüsse erlaubt, so kann geschlossen werden, daß die Investitionstätigkeit der Papierverarbeitung im Ausland nur Angelegenheit einiger weniger Unternehmen ist. Bei den ausländischen Investitionsobjekten handelt es sich um kleine bis mittlere Firmen, die — darauf deutet die fast ausschließlich angewandte Form der Direktinvestitionen hin — organisatorisch eng mit dem Mutterbetrieb verbunden sind.

---

[9] Eine Bestandserhebung über die Direktinvestitionen der deutschen Papierverarbeitung wird erst seit 1976 von der deutschen Bundesbank durchgeführt. Unter Direktinvestitionen wird der Anteil am Nominalkapital und an den Rücklagen eines ausländischen (bzw. inländischen) Unternehmens verstanden, der einem Inländer (bzw. Ausländer) zuzurechnen ist, sowie alle Kredite und Darlehen, die dieser Anteilseigner dem Unternehmen gewährt hat. Als Untergrenze für eine Direktinvestition wird eine Mindestbeteiligung von 25 % des Nominalkapitals oder der Stimmrechte angesehen.

β) Ausländische Direktinvestitionen im Inland

Die Bundesrepublik Deutschland ist einer der größten Papierverbraucher der Welt; sie stellt also für Papiererzeuger einen ganz wichtigen Markt dar. Dies gilt insbesondere auch für ausländische Anbieter, denn rund zwei Fünftel des verbrauchten Papiers stammen aus dem Ausland. Für ausländische Papierhersteller lag es daher nahe, durch Kauf oder Kooperation Stützpunkte auf dem für sie so bedeutenden Markt errichten. So ergab eine Auswertung der Geschäftsberichte der zwölf größten schwedischen Unternehmen der Papiererzeugung neben der Beteiligung an nicht weniger als 84 Vertriebsgesellschaften weitere 57 Beteiligungen an produzierenden Unternehmen in der EG, davon 18 in der Bundesrepublik Deutschland. Zehn finnische Unternehmen hatten 28 Beteiligungen in der EG, davon 6 in der Bundesrepublik Deutschland zu verzeichnen. Nordamerikanische Papiererzeuger schließlich waren an 47 Firmen in der EG, davon 7 in der Bundesrepublik beteiligt. Durch diese Beteiligungsstrategie haben die ausländischen Firmen eine Anzahl von Vorteilen erreicht:

— durch den Kauf einer eingesessenen Firma haben sie einen direkten, etablierten Zugang zum Markt;
— sie kaufen mit dem Unternehmen auch dessen Einbindung in das offizielle und inoffizielle Informationsnetz (z. B. in Form von Verbandsmitgliedschaften);
— ein fester Teil der eigenen Papierproduktion ist absatzmäßig kontinuierlich gesichert;
— über das Vertriebsnetz des erworbenen Unternehmens lassen sich auch andere Produkte vertreiben.

Die Beteiligungsstrategie der Norscan- (nordamerikanischen und skandinavischen) Firmen zielt offensichtlich in erster Linie auf Unternehmen des Verpackungsbereichs ab. Innerhalb dieses Sektors sind es wiederum vor allem Wellpappen, Wellpappenerzeugnisse und Säcke. Zur Herstellung dieser Erzeugnisse sind nämlich Rohpapiere, (Kraftpapier, Liner, Fluting) erforderlich, die in den klassischen Papiererzeugerländern auf großen, mit der Sulfatzellstofferzeugung integrierten Maschinen besonders kostengünstig hergestellt werden können. Dagegen lassen sich die Produkte selbst, also die Verpackungsmittel, wegen ihres relativ großen Volumens kaum wirtschaftlich über große Strecken transportieren. Schließlich erfordert der Vertrieb von Verpackungsmitteln in der Regel den engen räumlichen und ständigen persönlichen Kontakt mit den Abnehmern, insbesondere dann, wenn maßgeschneiderte Problemlösungen angeboten werden müssen.

Unter diesen Gegebenheiten nimmt es nicht wunder, wenn den ausländischen Direktinvestitionen in der Bundesrepublik auf dem Gebiet der Papierverarbeitung eine wesentlich höhere Bedeutung zukommt als den entsprechenden deutschen Investitionen im Ausland. Diesen 263 Mio. DM (Ende 1983) standen nämlich 640 Mio. DM mittelbarer und unmittelbarer Investitionen ausländischer Firmen gegenüber. Sie betrafen 68 Unternehmen, die 15 000 Arbeitnehmer beschäftigten, also immerhin etwa 15 % der in der Papierverarbeitung insgesamt Beschäftigten. Ein beträchtlicher Teil der Direktinvestitionen — Ende 1983 rund 40 % — werden als mittelbare Investitionen getätigt, d. h. unter Zwischenschaltung einer Beteiligungsgesellschaft (Tab. A 21).

Die Hauptaktivität beim Erwerb von Beteiligungen lag Mitte der siebziger Jahre. So wurden allein im Jahre 1977 acht deutsche Unternehmen der Papierverarbeitung erworben. Seither, d. h. bis Ende 1983 (für diesen Zeitraum stehen die neuesten Angaben der Bundesbank-Statistik zur Verfügung), hat die Acquisition von Beteiligungen stagniert. Dies dürfte damit zusammenhängen, daß in diesen Jahren die skandinavische, vor allem schwedische, und die amerikanische, vor allem kanadische, Papierindustrie selbst einen durchgreifenden Prozeß der Umstrukturierung durchgemacht hat, der für eine Verstärkung der Auslandsbeteiligungen wenig Zeit und Mittel ließ.

b) Arbeitseinsatz

aa) Beschäftigtenzahl und Arbeitsvolumen

Die Papierverarbeitung gehört zu den mittelgroßen Arbeitgebern innerhalb des verarbeitenden Gewerbes. Mit rund 101 000 Beschäftigten wurde sie von 16 Wirtschaftszweigen übertroffen, 20 Wirtschaftszweige beschäftigten weniger Arbeitnehmer als sie.

In der Papierverarbeitung waren 1984 rund 1,5 % aller Beschäftigten des verarbeitenden Gewerbes (einschl. Bergbau) tätig. Die Papierverarbeitung hat damit gegenüber den frühen siebziger Jahren ihren Anteil leicht vermindert, der damals bei rund 1,6 % gelegen hatte. Absolut gesehen hatte die Zahl der Beschäftigten in der Papierverarbeitung ihren Höchststand in den frühen siebziger Jahren; 1972/73 waren in Betrieben von Unternehmen mit 20 Beschäftigten und mehr (einschl. Handwerk) rund 132 000 Personen tätig. Seither ist fast ein Viertel dieser Arbeitsplätze verlorengegangen. Ein besonders großer Sprung im Beschäftigtenabbau war dabei im Jahr 1975, dem Höhepunkt der Faserkrise, zu verzeichnen. Allein in diesem Jahr verminderte sich die Zahl der Beschäftigten um 11 000 (Tab. A 22). Von 1981 bis 1983 war der Beschäftigtenabbau dann nochmals ähnlich hoch.

Ebenso wie die Zahl der Beschäftigten war auch die Zahl der von den Arbeitskräften jährlich tatsächlich geleisteten Arbeitsstunden[10] rückläufig, nämlich von 1 835 im Jahre 1972 auf 1 734 im Jahre 1984. Allerdings war dieser Rückgang mit rund 6 % nicht sehr stark. Legt man 52 Kalenderwochen zugrunde, so entspricht dies einem Rückgang der durchschnittlichen tatsächlichen Wochenarbeitszeit um rund zwei Stunden. Der Abbau der durchschnittlichen Arbeitszeit je Beschäftigten erfolgte dabei etwas langsamer als im Durchschnitt des verarbeitenden Gewerbes.

Bei rückläufiger Zahl der Beschäftigten und Verkürzung der Jahres- bzw. Wochenarbeitszeit ist auch das Arbeitsvolumen, also die Zahl der von allen Beschäftigten in der Papierverarbeitung jährlich geleisteten Arbeitsstunden rückläufig. Der Rückgang betrug von 1972 bis 1984 rund 28 %. Der Produktionsfaktor Arbeit wurde damit — trotz einer realen Zunahme der Produktionstätigkeit[11] im gleichen Zeitraum um rund ein Fünftel — in beträchtlichem Umfang eingespart. Dies war selbstverständlich nur deshalb möglich, weil die Leistung je Beschäftigten durch Rationalisierungsmaßnahmen gesteigert werden konnte. Bis in die frühen siebziger Jahre hinein waren produktivitätssteigernde Maßnahmen notwendig, um nicht nur steigenden Lohnkosten, sondern vor allem auch der Verknappung von Arbeitskräften entgegenzuwirken. Seit die Arbeitslosigkeit stark zugenommen hat, sind vor allem die Kosten für den Produktionsfaktor Arbeit ein Grund für Rationalisierungsmaßnahmen, da die Verlangsamung des Wirtschaftswachstums die Konkurrenz verschärft hat und die Weitergabe von Kostensteigerungen schwieriger geworden ist. Dennoch sind auch — regional und produktionsspezifisch unterschiedlich ausgeprägt — qualitativ und/oder qualitativ nicht ausreichend zur Verfügung stehende Arbeitskräfte immer noch ein wichtiges Rationalisierungsmotiv.

bb) Qualitative Aspekte der Beschäftigung

Nachdem der Arbeitseinsatz im Beobachtungszeitraum quantitativ rückläufig war, ist natürlich interessant, ob sich auch in der Qualifikation der Beschäftigten Änderungen ergeben haben, denn diese ist ja ebenfalls ein sehr wesentlicher Faktor für die Erbringung wirtschaftlicher Leistungen und für die Fortentwicklung der Produktionsprozesse.

Annähernd kann auf die Qualifikationsstruktur des Produktionsfaktors Arbeit aus der Eingruppierung der Beschäftigten nach Leistungsgruppen geschlossen werden. Bei den Arbeitern hat sich im Beobachtungszeitraum

---

[10] Die geleisteten Arbeiterstunden werden als repräsentativ für die Gesamtbeschäftigten-Stunden angenommen.

[11] Annäherungsweise ermittelt aus der Veränderung des Netto-Produktionsindex.

eine Verlagerung von den Hilfsarbeitern (Leistungsgruppe 3) zu den angelernten Arbeitern (Leistungsgruppe 2) ergeben; der Anteil der Facharbeiter (Leistungsgruppe 1) ist hingegen — über den gesamten Zeitraum betrachtet — konstant geblieben. In den unteren Leistungsgruppen hat also eine Anhebung des Qualifikationsniveaus stattgefunden. Diese Tendenz ist auch bei den Angestellten zu beobachten, und zwar sowohl bei den kaufmännischen als auch bei den technischen Angestellten (Tab. A 23).

Die Veränderung der qualitativen Anforderungen an die Arbeitskräfte in der Papierverarbeitung ist, wie bei einer technisch derartig heterogenen Branche nicht anders zu erwarten, nicht eindeutig. Eindeutig ist einmal die Tendenz, Einzelmaschinen miteinander zu verketten: etwa eine Stanze, ein Druckaggregat und eine Umreifungsmaschine. In diesem Fall werden drei Arbeitsplätze für Hilfs- oder angelernte Kräfte ersetzt durch einen Platz für eine qualifizierte Kraft, im Beispiel einen Verpackungsmittelmechaniker. (Diese Tendenz hat auch die Gewerkschaft bewogen, sich um entsprechende Rationalisierungsschutzabkommen zu bemühen.) Insofern ist eine Entwicklung zu höherqualifizierten Arbeitskräften erkennbar. Andererseits werden aber auch handwerkliche Tätigkeiten von Maschinen oder gar Maschinenstraßen abgelöst. Beispielhaft sei hier auf die hochautomatisierten Buchbindestraßen verwiesen: Buchbinderei-Facharbeiter werden abgelöst durch (wenige) Fachkräfte zur Einstellung und Bedienung der Maschinen und durch Hilfskräfte am Band. Hier ist dann wieder eine Tendenz zu un- oder angelernten Kräften zu erkennen.

In Teilsektoren der Papierverarbeitung hat auch die Heimarbeit noch eine beachtliche Bedeutung. Insgesamt liegt der Anteil der Heimarbeiter an allen Beschäftigten zwar nur bei rund 4 %, aber bei Fest- und Dekorationsartikeln aus Papier und Pappe, Glückwunschkarten sowie bei besonders geschmückten und gestalteten Verpackungsmitteln ist diese Form der fast ausschließlich rein manuellen Tätigkeit noch ein nicht zu vernachlässigender Faktor. Insgesamt wurden nach Angaben des Statistischen Bundesamtes am 30.9.1983 in der Papierverarbeitung 4 300 Heimarbeiter beschäftigt; im Jahre 1975 waren es noch 4 870 gewesen. Die Beschäftigung erfolgt zu rund 50 % in kleinen Unternehmen (mit 20 bis 49 Beschäftigten).

Die berufliche Arbeit in der Bundesrepublik Deutschland ist teilweise mit erheblichen physischen Belastungen verbunden. Hier macht auch die Papierverarbeitung keine Ausnahme. Nach Untersuchungen des Instituts für Arbeitsmarkt- und Berufsforschung[12] arbeiten rund drei Fünftel der „Buchbinder, Verpackungsmittelhersteller und anderen Papierverarbeiter" häufig in Nässe, Kälte, Hitze, Zugluft, Rauch, Staub, Dämpfen, Gasen und/oder unter Lärm. Hoch ist auch der Anteil derjenigen Beschäftigten, denen „die Art der

[12] H. von Henninges, Arbeitsplätze mit belastenden Arbeitsanforderungen, in: MittAB 1981, Heft 4, S. 378 ff.

Arbeitsdurchführung bis in alle Einzelheiten genau vorgeschrieben ist" (56 % gegenüber 28 % im Durchschnitt aller Berufe[13]). Der Anteil der Schichtarbeiter war nach diesen Untersuchungen in der Papierverarbeitung mit 30 % relativ gering, und die Belastung durch Arbeit in gebückter Körperhaltung und/oder das Tragen schwerer Lasten entsprach mit 28 % dem Durchschnitt aller Berufe. Gemessen an der Unfallhäufigkeit zählt der gesamte Bereich der Papierwirtschaft zu den unterdurchschnittlich gefährdeten Wirtschaftssektoren. So entfielen 1984 bei „Papier und Druck" 52 (angezeigte) Arbeitsunfälle auf je 1 000 Vollarbeiter; im Durchschnitt der gewerblichen Wirtschaft waren es 58.[14]

c) Produktionsfaktor Technik

Es gilt als gesicherte Erkenntnis, daß Hochtechnologie auch eine Voraussetzung für hohe Wachstumsträchtigkeit ist. Nun kann die „Technologieintensität" einer Branche nicht unmittelbar gemessen werden. Im Rahmen der Strukturberichterstattung wurde aber vom Ifo-Institut ein Ansatz zu deren Messung entwickelt. Dabei wird als Kriterium für die Zuordnung einer Gütergruppe der Umfang herangezogen, in dem das in Entwicklungs- und Schwellenländern verfügbare Know-how bereits eine Herstellung dieser Produkte gestattet. Je niedriger der Anteil dieser Länder am Welthandel ist, desto höher ist demnach die Technologieintensität. Danach gehört die Papierverarbeitung zu den höher technologieintensiven Bereichen, wobei aber zu berücksichtigen ist, daß wesentliche Produktgruppen der Papierwaren im Produktionsverbund mit der Papiererzeugung hergestellt werden und diese als besonders hoch kapital-, technologie- und know-how-intensive Produktionstechnik fast ausschließlich auf die Industrieländer beschränkt ist. Außerdem erfordert die wachsende Bedeutung von Verpackungssystemen ein enges Zusammenarbeiten von Packmittel-, Verpackungsmaschinenherstellern und abpackendem Betrieb, wie dies nur in wenigen Entwicklungs- und Schwellenländern möglich ist. Ein besonders schlagendes Beispiel ist hier die aseptische Verpackung von Lebensmitteln und Flüssigkeiten.

Es gehört zu den besonderen Standortvorteilen der Bundesrepublik, daß die Packmittelhersteller einerseits einen äußerst differenzierten Absatzmarkt im Inland, aber auch im benachbarten Ausland haben, zum anderen aber sich im Inland eine der fortschrittlichsten Verpackungsmaschinen-Industrien der Welt befindet. So ist die Bundesrepublik mit einem Anteil von rund 40 % (1982) an den Ausfuhren der westlichen Industrieländer bei Papierverarbei-

---

[13] Dies gilt auch im Vergleich mit verwandten Berufen; der Anteil betrug bei Druckern, -helfern, Vervielfältigern 39 %, bei Chemiearbeitern, Gummiarbeitern 49 %.

[14] O. V., Hohe Unfallhäufigkeit in der Holzwirtschaft, in: Holz-Zentralblatt, 1985, Nr. 109, S. 1537.

tungsmaschinen der bedeutendste Anbieter der Welt (nächstwichtige Anbieter: die Schweiz mit 17 % und die USA mit 15 %); für Nahrungsmittel- und Verpackungsmaschinen gilt das gleiche. Hier beträgt der Anteil der Bundesrepublik 34 % (USA und Italien je 14 %). Die enge räumliche Zusammenarbeit bietet, wie gesagt, mannigfaltige Vorteile, sichert aber allein noch nicht einen ausreichenden technologischen Vorsprung, denn entscheidend dafür ist der Grad der Anwendung der technologischen Neuerungen. Indizien dafür können aus dem Ifo-Investitionstest gewonnen werden (Abb. 4). Wenn nämlich die Unternehmen angeben, ihr wichtigstes Investitionsziel sei die Rationalisierung, so ist dies ein Indiz dafür, daß technische Umstellungen in der Verfahrenstechnik verfolgt werden. Prozeßinnovationen liegen ebenfalls dann vor, wenn die Unternehmen angeben, daß die Investitionen unter anderem der Einführung neuartiger Produktionsmethoden dienen (Tab. A 24).

Die Rationalisierung war im Betrachtungszeitraum ein wichtiges, bei rund zwei Fünftel der Unternehmen sogar das dominierende Investitionsziel. Eine eindeutige Tendenz zur Verringerung oder Vergrößerung dieses Anteils ist dabei nicht zu erkennen. Hingegen besteht bei der Einführung neuer Produktionsmethoden eine deutlich steigende Tendenz. Dieses Investitionsziel wurde besonders häufig von den Herstellern von Tüten und Beuteln, Briefumschlägen und Papierausstattungen, Geschäftsbüchern und Organisationsmitteln sowie von Tapeten genannt.[15]

Bei diesen Produkten handelt es sich durchweg um „alte" oder „reife" Güter; aus den Meldungen kann auf entsprechende Anpassungsmaßnahmen an sich ändernde Marktgegebenheiten geschlossen werden. Bei den Tapeten handelt es sich dabei um die Ablösung des „klassischen" Leimdruckverfahrens durch Flexo-, Tief- und Siebdruck, die es ermöglichen, noch farbenfreudigere, brillanter wirkende und vom Muster her anspruchsvollere Produkte herzustellen.

In nahezu allen Bereichen wird eine Verkettung der jeweils zentralen Fertigungseinrichtung mit den Vorstufen und der Weiterverarbeitung angestrebt. Dabei kommen der Sensorik, der mit ihr verknüpften Mikromechanik, der Meßdatenverarbeitung und der Prozeßsteuerung Schlüsselrollen zu. Allerdings ist eine durchgehende Automatisierung aller Produktionsstufen noch nicht erkennbar, vielmehr dominieren hier noch starr verkettete Fertigungssysteme, beispielsweise in der Buchbinderei. Auch die Automatisierung arbeitsintensiver Materialbewegungen, wie Materialzuführung oder innerbetrieblicher Transport, schreitet fort.

Dennoch soll angesichts dieser Tendenzen nicht darüber hinweggetäuscht werden, daß die Technik der Papierverarbeitung in vielen Bereichen noch der

---

[15] Zu berücksichtigen ist, daß die Hersteller von Hygieneartikeln nicht am Ifo-Investitionstest teilnahmen.

Abb. 4

Indizien der technologischen Entwicklung in der Papierverarbeitung

Meldungen in % der Unternehmer 1.)

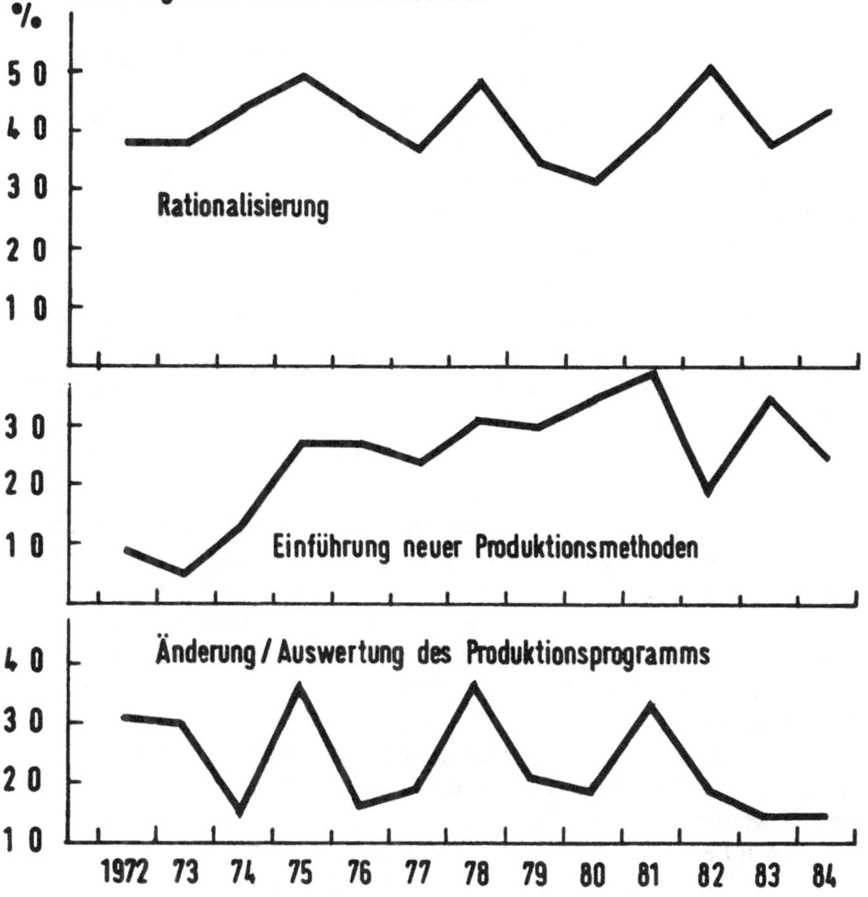

1.) Gewichtet mit dem Firmenumsatz

Quelle: Ifo-Investitionserhebung

IFO-INSTITUT für Wirtschaftsforschung München 416/85 ifo

eines Handwerksbetriebs eng verhaftet ist. Dies gilt selbstverständlich vor allem dort, wo sich nicht aus dem Produktionsverfahren selbst ein höheres Automatisierungspotential ergibt, wie dies etwa bei der Wellpappenerzeugung oder der Hygienepapierwarenherstellung der Fall ist. Solange es noch hinreichend Marktnischen für dergestalt handwerklich erzeugte Produkte gibt, werden auch die in der Regel kleinen und mittleren Unternehmen ihr Auskommen haben.

Die Technik als Produktionsfaktor umfaßt aber nicht nur die Verfahrenstechnik, sondern auch die Produktechnik, soweit sie den Aufbau und die Ausgestaltung der Produktionsanlagen mitbestimmen. Fortschritte der Produkttechnik bedingen dann auch Veränderungen an den Anlagen. Dabei muß es sich nicht immer um ein „neues“ Produkt handeln; Änderungen in den Eigenschaften oder Verwendungsmöglichkeiten sind ebenfalls als Produktinnovationen anzusehen.

In der Papierverarbeitung hat sich anscheinend hinsichtlich der produkttechnischen Neuerungen ein deutliches zyklisches Muster mit einem Drei-Jahres-Rhythmus herausgebildet. Dies scheint jedoch ein eher zufälliges Ergebnis zu sein, da bei den einzelnen Wirtschaftszweigen sich dieses zyklische Muster nicht wiederfindet.

Eine große Zahl von Maschinen und Anlagen in der Papierverarbeitung sind hochspezialisiert; sie lassen sich nur für die Erzeugung eines einzelnen Produktes einsetzen. Bei den übrigen wird — unter dem Gesichtspunkt einer optimalen Ausnutzung von Fertigungskapazitäten — angestrebt, möglichst leistungsfähige, flexible Maschinen einzusetzen, die eine Vielzahl von Produkten herstellen und unterschiedliche Materialien (Papiersorten, Nonwovens) verarbeiten können. Eine breite Produktpalette mit dem Ziel, möglichst allen Spezialwünschen gerecht zu werden, führt notwendigerweise zu kleinen Auftragsgrößen, häufigem Sortenwechsel und damit steigenden Umrüstzeiten. Die Mikroelektronik hat hier dazu geführt, daß durch Voreinstellsysteme und Produktionsüberwachungssysteme die Maschinenlaufzeiten verbessert werden. Dies hat natürlich auch Kapazitätseffekte zur Folge und führt auch dazu, daß sich Unternehmen auf Märkten betätigen, die bisher außerhalb ihrer technischen Möglichkeiten oder ihres Losgrößenbereiches lagen, um ihre Anlagen besser ausnützen zu können.

d) Forschung und Entwicklung

Die Papierverarbeitung gehört zu denjenigen Branchen, die relativ am wenigsten für Forschung und Entwicklung aufwenden. Diese Aufwendungen sind mit etwa 1 % vom Umsatz zu beziffern. Dies wird aus der besonderen

Produktstruktur der Branche verständlich: Forschung ist für die Realisierung von Innovationen nach den Ergebnissen des Ifo-Innovationstests nur in seltenen Ausnahmefällen erforderlich; bei etwa der Hälfte der Projekte fließen Ergebnisse der experimentellen Entwicklung ein, und fast ausnahmslos sind die Ergebnisse auf besondere Anstrengungen in Konstruktion und/oder Design zurückzuführen. Dies wird häufig auch mit den „maßgeschneiderten Problemlösungen" umschrieben, die besonders im Verpackungsbereich für die Kunden gefunden werden müssen. Hier geht es dann um neue Formen z. B. einer Faltschachtel oder eine Methode, ein Packgut schnell, wirtschaftlich und hygienisch zu verpacken. Patente und Lizenzen sowie Ausgaben für die Markterschließung spielen bei derartigen Kundenproblemen naturgemäß nur eine Rolle am Rande; sie finden daher in der Struktur der Innovationsaufwendungen auch kaum einen Niederschlag. Schwerpunktmäßig geht es neben den Design- und Konstruktionsarbeiten um Produktionsvorbereitung und Rationalisierung, wenn Innovationsaufwendungen getätigt werden müssen. Eine beachtliche Bedeutung haben dabei die Aufwendungen für den Entwurf und die Herstellung der Stanzwerkzeuge. Diese vorbereitenden Arbeitsschritte werden in vielen Firmen selbst durchgeführt, seltener werden diese Arbeiten an Spezialbetriebe vergeben. Insbesondere die Herstellung von Stanzformen für Rotationsstanzen stellt außerordentlich hohe Anforderungen an den Werkzeugmacher, vor allem hinsichtlich Präzision und Standfestigkeit. Nicht unerwähnt sollte auch sein, daß von den Herstellern der Papierverarbeitungsmaschinen Forschung und Entwicklung betrieben wird, was den Nutzern dieser Maschinen zugute kommt. Außerdem wird Gemeinschaftsforschung in einigen von Unternehmen der Papierverarbeitung teilfinanzierten Instituten betrieben.

Von erheblicher Bedeutung für die Papierverarbeitung sind Normen. Dabei beziehen sich die Abnehmer der Papierwaren immer häufiger auf derartige Normen und einschlägige Festlegungen. Ein ständiger Kontakt, möglichst eine aktive Mitarbeit in den Normenausschüssen überfordert meist die Möglichkeiten kleiner und mittlerer Unternehmen, zumal ja noch eine Fülle von weiteren Vorschriften, z. B. des Lebensmittelrechts, der Preis- und Mengenangabevorschriften, zu beachten sind.

e) Produktivität der Produktionsfaktoren

aa) Arbeitsproduktivität

Mit einem Bruttowertschöpfungsvolumen je Beschäftigten in Höhe von rund 61 500 DM (in Preisen von 1980) stellte sich die Papier- und Pappeverarbeitung 1984 nach der ihr eng verwandten Druckerei, Vervielfältigung sowie der Glaserzeugung, -verarbeitung hinsichtlich der Produktivität als drittwichtigste Branche des Verbrauchsgüter produzierenden Gewerbes dar. Die Papierverarbeitung übertraf außerdem die meisten Investitionsgüter produzierenden Wirtschaftszweige und lag noch über dem Durchschnitt des verarbeitenden Gewerbes insgesamt.

Betrachtet man die zeitliche Entwicklung der Arbeitsproduktivität und bezieht das Produktionsergebnis auf die geleisteten Beschäftigtenstunden, so zeigt sich in der Papier- und Pappeverarbeitung für den Zeitraum 1972 bis 1984 eine Zunahme der so definierten Arbeitsproduktivität um rund 65 % (Tab. A 22). Das Wachstum war damit stärker als im Durchschnitt des verarbeitenden Gewerbes insgesamt (+ 41 %). Im zeitlichen Verlauf hat sich der Produktivitätsfortschritt nach einem raschen Anstieg zu Beginn der siebziger Jahre und einem gemäßigten Wachstum in der zweiten Hälfte dieses Jahrzehnts zu Beginn der achtziger Jahren zunächst stark verlangsamt; er scheint jetzt auf einen eher moderaten Wachstumspfad zurückzukehren. Insgesamt gesehen ist das Wachstum der Arbeitsproduktivität in der Papierverarbeitung im betrachteten Zeitraum als relativ kontinuierlich anzusehen, wenn man berücksichtigt, daß der verwendete Indikator wegen der Tatsache, daß das Produktionsergebnis stärker konjunkturellen Auslastungsschwankungen der Produktionsanlagen unterworfen ist als der Arbeitseinsatz, zu kurzfristigen Verzerrungen neigt.

Die durchaus beachtlichen Erfolge der produktivitätssteigernden Maßnahmen werden von den Unternehmen in erster Linie als Ergebnis einer verstärkten Mechanisierung und Automatisierung sowie eines Personalabbaus angesehen.[16] An dritter Stelle wird die Einführung höherwertiger Produkte genannt, erst an vierter Stelle der Maßnahmen zur Steigerung der Arbeitsproduktivität stand das Streben nach Qualifikationssteigerung der Arbeitskräfte. Ganz generell läßt sich aus den Ergebnissen der Befragung festhalten, daß man in der Papierverarbeitung Maßnahmen zur Verminderung des Arbeitseinsatzes in Kombination mit entsprechenden Anlageinvestitionen bevorzugt hat. Künftig sollen hier die Akzente etwas verschoben werden. Man geht seitens der Unternehmen hinsichtlich der weiteren Produktivitätsentwicklung in den achtziger Jahren von einem leicht abgeschwächten Wachstum aus. Der Personalabbau wird als Maßnahme beträchtlich an Bedeutung verlieren und der qualitativen Komponente des Arbeitseinsatzes mehr Beachtung geschenkt werden. Gleichzeitig sehen die Unternehmen eine steigende Bedeutung von Datenverarbeitung und Mikroelektronik vor allem im Zusammenhang mit Produktionsplanung und -steuerung.

---

[16] Dies ergaben Befragungen im Rahmen eines bisher unveröffentlichten Gutachtens zum Thema „Entwicklung der Arbeitsproduktivität im verarbeitenden Gewerbe — Tendenzen und betriebliche Maßnahmen", die im Herbst 1984 durchgeführt wurden.

bb) Kapitalproduktivität

Wie beim Produktionsfaktor Arbeit wird üblicherweise auch beim Produktionsfaktor Kapital die Leistung des Faktors, hier die Kapitalproduktivität, an der Bruttowertschöpfung in konstanten Preisen gemessen und dann auf das Bruttoanlagevermögen bezogen. Dabei ist zu berücksichtigen, daß dieses unterschiedlich ausgelastet sein kann und teilweise überhaupt nicht, zeitlich nicht voll und/oder weniger intensiv als möglich genutzt wird. Daher darf die Wertschöpfung nur auf das tatsächlich ausgenutzte Bruttoanlagevermögen bezogen werden.

Nach Berechnungen des Deutschen Instituts für Wirtschaftsforschung[17] lag die Papierverarbeitung 1984 hinsichtlich der potentiellen Kapitalproduktivität — also der bei Vollausnutzung erzielbaren Leistung — unter dem Durchschnitt sowohl des verarbeitenden Gewerbes insgesamt als auch des Verbrauchsgüter produzierenden Gewerbes. In absoluten Werten ergab sich je 1 000 DM Brutto-Anlagevermögen (in Preisen von 1980) in der Papierverarbeitung eine potentielle Bruttowertschöpfung von 605 DM für das Jahr 1984; der Vergleichswert für das verarbeitende Gewerbe betrug 625 DM (Tab. A 25).

Ähnlich wie in der Gesamtindustrie ist die Kapitalproduktivität in der Papierverarbeitung gesunken, allerdings in einem beträchtlich stärkeren Ausmaß. Betrug dieser Rückgang nämlich im verarbeitenden Gewerbe insgesamt für den Zeitraum 1972 bis 1984 nur rund 9 %, so lag die Abnahme in der Papierverarbeitung bei rund 20 %. Zunächst einmal ist hiermit nur ausgesagt, daß sich das Anlagevermögen hier wesentlich stärker erhöht hat als die Produktion (bei Vollauslastung). Die Höhe der Kapitalproduktivität hängt aber unmittelbar ab von der Länge der Betriebszeit der Produktionsanlagen. Wenn sich also diese erhöhen ließe, z. B. durch Neuregelungen der Arbeitszeit, so würde die Kapitalproduktivität steigen. Dies würde aber voraussetzen, daß die mit einer Verlängerung der Maschinenlaufzeiten verbundene Mehrproduktion auch auf eine entsprechende Nachfrage träfe.

4. Außenwirtschaftliche Entwicklung

a) Bedeutung der außenwirtschaftlichen Verflechtung

Im Gegensatz zu Holzstoff und Papier/Pappe gelten oder galten Papier- und Pappewaren nicht als für die internationalen Handelsbeziehungen typi-

[17] E. Baumgart u. a., Produktionsvolumen und -potential des Bergbaus und des verarbeitenden Gewerbes in der Bundesrepublik Deutschland, 27. Folge, Berlin 1985.

sche Güter. Dafür gibt es mehrere Gründe: Verpackungen beispielsweise können wegen des ungünstigen Gewicht/Volumen-Verhältnisses kaum über weitere Strecken wirtschaftlich transportiert werden; der Lieferradius der Anbieter ist beschränkt. So kann bei Wellpappe eine Entfernung von 200 km als Obergrenze angesehen werden. Daher sind viele Verpackungsmärkte regional recht eng begrenzt. Außerdem spielen staatliche Vorschriften vor allem auf dem Verpackungssektor eine bedeutende Rolle. Für einen Exporteur, zumal wenn es sich um einen Klein- oder Mittelbetrieb handelt, ist es häufig schwierig, sich durch die entsprechenden Vorschriften eines potentiellen Abnehmerlandes hindurchzufinden.

Auch Handelsusancen sind von erheblicher Bedeutung: Dies verlangt vom Lieferanten oft ein spezielles Know-how. Hierfür ein Beispiel: In Italien ist der EAN-Code[18] zur Artikelnumerierung noch kaum verbreitet. In der Bundesrepublik Deutschland sind aber bereits mehr als zwei Drittel aller Massenverbrauchsgüter strichcodiert. Ein italienischer Exporteur dieser Güter muß also auf seiner verpackten, nach Deutschland zu exportierenden Ware diesen Code anbringen, und der exakte Druck dieses Code, der zur fehlerfreien Beleglesung erforderlich ist, verlangt ein ganz bestimmtes Wissen, das der italienische Hersteller im eigenen Land kaum erwerben kann. Schließlich wird auch ein Teil der Verpackungen „in line" hergestellt, d. h. im Verlauf des Verpackungs- und Abfüllvorgangs. Der grenzüberschreitende Bezug oder Absatz der Ausgangsmaterialien für die Packungen, also Papier und Pappe in Rollen oder Bogen, gehört sachlogisch (und auch statistisch) zum Bereich der Papier- und Pappeerzeugung.

Trotz dieser Hindernisse hat die außenwirtschaftliche Verflechtung der Papierverarbeitung der Bundesrepublik Deutschland an Bedeutung erheblich zugenommen. Sowohl die Import- als auch die Exportquoten sind gestiegen. Am gesamten Welthandel, der 1982 ein Volumen von 5,34 Mrd. DM umfaßte, hatte die Bundesrepublik einen Lieferanteil von rund einem Fünftel erreicht; tendenziell ist dieser Lieferanteil in den letzten Jahren ständig gestiegen (Tab. A 26). Offensichtlich ist es der deutschen Papierverarbeitung also gelungen, die „natürlichen Barrieren", von denen man annimmt, daß sie einem Außenhandel mit Papierwaren entgegenstehen, besser zu überwinden als ihre internationale Konkurrenz. Dies könnte als Indiz dafür gelten, daß sie ihre Wettbewerbsposition verbessert hat.

[18] Europäische Artikel-Nummerierung in codierter Form, wie sie in Form von verschieden breiten Balken auf Verpackungen angebracht ist.

b) Handelsströme bei Papierwaren

Im Netzwerk der Welthandelsbeziehungen bei Papier- und Pappewaren, in dem die Länder durch ihre Importe und Exporte miteinander verknüpft sind, stellt die Bundesrepublik einen bedeutenden Faktor dar. Sie trägt zum Welthandel[19] als Lieferant rund 20 % und als Käufer rund 9 % bei, ist also auch ein Land mit einem positiven Außenhandelssaldo.

Diese starke Position am Weltmarkt für Papier- und Pappewaren verdankt die Bundesrepublik nicht zuletzt ihrer Lage im bedeutendsten Teilmarkt, in der EG. Die EG(9)-Staaten wickelten 1982 nämlich fast zwei Fünftel des gesamten Welthandels mit Papier- und Pappewaren untereinander ab. Von den gesamten Lieferungen aller EG-Länger gingen 70 % in andere EG-Länder, weitere 11 % in die übrigen westeuropäischen Industrieländer, aber nur 14 % nach Übersee. Von dort kamen auch nur relativ bescheidene Beiträge zur Deckung des EG-Bedarfs: Die Lieferungen überseeischer Länder machten 1982 etwas mehr als 8 % der gesamten EG-Importe aus. Man kann daraus schließen, daß der Außenhandel mit Papierwaren auch heute im wesentlichen noch eine regional beschränkte Aktivität ist. Allerdings ist der Begriff „Region" in diesem Zusammenhang zunehmend großräumiger zu definieren. So hat sich das Welthandelsvolumen bei Papier- und Pappewaren im Zeitraum 1972 bis 1982 (nominal) rund verfünffacht; der Anteil der EG-internen Lieferungen ist im gleichen Zeitraum von rund 80 % auf rund 70 % gesunken. Das Handelsvolumen außerhalb der EG ist also sowohl absolut als auch relativ gestiegen. Dennoch kann davon ausgegangen werden, daß der Außenhandel mit Papier- und Pappewaren im Vergleich zur Produktion dieser Güter nur eine insgesamt gesehen relativ bescheidene Rolle spielt. Lediglich innerhalb der westeuropäischen Industriestaaten, insbesondere der EG, werden nennenswerte Export- bzw. Importquoten erreicht.[20]

c) Ausfuhren der Bundesrepublik

Die Exportquote der deutschen Papierverarbeitung ist nahezu ständig gestiegen; sie kletterte von 8,2 % (1972) auf 18,3 % (1984). Gleichzeitig nahm der Lieferanteil am gesamten Welthandel von 16,3 % (1972) auf 20,9 %

[19] Eine statistische Erfassung des Außenhandels aller Länder existiert nicht. Um zu Näherungswerten für den Welthandel zu kommen, erfaßt die OECD deshalb die Ausfuhren aller OECD-Länder (auf fob-Basis) sowie die OECD-Einfuhren aus Nicht-OECD-Ländern (auf cif-Basis). Der Handel der Nicht-OECD-Länder untereinander, der auf weniger als 10 % des Welthandels geschätzt wird, wird dabei nicht berücksichtigt.

[20] Dies läßt sich aber im einzelnen nicht vergleichbar nachvollziehen, da die Branchenabgrenzung in den einzelnen Ländern außerordentlich unterschiedlich ist. Untersuchungen der CITPA, des Internationalen Komitees der Verarbeiter von Papier und Pappe in der EG, lassen aber gleichwohl diese Aussage zu.

(1982) zu (Tab. A 27). Damit ist für die deutschen Hersteller von Papier- und Pappewaren das Ausland zu einem bedeutenden Nachfragefaktor geworden.

Hinter diesen Quoten stehen beachtliche Zuwächse. Wurden 1972 Papier- und Pappewaren für 704 Mio. DM exportiert, so betrug der Wert 1984 bereits 3,4 Mrd. DM. Real, d. h. nach Ausschaltung der Preissteigerungen, stiegen die Exporte im Zeitraum 1972 bis 1984 um 184 %. Dies bedeutet ein Wachstum der Auslandsnachfrage von fast genau (real) 9 % pro Jahr.

Will man den Gründen für diese beachtlichen Exporterfolge der deutschen Papierverarbeitung nachgehen, so muß man zwei Fragen beantworten, nämlich:

— Mit welchen Ländern wird der Außenhandel abgewickelt?
— Welche Produkte sind vor allem für die Erfolge beim Außenhandel ursächlich?

Als Abnehmerländer für deutsche Exporte von Papier- und Pappewaren nehmen die EG-Staaten eine dominierende Position ein (Tab. A 28); sie kauften 1972 und 1984 jeweils rund zwei Drittel der gesamten deutschen Ausfuhren dieser Güter. Damit ist die deutsche Papierverarbeitung viel stärker auf die EG fixiert als das produzierende Gewerbe insgesamt, das von seinen Exporten nur rund 46 % in die EG-Länder liefert.

Unter den EG-Ländern dominieren als Abnehmer Frankreich und die Benelux-Staaten, auf die allein bereits rund 45 % aller deutschen Papierwaren-Exporte entfallen. Relativ haben diese Länder allerdings an Bedeutung verloren, als durch den Beitritt der „neuen“ EG-Mitglieder Griechenland, Dänemark und vor allem Vereinigtes Königreich sich neue Absatzchancen ergaben. Bezüglich der übrigen ausgewiesenen Ländergruppen haben sich praktisch keine tiefgreifenden Umschichtungen ergeben; die Entwicklungsländer — zu denen in der hier verwendeten Abgrenzung auch Schwellenländer gehören — haben ihre Anteile erhöht, was vor allem auf die gestiegenen Bezüge der arabischen OPEC-Länder zurückzuführen ist: Saudi-Arabien, Kuwait, Katar und die Vereinigten Arabischen Emirate nahmen 1984 rund 3,7 % aller deutschen Exporte von Papier- und Pappewaren ab. Dies ist bereits mehr als ein Drittel aller diesbezüglichen Lieferungen in Entwicklungsländer und — zum Vergleich — das Siebeneinhalbfache dessen, was Japan aus der Bundesrepublik bezieht. Die übrigen westlichen Industrieländer haben hingegen mit Ausnahme des nordamerikanischen Raumes als Kunden deutscher Papierverarbeiter relativ an Bedeutung verloren.

Die Veränderungen in der Abnehmerstruktur können — rein rechnerisch betrachtet — auf zwei Phänomenen beruhen: Sie können sich einmal bei konstanten Lieferanteilen der Bundesrepublik aus unterschiedlich wachsenden (oder schrumpfenden) Einfuhren der Abnehmerländer ergeben; sie können aber auch daraus resultieren, daß die Bundesrepublik ihre Lieferanteile vergrößern konnte oder aber auch solche verloren hat. Analysiert man diese Einflußfaktoren, so stellt man fest, daß es insbesondere die Anteilsgewinne der Bundesrepublik waren, die das Exportwachstum ermöglicht haben. Im Zeitraum 1970 bis 1982, für den entsprechende Daten zur Verfügung standen, hat die Bundesrepublik in 18 von 19 wichtigen Abnehmerländern, auf die insgesamt neun Zehntel aller deutschen Exporte entfielen, zum Teil kräftige Lieferanteilsgewinne erzielen können. Lediglich bei Frankreich ergab sich ein Rückgang (Tab. A 29).

Man kann davon ausgehen, daß in diesen Ländern die Nachfrage nach Papier- und Pappewaren langsamer gestiegen ist als das Wachstum der deutschen Exporte in diese Länder. Dies ergibt sich allein aus der Tatsache, daß das Wirtschaftswachstum der OECD-Länder im Zeitraum 1972 bis 1984 real um knapp 40 % stieg und die Nachfrage nach Papierwaren damit relativ eng korreliert,[21] während der Export der Bundesrepublik von Papierwaren im gleichen Zeitraum aber um 184 % wuchs. Das bedeutet aber, daß die Bundesrepublik nicht nur ihren Lieferanteil bei den Importen der wichtigsten Industrieländer hat erhöhen können, was sich ja aus der oben durchgeführten Analyse zweifelsfrei ergibt, sondern daß die deutsche Papierverarbeitung darüber hinaus auch ihre Marktanteile in diesen Ländern hat steigern können, und zwar sowohl zu Lasten von Drittlieferanten als auch der jeweiligen einheimischen Industrie. Damit hat sie aber einen wichtigen Beweis für ihre Fähigkeit, im internationalen Wettbewerb mithalten zu können, geliefert.

Die Exporterfolge der deutschen Papierverarbeitung wurden vor allem mit den Erzeugnisgruppen Verpackungsmittel und Hygienepapierartikel erzielt (Tab. A 30), wobei vor allem letztere Gruppe sich als „Exportschlager" erwies: Der Exportwert hat sich (nominal) verzwanzigfacht. Hingegen hat eine einstige deutsche Spezialität, nämlich die Tapeten, als Exportartikel erheblich an Bedeutung verloren. Auch Schreibwaren und Bürobedarf haben Anteilsverluste aufzuweisen, wobei beachtet werden muß, daß der Außenhandel mit diesen Produkten durch mancherlei Handelshemmnisse, wie Normen, Sprachbarrieren, Kaufvorschriften z. B. bei Behörden, eingeschränkt ist.

Die Hygienepapierartikel als Träger des Wachstums der deutschen Papierwarenexporte umfassen eine breite Palette „neuer Produkte", von denen mit Abstand die bedeutendsten Windeln und Windeleinlagen sind. Die Ausfuhren dieser Waren repräsentierten 1984 allein einen Wert von 656 Mio. DM, entsprechend fast einem Fünftel aller Exporte von Papier- und Pappewaren. Die Exporterfolge sind vor allem auch in der Tatsache zu sehen, daß der Markt in der Bundesrepublik infolge des „Pillenknicks" tendenziell

[21] Wegen der völlig unzureichenden und international nicht vergleichbaren Statistiken über die Papierverarbeitung in vielen Ländern kann auf die Nachfrageentwicklung nicht direkt geschlossen werden.

schrumpfend ist und daß die hiesigen Hersteller — neben deutschem ist auch in erheblichem Maß ausländisches Kapital vertreten — verstärkt in den Export drängen, nachdem sie hier über moderne Produktionsstätten verfügen und von hier die Auslandsmärkte bedienen können.

d) Einfuhren der Bundesrepublik

Die Importe von Papier- und Pappewaren in die Bundesrepublik sind im Referenzzeitraum 1972 bis 1984 kräftig gestiegen. Real, also nach Ausschaltung der Preissteigerungen, haben sie sich verdoppelt; sie stiegen im Durchschnitt dieser Periode jährlich um 6,3 %, also wesentlich kräftiger als die Inlandsversorgung (Tab. A 31). Folgerichtig hat sich auch die Importquote von 6 % (1972) auf 11,0 % (1984) erhöht. Das Einfuhrvolumen von 1,7 Mrd. DM (1984) nimmt sich im Rahmen aller Importe von Erzeugnissen des verarbeitenden Gewerbes recht bescheiden aus; es liegt in der gesamten Referenzperiode bei knapp einem halben Prozent.

Die rasche Erhöhung der Importe, die zwar bei weitem nicht das Wachstum der Ausfuhren erreichte, gibt Anlaß zu der Frage, inwieweit hierin ein Nachlassen der Wettbewerbsfähigkeit der deutschen Papierverarbeiter zum Ausdruck kommt, zumal, wenn man die Strategie der nordamerikanischen und skandinavischen Wettbewerber in Betracht zieht. Diese haben es nämlich häufig vorgezogen, die „Integration in die Dritte Stufe", wie man das Angliedern von Papier verarbeitenden Betrieben an die Papiererzeugung zu bezeichnen pflegt, nicht im Lande selbst, sondern auf den jeweiligen Absatzmärkten zu vollziehen. Sie konkurrieren deshalb mit den deutschen und den übrigen EG-Firmen nicht in Form von Exporten von Papierwaren, sondern durch den Erwerb von Tochterfirmen. Die relativ bescheidenen Lieferungen skandinavischer und nordamerikanischer Länder werden also fast ausschließlich durch diese Tochtergesellschaften erklärt, die von ihren „Müttern" Papier und Pappe beziehen. Dadurch ist rein statistisch auch die Wettbewerbsposition der deutschen Papierverarbeitung, wenn man sie an den Importen mißt, im Bereich der Papiererzeugung zu niedrig und im Bereich der Papierverarbeitung zu hoch bewertet. Welche Bedeutung diese „Mutter-Tochter-Beziehungen" mengenmäßig haben, ist nicht abzuschätzen. Denn es kommt hinzu, daß die nordamerikanischen und skandinavischen Firmen ihre Töchter in allen EG-Ländern haben, so daß auch erhebliche Teile des innergemeinschaftlichen Handels auf Lieferungen skandinavischer Tochterfirmen z. T. auch untereinander beruhen.

Die hauptsächlichen ausländischen Lieferanten für Papier und Pappewaren in die Bundesrepublik kommen aus der EG — auf sie entfielen 1984 rund drei Fünftel —, und hier wiederum sind französische und niederländische

Anbieter von Bedeutung (Tab. A 32). Insgesamt gesehen haben die EG-Staaten jedoch in der Bundesrepublik Marktanteile verloren; dies gilt vor allem für die Benelux-Staaten.[22] Diese Verluste gingen zugunsten derjenigen westeuropäischen Staaten, die nicht der EG angehören und hier in erster Linie Österreichs, das mittlerweile zum drittwichtigsten Lieferanten für Papier- und Pappewaren am deutschen Markt geworden ist. Länder außerhalb Westeuropas, dies gilt für Industriestaaten ebenso wie für Entwicklungsländer und Staatshandelsländer, haben am Markt für Papier- und Pappewaren in der Bundesrepublik nur relativ wenig Gewicht.

Die Bundesrepublik hat als Abnehmer von Papierwaren für ihre Lieferländer beträchtliche Bedeutung; sie nimmt ein knappes Zehntel aller auf dem Weltmarkt angebotenen diesbezüglichen Produkte auf. Wesentlich höher ist ihr Gewicht für die ihr unmittelbar benachbarten Länder, wo sie Anteile von etwa einem Viertel an deren Exporten erreicht. Beim Vergleich der Lieferanteile (Anteil der Lieferungen aus der Bundesrepublik an den gesamten Importen der betreffenden Länder) und Abnehmeranteile (Anteile der Einfuhren in die Bundesrepublik an den Exporten der jeweiligen Länder) zeigt sich, daß die Bundesrepublik als Lieferant von Papier- und Pappewaren auf den entsprechenden ausländischen Märkten viel häufiger eine dominierende Stellung hat, als sie diese bei ausländischen Lieferanten als Kunde hat (Tab. A 33). Daraus läßt sich ganz generell sagen, daß die Bundesrepublik viel stärker von Nachfrageschwankungen in den jeweiligen Ländern betroffen wird, als dies umgekehrt der Fall ist.

Auffälligerweise stellen die „Übrigen Papier- und Pappewaren“ bei den Einfuhren die mit Abstand größte Erzeugnisgruppe dar (Tab. A 34). Dies deutet darauf hin, daß der Markt für Papier- und Pappewaren in der Bundesrepublik Deutschland ein sehr differenzierter Markt ist, da in dieser Position eine große Fülle von Einzelpositionen subsumiert ist. Davon abgesehen dominieren auch bei den Importen wie bei den Exporten die Erzeugnisgruppen Verpackungsmittel und Hygieneartikel. Beide haben im Referenzzeitraum einen auffälligen Anteilsgewinn erzielen können; dies gilt insbesondere bei den Hygieneartikeln. Da die gleiche Feststellung auch bei den Ausfuhren getroffen werden konnte, ist es naheliegend, hierin die Auswirkungen von Produktions- und Marktstrategien der großen (in der Regel internationalen) Hygieneartikelerzeuger zu erblicken. Hinzu kommt selbstverständlich außerdem, daß diese Produkte auch einen beträchtlichen Zuwachs in der Verbrauchergunst erfahren haben. Tapeten, auf die einstmals immerhin ein Zehntel aller deutschen Papierwarenimporte entfiel, sind absolut kaum noch gewachsen und haben relativ erheblich an Bedeutung verloren.

---

[22] Daß diese dennoch erhebliche Lieferungen in die Bundesrepublik tätigen, dürfte auch daran liegen, daß deutsche Firmen aus der Papiererzeugung dort Beteiligungen an Papierverarbeitungsbetrieben haben.

e) Innerdeutscher Handel

Der Handel zwischen der Bundesrepublik Deutschland und der Deutschen Demokratischen Republik, der definitionsgemäß neben Binnenhandel und Außenhandel als Handel sui generis behandelt wird, ist im Bereich Papier- und Pappewaren nicht sehr bedeutend. Bezogen auf den Gesamtimport der Bundesrepublik bei diesen Erzeugnissen erreichten die Bezüge aus der DDR 1984 3,0 %, bei den Lieferungen in die DDR ergab sich 1984 ein entsprechender Wert, bezogen auf den Gesamtexport von 0,4 %. 1972 hatten die entsprechenden Anteile bei 3,1 % bzw. 0,7 % gelegen. Die DDR ist also als Kunde für die Hersteller von Papier- und Pappewaren in der Bundesrepublik geringfügig unwichtiger geworden. Der Saldo von Bezügen und Lieferungen ist für die Bundesrepublik bei diesen Erzeugnissen deutlich negativ (Tab. A 35). Die Lieferungen der Bundesrepublik in die DDR bestehen zu über der Hälfte aus Verpackungsmitteln und hier vor allem aus Wellpappenerzeugnissen und Kartons. Hingegen werden aus der DDR in die Bundesrepublik vor allem Bürobedarf (28 %), und hier als weitaus wichtigste Erzeugnise Ordner und Schnellhefter sowie Verpackungsmittel (27 %) geliefert.

5. Nutzung von Rohstoffen, Energie und Umwelt

a) Nutzung von Rohstoffen

Verglichen mit dem Verbrauchsgüter produzierenden Gewerbe ist die Papierverarbeitung materialintensiver. Die Kosten für Roh-, Hilfs- und Betriebsstoffe (ohne Energie) machten 1982 rund 42 % des Bruttoproduktionswertes aus. Dieser Durchschnitt wurde vor allem vom Wirtschaftszweig „Herstellung von Tapeten, Spezialpapieren, Verpackungsmitteln" bestimmt, bei dem dieser Anteil rund 48 % ausmacht, während er bei „Schreibwaren und Bürobedarf, Buchbinderei" mit 33 % und „Herstellung von sonstigen Waren aus Papier und Pappe" mit 35 % weit unter dem Branchendurchschnitt liegt, da hier die Personalkosten von größerer Bedeutung sind (Tab. A 36).

Die wichtigsten in der Papierverarbeitung eingesetzten Rohstoffe sind — sie gaben der Branche den Namen — Papier und Pappe; sie machten (1982) wertmäßig 56 % des gesamten Rohstoffeinsatzes aus (Tab. A 37). Von diesen sind rund zwei Drittel Verpackungspapiere und -pappen, ein Fünftel grafische Papiere und der Rest Sonderpapiere (einschl. gestrichene Papiere). Eine überschlägige Rechnung zeigt, daß etwa 40 % der eingesetzten Papiere und Pappen aus dem Ausland kommen, damit entspricht dieser Anteil dem

Auslandsanteil am gesamten Papiermarkt. Die für die Papierverarbeitung in Frage kommenden Sorten werden zum weitaus überwiegenden Teil von den Papiererzeugern direkt geliefert, d. h. die Einschaltung des Großhandels ist hier eher die Ausnahme. Ein Großteil der verarbeiteten Papiere und Pappen wird in eigenen vorgeschalteten Betrieben selbst erzeugt; darauf deutet der relativ hohe Anteil von Holzschliff und Zellstoff am Rohstoffeingang (1982: 7 %) hin. Derartige integrierte Produktionen finden sich insbesondere im Bereich der Hygienepapiere, daher erreichen im Wirtschaftszweig „Herstellung von sonstigen Waren aus Papier und Pappe", die den Sektor Hygieneartikel einschließen, Holzschliff und Zellstoff einen Anteil am gesamten Rohstoffeingang von über einem Fünftel; hingegen spielen diese Halbstoffe bei „Schreibwaren und Bürobedarf", bei denen es keine integrierte Produktion gibt, dementsprechend auch keine Rolle.

Von größerer Bedeutung sind bei den bezogenen Materialien auch bereichsinterne Lieferungen; auf Papier- und Pappewaren entfiel 1982 knapp ein Zehntel aller bezogenen Rohstoffe. Derartige Bezüge erreichten insbesondere bei den Herstellern von Schreibwaren und Bürobedarf nennenswerte Anteile.

Kunststoffe und kunststoffähnliche Produkte, wie Leime, Lacke u. ä., werden sowohl komplementär, z. B. in Form von Verbundwerkstoffen oder Produktteilen, als auch substitutiv[23], z. B. Ordner aus Pappe oder aus Kunststoff, eingesetzt. Chemische und Kunststoff-Erzeugnisse erreichten 1982 einen wertmäßigen Anteil am gesamten Rohstoffbezug von einem Sechstel.

Die genannten Rohstoffe haben zwei Gemeinsamkeiten hinsichtlich ihrer Preise: Sie sind vom Wechselkurs der DM gegenüber dem Dollar abhängig, und sie werden von Ölpreissteigerungen stark betroffen, da sie entweder aus Erdöl hergestellt werden (Kunststofferzeugnisse, chemische Erzeugnisse) oder energieintensiven Produktionen entstammen (neben den genannten auch Papier und Pappe). Die Entwicklung der Preise für die Rohstoffe der Papier- und Pappeverarbeitung zeigen denn auch einen sehr ähnlichen Verlauf: Stagnation bis 1973, dann steiler Anstieg im Gefolge der ersten Ölpreisexplosion; von 1975 bis 1978 Stagnation oder Rückgang und dann steiler Anstieg als Folge des zweiten Ölpreisschubes und des wiedererstarkten Dollars (Abb. 5). Dieser starke Anstieg der Preise wichtiger Rohstoffe hat Mitte der siebziger Jahre einen Prozeß zur Materialeinsparung in Gang gesetzt, der auch heute noch anhält.

Auf der Stufe der Papier- und Pappeerzeugung vollzog sich dieser Prozeß besonders tiefgreifend. So wurden Maßnahmen ergriffen, um teure importierte Zellstoffe zu ersetzen. Dies geschah durch Altpapier, Zugabe von

[23] Infolge dieser Substitutionsvorgänge sind die Grenzen der branchenmäßigen Zuordnung der Unternehmen bzw. Betriebe fließend.

billigeren Kurzfaserzellstoffen, Erhöhung des Holzschliffanteils und vor allem durch eine kräftige Steigerung der Zugabe von Füllstoffen. Prozeßtechnische Verbesserungen zielten vor allem auf Energieeinsparungen und -rückgewinnung (sowie die Erhöhung der Umweltfreundlichkeit). In der Papierverarbeitung wurden Formate und Wandstärken verringert oder andere materialsparende Lösungen gesucht.

Auf dem Sektor der Kunststoffe sowie der chemischen Erzeugnisse, die in der Papierverarbeitung Verwendung finden, sind ähnliche Tendenzen festzustellen. So zielen die Bemühungen auf die Entwicklung von energie- und rohstoffsparender (und umweltfreundlicher) Produktion, auf die Verbesserung der technologischen Eigenschaften und damit des Anwendungsspektrums der Materialien sowie auf das Beimischen von billigen Füllstoffen bei gleichzeitiger Erhaltung der Qualitätsstandards.

Die Versorgung mit Rohstoffen für die Papier- und Pappeverarbeitung, die im Rahmen der Diskussionen um die „Grenzen des Wachstums" und als Folge der „Faserkrise" zeitweise als gefährdet angesehen wurde, dürfte mit Sicherheit in Zukunft gewährleistet sein. Die in Gang gekommene Entwicklung auf der Erzeugerstufe läßt erwarten, daß ein mengen- und qualitätsmäßig ausreichendes Angebot zur Verfügung stehen wird. Auch sind langfristig bestehenbleibende Verteuerungssprünge nicht zu erwarten. Hier wäre nur dann eine Einschränkung angebracht, wenn die Papiererzeugung in der Bundesrepublik oder der Europäischen Gemeinschaft nicht wettbewerbsfähig bleiben würde und eine verstärkte Abhängigkeit von skandinavischen Lieferanten entstehen würde. Da diese stark kartelliert sind, könnte sich hieraus eine besondere Preispolitik ergeben.

Auch bei den in Frage kommenden Kunststoffen und chemischen Erzeugnissen gilt die Versorgung als langfristig gesichert; mit „Ölpreisexplosionen" wird angesichts des weltweiten Überangebots heute kaum noch gerechnet. Auch hier wirken die material- und energiesparenden Maßnahmen in den Industrieländern.

b) Nutzung von Energie

Die Papierverarbeitung zählt zu den Branchen mit einer geringen direkten Energiekostenbelastung; der Anteil der Energieaufwendungen am Umsatz betrug 1982 nur 2,7 % (Tab. A 38). Damit hat sich aber diese Relation gegenüber 1970, als der Anteil noch bei 1,1 % gelegen hatte, verzweieinhalbfacht. Die Gründe für diesen relativ niedrigen direkten Energieverbrauch sind in der Art der branchentypischen Produktionsprozesse zu suchen: Es handelt sich dabei meist um Stanz-, Rill-, Falz-, Klebe- und Bedruckvorgänge, die wenig energieintensiv sind. Dies zeigt sich insbesondere darin, daß

Langfristige Preisentwicklung in wichtigen Zulieferbereichen der Papierverarbeitung

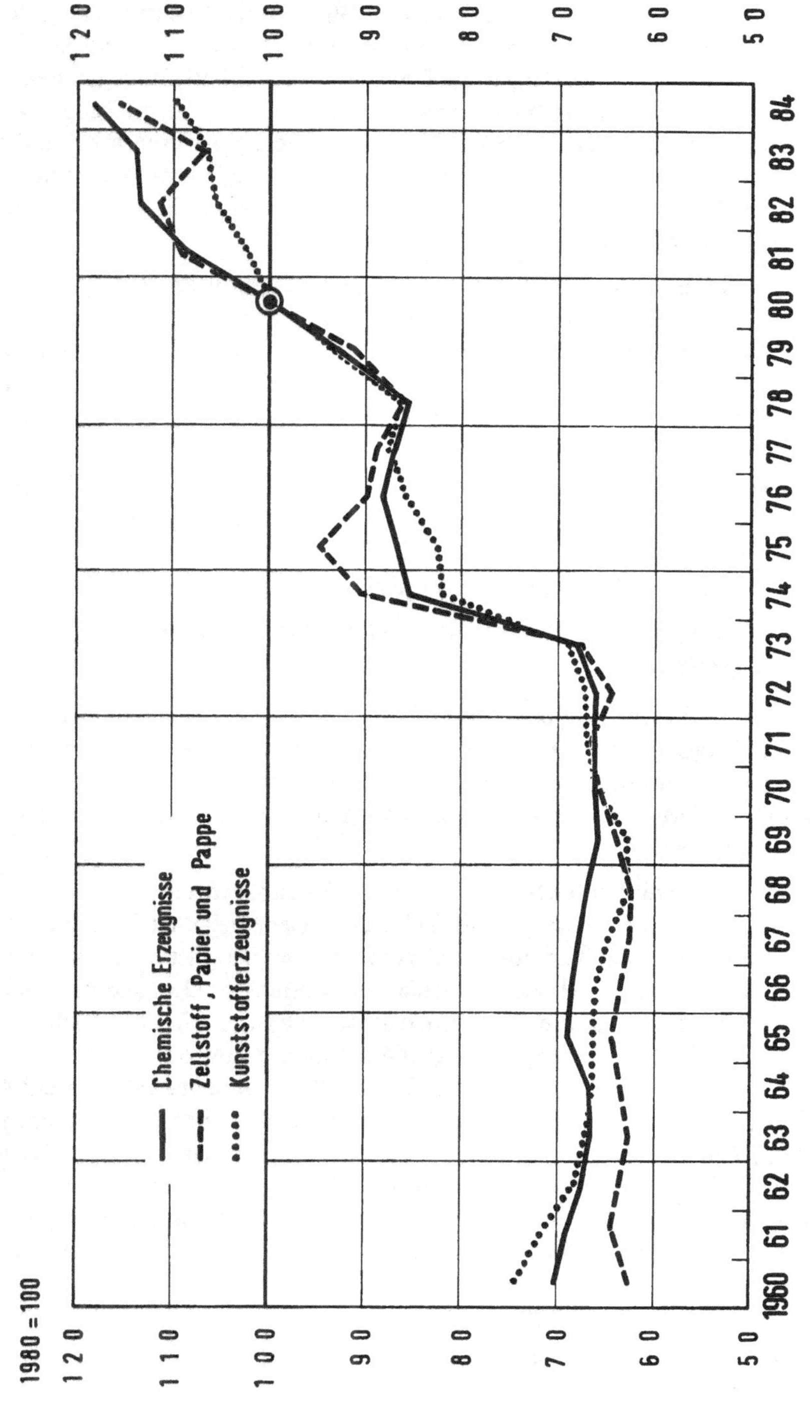

Quelle: Statistisches Bundesamt
IFO-INSTITUT für Wirtschaftsforschung München

417/85 ifo

die „Herstellung von Schreibwaren und Bürobedarf, Buchbinderei", für die die genannten Produktionsverfahren besonders typisch sind, nur einen Anteil der Energieaufwendungen am Umsatz von 1,8 % hat. Hingegen sind diese Anteile bei der „Herstellung sonstiger Waren aus Papier und Pappe" wegen der energieintensiven Produktion von Hygienepapierwaren mit 3,1 % und bei der „Herstellung von Tapeten, Spezialpapieren, Verpackungsmaterial" wegen der energieintensiven Herstellung von Wellpappe mit 2,8 % überdurchschnittlich hoch.

Von wesentlich größerer Bedeutung für die Papierverarbeitung sind allerdings jene Energieverbräuche, die in den aus den vorgelagerten Produktionsstufen stammenden Materialien Papier, Pappe und Kunststoff enthalten sind. Diese indirekten Energiekosten summieren sich für die Papierverarbeitung zu einer Belastung, die mittlerweile schätzungsweise fünfmal so hoch ist wie die der direkten Energiekosten.[24]

Dennoch waren einige Erzeugnisgruppen, die 1984 am gesamten Produktionswert der Papierverarbeitung einen Anteil von rund 23 % hatten, nach den Ergebnissen einer Untersuchung des Ifo-Instituts[25] durch eine überdurchschnittlich hohe *direkte* Energiebelastung gekennzeichnet:

— Zellstoffwatte-, Filtrierpapier- und Kreppapierwaren,
— Zigarettenpapier.

Die bei diesen Produkten im Befragungsjahr 1978 von durchschnittlich 7 bis 10 % des Produktionswertes reichende direkte Energiekostenbelastung ist aber vor allem daraus zu erklären, daß die Produktion dieser Erzeugnisse zwar zur Papierverarbeitung gezählt wird, aber auch die Stufe der Papiererzeugung mitenthält.

So werden die beiden Erzeugnisgruppen Zellstoffwattewaren und Kreppapierwaren, die sich zum größten Teil aus Hygieneartikeln (Windeln, Toilettenpapier, Binden, Tampons etc.) zusammensetzen, fast ausschließlich bei den Herstellern von Hygienepapierwaren produziert. Dies war nicht immer so: Früher hat es beispielsweise noch die sogenannten Wickler gegeben, d. h. Firmen, die Toilettenpapier in großen Rollen bezogen, diese zuschnitten, perforierten und konfektionierten. Heute (1984) werden dagegen rund 88 % der in der Bundesrepublik erzeugten Hygienepapiere im gleichen Unternehmen, meist in einem Arbeitsgang, zu Hygieneartikeln weiterverarbeitet. Durch eine dergestalt vertikal integrierte Produktion nimmt die Abhängigkeit von den Vorleistungen anderer Unternehmen ab; damit verringert sich auch die indirekte Energiekostenbelastung, während die direkte entspre-

[24] A. Gebhardt u. a., Auswirkungen von Energiepreiserhöhungen auf die Wettbewerbsfähigkeit energieintensiver Produktionen der deutschen Industrie, Ifo-Studien zur Industriewirtschaft, Band 25, München 1983, S. 274.

[25] Ebenda.

chend zunimmt. Ähnliche Erklärungen ergeben sich auch für die festgestellten relativ hohen direkten Energiekostenbelastungen bei Filtrierpapierwaren (die Herstellung von Filtern, z. B. Kaffeefiltern, ist nur ein wenig energieintensiver Stanzvorgang) und bei Zigarettenpapieren (werden zu ca. 70 % als Rolle an die Zigarettenhersteller geliefert, die restlichen 30 % — nur dieser Arbeitsgang ist statistisch in der Papierverarbeitung erfaßt — werden fast gänzlich ohne Energieeinsatz zugeschnitten und als Päckchen oder Büchel verkauft).

Es sind also in der Tat fast ausschließlich die indirekten Energiekosten, die für die Papierverarbeitung von Bedeutung sind. Dennoch ist zu beachten, daß im Gegensatz zu vielen anderen Branchen der spezifische Energieverbrauch in der Papierverarbeitung noch bis Ende der siebziger Jahre eine steigende Tendenz hatte (Tab. A 39). Neben strukturellen Effekten dergestalt, daß überdurchschnittlich energieintensive Bereiche schneller wuchsen als andere, schlägt hier auch zu Buche, daß höher mechanisierte und automatisierte Produktionsanlagen eingesetzt werden. Da die direkten Energiekosten die meisten Betriebe verglichen mit anderen Kosten relativ wenig belasten, sind häufig erst spät gezielte Maßnahmen zur Energieeinsparung ergriffen worden. Dies begann sich dann nach dem zweiten Ölpreisschub auszuwirken: Seit 1980 sinkt der auf die Produktionseinheit bezogene Energieverbrauch wieder.

Das in vielen Branchen praktizierte „Weg vom Öl" wurde auch in der Papierverarbeitung verfolgt. Im Beobachtungszeitraum hat sich der Anteil des Heizöls am Energieeinsatz halbiert; Öl wurde vor allem durch Gas ersetzt.

c) Nutzung von Umwelt

Die Papierverarbeitung gehört zu den Branchen, für die bezüglich der Produktion nur in geringem Umfang Umweltschutzmaßnahmen erforderlich sind, da die Produktionsprozesse kaum umweltbelastend sind. Aktivitäten sind vor allem dort erforderlich, wo Abluftreinigungen bei Beschichtungs- und Lackierungsanlagen durchgeführt werden müssen, wo Sorge getragen werden muß, daß nicht Lösungs- und Reinigungsmittel oder ähnliche Substanzen ins Abwasser gelangen und wo Maßnahmen zur Lärmdämpfung bei Maschinen erforderlich sind.

Nimmt man die Aufwendungen der Papierverarbeitung für den Umweltschutz als das ökonomische Spiegelbild ihrer Umweltanstrengungen, so zeigt sich folgendes Bild: Rund 1,1 % der Investitionen dienten 1982 dem Umweltschutz; in absoluten Zahlen waren dies 8,3 Mio. DM. Dies waren bezogen auf den Umsatz 0,2 % und je Beschäftigten 462 DM. Damit liegt die Papierverarbeitung im unteren Feld der Wirtschaftszweige.

Die Umweltschutzinvestitionen verteilen sich 1982 auf die einzelnen Investitionsarten wie folgt:

Abfallbeseitigung	18 %
Gewässerschutz	30 %
Lärmbekämpfung	26 %
Luftreinhaltung	26 %.

Dabei zeigt sich, daß in der Papierverarbeitung — ebenso wie in den meisten anderen Branchen — die sogenannten additiven Einrichtungen, d. h. die den Produktionsverfahren vor- oder nachgeschalteten Entsorgungstechnologien der Abwasser- und Abfallbehandlung sowie der Abluftreinigung dominieren. Mit rund 74 % waren sie weitaus bedeutender als die sogenannten integrierten Umweltschutzinvestitionen, auf die rund 23 % entfielen. Die „integrierten" Umweltschutzinvestitionen werden bei der technologischen Entwicklung von Anlagen und Verfahren in die entsprechenden Einrichtungen integriert; dies bedeutet zum Beispiel auch, daß der auf den Umweltschutz entfallende Teil der Investition für eine „integrierte" Anlage meist geschätzt werden muß.

Vergleichsweise unbedeutend mit rund 3 % waren 1982 die produktbezogenen Umweltschutzinvestitionen, die aufgrund gesetzlicher oder behördlicher Auflagen vorgenommen wurden, um Umweltbelastungen bei der Produktverwendung zu vermeiden oder zu verringern.

Sind also produktionsbezogene Umweltprobleme in der Papierverarbeitung weitgehend nicht von Bedeutung, so stehen doch ihre Produkte mit im Vordergrund der Umweltschutzdiskussionen. Mit der verstärkten Hinwendung der Bevölkerung zum Umweltschutzgedanken geriet nämlich die Verpackungswirtschaft ins Kreuzfeuer der öffentlichen Kritik. Dies ging einher mit dem Aufschwung, den die Verpackungsindustrie mit den Strukturwandlungen im Distributionssektor erfuhr. Mit dem Rückgang der „Tante-Emma-Läden", in denen noch manuell gezählt, gewogen und abgefüllt wurde, kamen handelsübliche bzw. verbraucherwunschgemäß vorverpackte Gebinde in den Selbstbedienungshandel. Dieser betreibt kaum noch individuelle Kundenberatung, diese übernimmt die damit notwendigerweise aufwendiger werdende Verpackung. Sie mußte außerdem konstruktiv so ausgelegt werden, daß sie für moderne Transport- und Lagerungssysteme geeignet war. Diese früher vom Einzelhandel übernommenen Funktionen werden nun vom Hersteller der Verpackungen zusammen mit den abpackenden Betrieben und den Erzeugern der zu verpackenden Güter übernommen, wobei das Bestreben dahin ging, preiswerte und unkomplizierte Packmittel zu finden, die dann in der Regel nicht wiederverwendet werden und beim Öffnen oder nach

Gebrauch der Ware zu Abfall werden.[26] Im Jahre 1983 wurden in der Bundesrepublik rund 10 Mio. t Packmittel hergestellt und — etwa gleichhohe Ein- und Ausfuhren unterstellt — verbraucht, soweit sie nicht wiederverwendet werden. Derartig große Abfallmengen stellen natürlich unter dem Gesichtspunkt der Abfallbeseitigung ein ernstes Problem dar.

Von den verbrauchten 10 Mio. t entfallen rund 4 Mio. t auf Packmittel und Packhilfsmittel aus Papier und Pappe. Soweit sie sich als entsprechend geeigneter Abfall an Großanfallstellen sammeln, werden sie fast lückenlos systematisch erfaßt und einer Wiederverwendung zugeführt. Allerdings fällt der überwiegende Teil der Packstoffe als Abfall bei den privaten Haushalten an: Etwa 30 % Gewichtsanteil und 48 % Volumenanteil haben dort die Packstoffe am gesamten Müllaufkommen.[27] Die Beseitigung geschieht auf dreierlei Weise: 27 % des Hausmülls werden verbrannt; Papier und Pappe können, soweit sie nicht als Kombinationswerkstoff mit umweltfeindlichen Werkstoffen anfallen, ohne Emissionen schädlicher Gase energieliefernd verbrannt werden. Etwa 70 % des Hausmülls werden ungenutzt auf Deponien abgelagert; dabei sind Papier und Pappe infolge ihrer Fähigkeit, sich zu zersetzen, vergleichsweise unproblematisch. Der verbleibende Rest des Mülls wird einer Wiederverwendung zugeführt (Recycling). Obwohl Papier und Pappe sich für ein Recycling hervorragend eignen — Papier- und Pappeverpackungen bestehen zu 85 % aus Altpapier —, bietet die Erfassung dieser Verpackungen in den Haushalten erhebliche Probleme. Im Gegensatz zu Zeitungen und Zeitschriften, die vergleichsweise leicht einer Erfassung zuzuführen sind und noch ein relativ homogenes Altpapier darstellen, sind Bemühungen, Verpackungen in den Haushalten getrennt zu erfassen und wiederzuverwerten, bis jetzt nicht über das Stadium von — teilweise allerdings vielversprechenden — Pilotprojekten hinausgekommen. Um größere Erfolge zu erzielen, wäre eine konsequentere Abstimmung zwischen den Herstellern von Verpackungspapieren und -pappen, -druckfarben, -hilfsstoffen und -mitteln sowie -maschinen ebenso erforderlich wie eine höhere Disziplin der Verbraucher und die Schaffung effizienter Erfassungssysteme.

[26] G. Kalveram, Die Verpackung — Distributionspolitische Relevanz versus Umweltbelastung, in: neue Verpackung 1985, Heft 2, S. 54 ff.

[27] Ebenda, S. 57.

IV. Kosten- und Ertragsentwicklung

1. Überblick

Als vordringliches Ziel der unternehmerischen Tätigkeit kann die Erhaltung der Wettbewerbsfähigkeit und die angemessene Verzinsung des eingesetzten Kapitals gelten. Die Ertragskraft eines Unternehmens ist deshalb ein verläßlicher Indikator für seinen Erfolg am Markt.

Für die Erreichung dieser Ziele bieten Theorie und Praxis eine Reihe von Wegen, die von den Unternehmen in aller Regel je nach den betriebsüblichen Notwendigkeiten mit unterschiedlichen Schwerpunkten komplementär verfolgt werden. Eine wesentliche Voraussetzung für den Markterfolg ist die ständige Weiter- bzw. die Neuentwicklung von Produkten sowie die Erschließung und Pflege der relevanten Märkte. Dem Wettbewerb über den Preis sind, zumindest in längerfristiger Sicht, über die Kosten enge Grenzen gesetzt. Allerdings handelt es sich nur bei einigen Papierwaren, dies sind aber mengenmäßig sehr bedeutende, um homogene Massengüter, für deren Wettbewerbsfähigkeit die Herstellungs-, Transport- und Vertriebskosten ausschlaggebend sind. Neben den Kostenkomponenten der Produktion sind im übrigen aber auch noch andere Faktoren wirksam:

— Qualifikation des Managements,
— Qualität des Produkts,
— traditionelle Lieferanten-Kunden-Beziehungen,
— Kundendienst und Serviceleistungen.

Dies gilt um so mehr, als es einigen Unternehmen gelungen ist, aus einem homogenen Massengut (z. B. Wellpappe) einen attraktiven Markenartikel (z. B. werbewirksam bedruckte Displays aus Wellpappe) zu machen.

Leider entziehen sich die meisten dieser Faktoren einer Quantifizierung und damit einer nationalen oder gar internationalen Vergleichsmöglichkeit. Selbst Kostenvergleiche, die aufgrund der Datenlage im Rahmen dieser Arbeit nur auf Makroebene durchgeführt werden können, beruhen notwendigerweise auf einer Durchschnittsbildung, die viele firmentypische Besonderheiten verwischt. Gerade diese Firmenspezifika waren aber bei den Unternehmen, die über eine gute Position im Wettbewerb verfügen, häufig ausschlaggebend für ihren Erfolg.

In den vorangegangenen Abschnitten wurden bereits verschiedene Auswirkungen von einzelnen Maßnahmen, die auf eine Verbesserung der Wettbewerbsfähigkeit und der Rentabilität abzielten, dargelegt. Dies gilt besonders hinsichtlich der Substitution von sich relativ verteuernden Faktoren durch billige Faktoren. Im folgenden werden nun die Auswirkungen auf Kosten und Erlöse und die aus dem Zusammenspiel dieser Komponenten resultierenden Ertragsentwicklung abgehandelt.

2. Kostenentwicklung

a) Materialkosten

Der Aufwand für Material bildet den mit Abstand bedeutendsten Posten in der Erfolgsrechnung der Papierverarbeitung; etwas über die Hälfte aller Aufwendungen entfielen auf diese Art. Im Zeitablauf zeigt der Materialaufwand relativ gesehen eine eher steigende Tendenz (Abb. 6), obwohl ein Bruch im statistischen Material der Deutschen Bundesbank eine längerfristige Betrachtung erschwert. Aus deren Bilanzanalysen ist aber abzulesen, daß Mitte der siebziger und Anfang der achtziger Jahre ein deutlicher Anstieg der (relativen) Aufwendungen für Material zu verzeichnen war.

Für die Entwicklung der Preise für Vormaterialien sind vor allem zwei „Leitwährungen" maßgebend: es sind dies die Preise für (zu 100 % importierten) Sulfatzellstoff und für Altpapier. Beide Halbstoffe bilden wesentliche Bestandteile der Produktionskosten für solche Papier- und Pappesortimente. wie sie in der Papierverarbeitung vorzugsweise eingesetzt werden. Die Preise für beide Halbstoffe waren im Beobachtungszeitraum starken Schwankungen ausgesetzt. Der Preis für Sulfatzellstoff — bis vor kurzem weltweit ausschließlich in Dollar fakturiert — stand neben den „normalen" Angebots-Nachfrage-Einflüssen auch unter den Auswirkungen von Verschiebungen im Währungsgefüge US-$/D-Mark. Die Preisentwicklung auf dem deutschen Markt war gekennzeichnet durch einen starken Preisanstieg im Gefolge der weltweiten „Faserkrise" im Zeitraum 1973 bis 1975 mit einem anschließenden Rückgang (Abb. 7). Ab 1978 stieg der Preis für Sulfatzellstoff fast kontinuierlich weiter an, wobei neben dem zweiten Ölpreisschub dann vor allem der steigende Dollarkurs für die Aufwärtsbewegung ursächlich war. Auch der Preisrückgang für Zellstoff in der zweiten Hälfte der siebziger Jahre wäre sicherlich wesentlich moderater ausgefallen, wäre nicht die D-Mark gegenüber dem US-Dollar zu dieser Zeit kräftig aufgewertet worden.

Abb.6

Anteile wichtiger Aufwandsarten am Umsatz in der Papierverarbeitung[1], 1972-1982

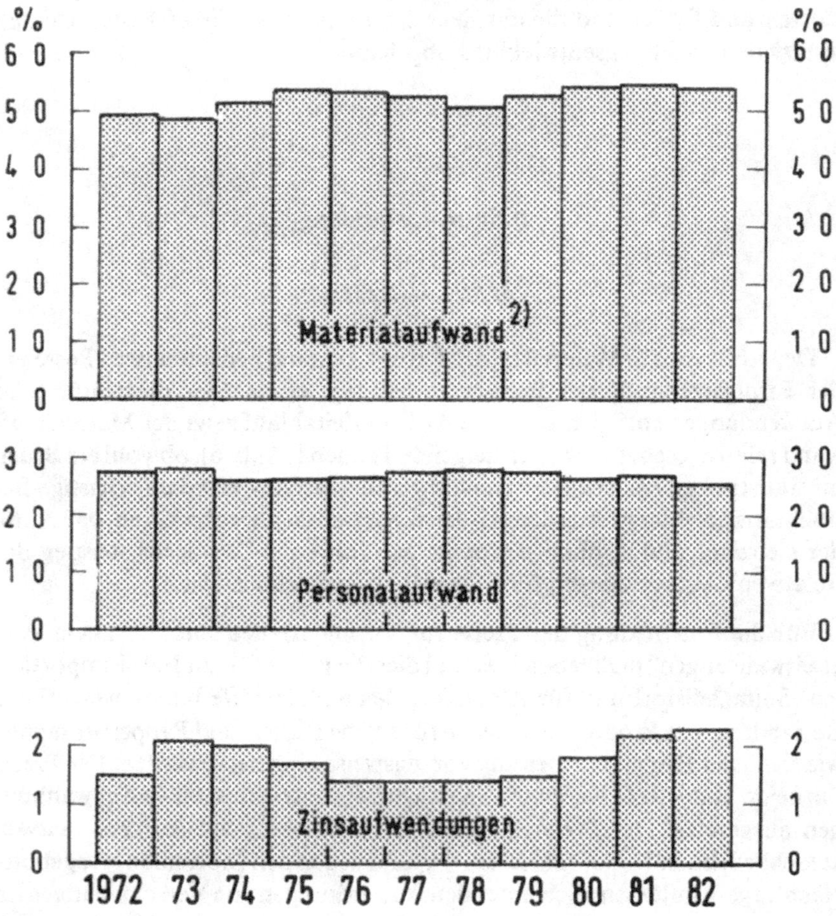

1)1972-1979 Systematik der Wirtschaftszweige des Stat. Bundesamtes, Ausgabe 1961, ab 1980 dito, Ausgabe 1979
2)1972-1975 ohne Bestandsveränderungen an Erzeugnissen und andere aktivierte Eigenleistungen

Quelle: Deutsche Bundesbank

IFO-INSTITUT für Wirtschaftsforschung München 418/85 ifo

Abb. 7

Preisentwicklung für die Papierverarbeitung wichtiger Rohstoffe

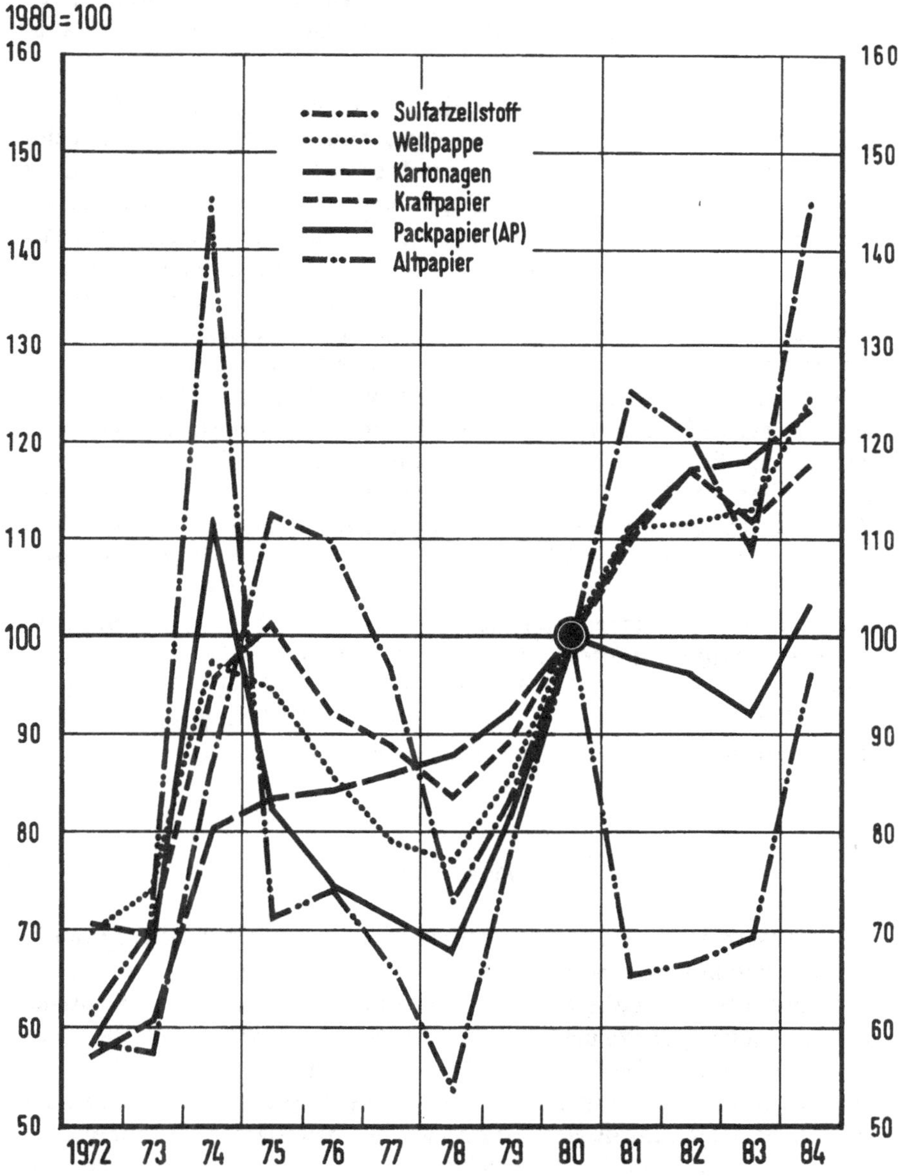

Quelle: Statistisches Bundesamt.

IFO-INSTITUT für Wirtschaftsforschung München 419/85

Bei Altpapier sind die Preisschwankungen wesentlich extremer als bei Zellstoff. So wurde 1974 ein (Großhandels-)Preis verzeichnet, der bis zum Ende des Beobachtungszeitraums nicht auch nur annähernd erreicht wurde. Als Ursache für diese extremen Schwankungen gilt, daß die Marktreaktionen aufgrund der besonderen Angebots- und Nachfragebedingungen sehr langsam erfolgen.

Die Preisbewegungen für die beiden Papierhalbstoffe haben auch die Kosten für den Faktor Material der Papierverarbeitung wesentlich beeinflußt, ohne daß es zu derart exorbitanten Preissprüngen kam; der Verlauf ist jedoch sehr ähnlich. Papier und Pappe sind — soweit es sich nicht um Spezialsortimente handelt — als homogene Massengüter anzusehen. Als solche unterliegen sie Weltmarktbedingungen; regionale Preisdifferenzierungen sind daher selten und bewegen sich nur in relativ bescheidenem Rahmen. Dies gilt insbesondere für die in der Papiererzeugung vorwiegend eingesetzten Sortimente, bei denen es sich ja vom mengenmäßigen Anteil her gesehen um Massenpapiere (Wellpappenpapiere, Packpapier) handelt. Hier sorgt der starke Konkurrenzdruck zwischen nordamerikanischen, skandinavischen und EG-Herstellern für eine weitgehende Nivellierung der Preise. Damit bildet der Materialpreis, der innerhalb der Gemeinschaft ja für alle Wettbewerber gleich zu sein scheint, keine Determinante für Unterschiede in der Wettbewerbsfähigkeit. Eine Einschränkung ist aber dahingehend zu machen, daß Käufer mit einer größeren Abnahmemenge natürlich wesentlich bessere Lieferkonditionen erreichen können als kleine Firmen mit nur geringen Bestellmengen. Insofern sind von der Materialeinkaufsseite her gesehen diese gegenüber ihren großen Wettbewerbern im Nachteil. Wie hoch dieser zu beziffern ist, ist schwierig abzuschätzen, da über Lieferkonditionen seitens der Unternehmen naturgemäßg Stillschweigen bewahrt wird.

b) Personalkosten

Die Kosten des Faktors Arbeit unter Berücksichtigung der Arbeitsproduktivität gelten in vielen Bereichen des verarbeitenden Gewerbes als wichtige Determinante der Wettbewerbsfähigkeit. Anders als in der kapitalintensiven Papiererzeugung dürfte der Einfluß der Arbeitsproduktivität auf die Wettbewerbsfähigkeit in der Papierverarbeitung unbestritten sein. Allerdings treten von Land zu Land und sogar von Unternehmen zu Unternehmen beträchtliche Unterschiede auf. Angesichts der heterogenen Produktpalette spielen auch Struktureffekte, die sich aus dem Mix von arbeitsintensiven und hoch mechanisierten Produktionsprozessen ergeben, auf Unternehmens-, Branchen- oder gar internationaler Ebene eine beachtliche Rolle.

Der Personalaufwand hat sich — gemessen am Umsatz — in der Papierverarbeitung im Beobachtungszeitraum nur relativ wenig geändert. Ab 1978 ist sogar eine eher rückläufige Tendenz festzustellen. Dies dürfte die Erfolge beim Ersatz des Faktors Arbeit durch den Faktor Kapital widerspiegeln.[1] Hingegen ist das vergleichsweise niedrige Niveau des Personalaufwands in den Jahren 1974 bis 1976 durch eine kräftige Nominalausweitung des als Bezugsniveau verwendeten Umsatzes zu erklären. Insgesamt gesehen stieg der Umsatz der Papierverarbeitung im Zeitraum 1972 bis 1980[2] um 102 %; der Personalaufwand in nicht ganz so starkem Ausmaß (96 %), so daß sich über diesen Zeitraum gesehen der Anteil des Personalaufwands am Umsatz von 27,5 % auf 26,6 % verminderte.

Für die Beurteilung der Wettbewerbsfähigkeit der Papierverarbeitung ist bei den Arbeitskosten entscheidend, wie sich die Verhältnisse bei den deutschen Unternehmen im internationalen Vergleich darstellen. Neben den Arbeitskosten sind hier Unterschiede in den (Arbeits-)Produktivitäten von Bedeutung. Da Produktivitätsvergleiche auf Branchenebene weder national noch international durchgeführt und veröffentlicht worden zu sein scheinen, muß sich die folgende Betrachtung auf die Bruttostundenverdienste der Arbeiter und die Arbeitskosten je Stunde beschränken. Es kann dabei davon ausgegangen werden, daß die deutschen Papierverarbeiter bezüglich der Produktivität innerhalb der EG an der Spitze liegen, nachdem sie in den vergangenen Jahren in dieser Richtung erhebliche Fortschritte erzielt haben.

Die Arbeiter in der Papierverarbeitung werden in vielen Ländern der Gemeinschaft, bezogen auf das verarbeitende Gewerbe insgesamt, überdurchschnittlich bezahlt; sie liegen etwa 5 bis 10 % über diesem Niveau (Tab. A 40).

Wenn auch die vorhandenen Statistiken wegen verschiedener Brüche den Vergleich erschweren, so lassen die Daten doch erkennen, daß in den letzten Jahren die Lohnsteigerungen[3] in den übrigen EG-Ländern stärker waren als in der Papierverarbeitung der Bundesrepublik, wenn man von Belgien absieht. Trotzdem liegt Deutschland, was die Höhe der Bruttostundenverdienste betrifft, hinter Dänemark und den Niederlanden an dritter Stelle. Setzt man diesen Wert gleich 100, so stellt sich das Bild der anderen Länder wie folgt dar (Angaben für 1984):

[1] Dies wird bestätigt durch den gleichzeitigen Anstieg des Zinsaufwands; vgl. folgenden Abschnitt.

[2] Wegen der Revision der Systematik der Wirtschaftszweige sind die absoluten Werte nur für diesen Zeitraum vergleichbar.

[3] Zum Zweck der besseren Vergleichbarkeit wurden die nationalen Währungen in ECU umgerechnet. Die Steigerungen berücksichtigen also auch Paritätsänderungen.

Dänemark	155
Niederlande	115
Bundesrepublik Deutschland	100
Belgien	99
Vereinigtes Königreich	98 (1983)
Frankreich	91
Italien	81.

Nun sagen die Brutto-Stundenverdienste allein noch nichts über die Kosten des Faktors Arbeit, da sie ja die Lohnnebenkosten nicht enthalten. Deshalb sollen hier die „Arbeitskosten" verglichen werden. Diese umfassen alle von Arbeitgebern im Zusammenhang mit der Beschäftigung von Arbeitskräften getragenen Aufwendungen; d. h. sie enthalten neben der Bezahlung einer Arbeitsleistung alle Kosten und Belastungen, die direkt mit der Zahlung dieser Entlohnung verbunden oder besonderen Aufwandsposten sozialer Art zuzurechnen sind. Die Arbeitskosten je Stunde sind das Ergebnis der Division der Gesamtarbeitskosten durch die Summe der geleisteten Arbeitsstunden.

Bestandteile der Arbeitskosten sind:

— Direktlohn für geleistete normale Stunden und Überstunden und bei jeder Löhnung gezahlte Prämien und Gratifikationen;
— Aufwendungen zur Vermögensbildung der Arbeitnehmer und sonstige (nicht bei jeder Löhnung gezahlte) Prämien und Gratifikationen;
— Entlohnung für nicht gearbeitete Zeit (bezahlte Urlaubstage und Feiertage, Urlaubsgeld, Entlassungsentschädigungen);
— Naturalentgelte und entsprechende Zuwendungen;
— Arbeitgeberbeiträge zur Sozialversicherung und Familienbeihilfen (gesetzliche, tarifliche, vertragliche und freiwillige Beiträge);
— sonstige soziale Aufwendungen;
— Kosten der Berufsausbildung;
— Abgaben und Beihilfen sozialer Art.

Leider werden von EUROSTAT die Arbeitskosten nur für die Papierwirtschaft insgesamt (Papiererzeugung und -verarbeitung, Druckindustrie, Verlagswesen) ausgewiesen (Tab. A 41), was die Aussagefähigkeit des Vergleichs vermindert. Nach den Ergebnissen für das Jahr 1981 ergibt sich, die durchschnittlichen Arbeitskosten je Stunde in der Bundesrepublik gleich 100 gesetzt, folgendes Bild:

Belgien	114
Dänemark	110
Frankreich	105
Niederlande	103
Bundesrepublik Deutschland	100
Vereinigtes Königreich	78
Italien	76.

Die Arbeitskosten je Stunde in der Bundesrepublik werden danach unter den verglichenen Ländern nur von denjenigen im Vereinigten Königreich und in Italien unterboten; der Niveauunterschied ist hier allerdings beachtlich. Die Kosten in Frankreich und den Niederlanden dürften — unter Beachtung der Unzulänglichkeiten der Statistik — etwa den deutschen Verhältnissen entsprechen; hingegen in Belgien und Dänemark eine Spitzenstellung einnehmen.

c) Sonstige Aufwendungen

Die „sonstigen Aufwendungen" umfassen die Abschreibungen, die Zinsaufwendungen, die Steuern und die „übrigen Aufwendungen". Zur letztgenannten Position gehören u. a. Mieten, Pachten, Vertriebs-, Werbe-, Reise- und Forschungsaufwendungen. Auch Aufwendungen für Vorleistungen, soweit sie nicht zum Materialaufwand gehören, sind hierunter verbucht. Diese *„übrigen Aufwendungen"* zeigen seit Jahren eine steigende Tendenz; ihr Anteil am Umsatz hat sich von 13,7 % (1972) auf 14,8 % (1982) erhöht. Hierin könnten einmal die steigende Bedeutung des Leasings, zum anderen die verstärkten Bemühungen der Unternehmen um Produktentwicklung und Vertrieb zum Ausdruck kommen.

Die *„Abschreibungen auf Sachanlagen"* sind seit vielen Jahren in der Papierverarbeitung ein konstanter Aufwandfaktor. Ihr Anteil am Umsatz bewegt sich mit nur geringen Schwankungen um die 4,1 %-Marke. Ein starker Rückgang auf 3,7 % im Jahr 1974 muß wohl eher durch starke Expansion der Bezugsgröße Umsatz infolge explosionsartiger Preissteigerungen erklärt werden. Mit diesem Anteil der Abschreibungen befindet sich die Papierverarbeitung recht deutlich über dem Durchschnitt des verarbeitenden Gewerbes, der wiederum relativ konstant 3,1 % beträgt.

Bezüglich der *Zinsaufwendungen* liegt die Papierverarbeitung bei etwa dem Durchschnitt des verarbeitenden Gewerbes. Auf diese Finanzierungskosten, die in „Normaljahren" etwa 1,5 % Anteil am Umsatz haben, wirken sich neben den zu verzinsenden Verbindlichkeiten natürlich auch auf die für die Unternehmensfinanzierung maßgeblichen Zinssätzen an den Kreditmärkten aus. So ist der drastische Anstieg des Anteils der Zinsaufwendungen in den Jahren 1980 bis 1982 (Abb. 6) vor allem aus dem hohen Zinsniveau dieser Jahre zu erklären. So lag beispielsweise der durchschnittliche Zins für Kontokorrentkredite (unter 1 Mio. DM) 1981 bei etwa dem doppelten Satz des Jahres 1978. Allerdings kann, wie gesagt, der Anstieg der (relativen) Finanzierungskosten zu Beginn der achtziger Jahre durch den Zinsanstieg nur zum Teil erklärt werden; er ist auch ein Ausdruck zumindest teilweise fremdfinanzierter Investitionsanstrengungen.

3. Entwicklung der Verkaufspreise

Die Preise, die die Papierverarbeitung für ihre Erzeugnisse erzielen konnte, haben sich im Referenzzeitraum sehr sprunghaft entwickelt. Dabei veränderten sie sich für inländische Produkte und Importerzeugnisse in unterschiedlichem Ausmaß: Die Erzeugerpreise für den Inlandsabsatz stiegen von 1972 bis 1984 um 83 %, die Exportpreise um 69 % und die für importierte Papierwaren um 68 %. Bis 1980 sind die Preise, die auf dem deutschen Markt durchgesetzt wurden, langsamer gestiegen als die für die ausländischen Kunden. Diese wiederum entwickelten sich praktisch identisch mit den Preisen für aus dem Ausland importierte Papierwaren. Seit 1980 läuft die Preisentwicklung auf allen drei Märkten praktisch identisch (Abb. 8).

Nach der Rezession des Jahres 1975 mußten die deutschen Papierwarenhersteller Preiszugeständnisse auf dem Inlandsmarkt machen: Erst 1979 wurde das Preisniveau des Jahres 1975 wieder erreicht.

Verglichen mit der Preisentwicklung für gewerbliche Erzeugnisse insgesamt entsprach die Entwicklung bei Papierwaren genau deren Durchschnitt; auch hier stiegen die Verkaufspreise für den Inlandsmarkt von 1972 bis 1984 um 83 %. In der vorgelagerten Papier- und Pappeerzeugung (+ 80 %) und der „benachbarten" Branche Druckerei-Industrie (+ 82 %) stiegen die Erzeugerpreise im praktisch identischen Ausmaß.

4. Ertragsentwicklung

Aussagen über die Ertragsentwicklung in der Papierverarbeitung lassen sich aus den Veröffentlichungen der Deutschen Bundesbank gewinnen. Diese beruhen auf Bilanzen und Erfolgsrechnungen, die den Zweiganstalten der Landeszentralbanken im Zusammenhang mit dem Rediskontgeschäft eingereicht worden sind. Sie werden zu Gesamtaussagen für die Wirtschaftszweige hochgerechnet (Tab. A 42).

Ebenso wie im verarbeitenden Gewerbe insgesamt hat sich die Ertragskraft (Jahresüberschuß vor Steuern) der Papierverarbeitung seit den wachstumsstarken siebziger Jahren deutlich verschlechtert. Diese Feststellung gilt auch bei Berücksichtigung des durch die Umstellung des Steuersystems erfolgten Bruches in der Zeitreihe. Die Ertragskraft der Papierverarbeitung lag zudem stets deutlich unter derjenigen des verarbeitenden Gewerbes; setzt man diese gleich 100, so ergibt sich für die Papierverarbeitung in den Zeitperioden

1965 - 1969: 85
1970 - 1975: 73
1976 - 1979: 60
1980 - 1982: 49.

Abb. 8

Entwicklung der Preise für Papier- und Pappewaren

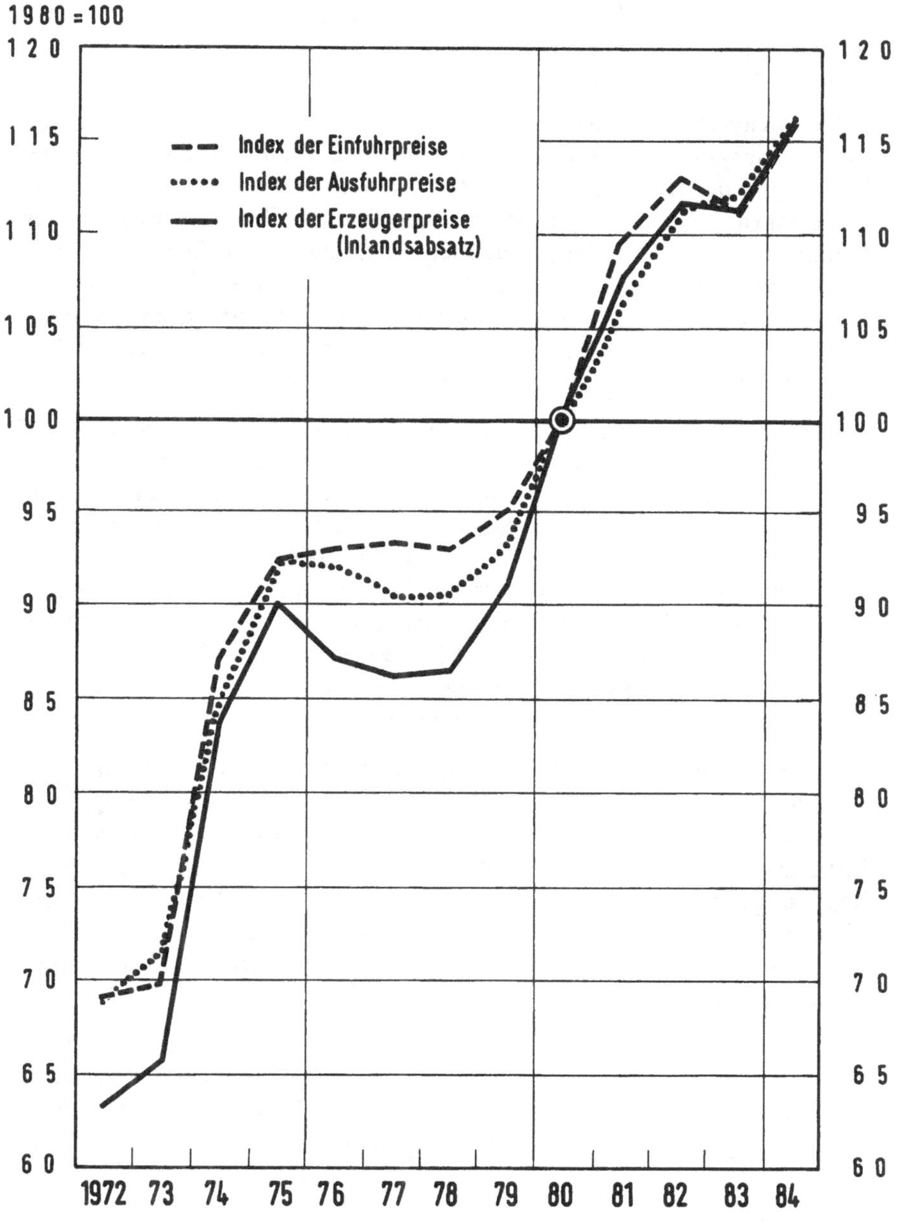

Quelle: Statistisches Bundesamt

IFO-INSTITUT für Wirtschaftsforschung München 420/85

Damit bleibt die Papierverarbeitung hinsichtlich ihrer Ertragskraft mit zunehmendem Abstand hinter dem Durchschnitt der übrigen Industriezweige zurück. Im Vergleich zu der in vieler Hinsicht ähnlichen Kunststoffverarbeitung zeigt die Papierverarbeitung zwar auch einen ähnlichen Verlauf bei der Ertragskraft, bleibt aber diesbezüglich hinter jener seit Mitte der siebziger Jahre zurück.

Die Analysen der Deutschen Bundesbank erlauben auch für einige ausgewählte Stichjahre des Zeitraums 1972 bis 1980, die Ertragskraft nach der Rechtsform der Unternehmen zu differenzieren. Daraus wird deutlich, daß der Rückgang der Ertragskraft in erste Linie die Personengesellschaften und auch die Einzelkaufleute betroffen hat. Hingegen bleibt die zu Beginn dieses Zeitraums deutlich unterdurchschnittliche Ertragskraft der Kapitalgesellschaften über die gesamte Beobachtungsperiode praktisch konstant. Damit kann festgestellt werden, daß insbesondere die mittelständischen Unternehmen von diesen Ertragseinbußen betroffen waren.

Diese Entwicklungen blieben naturgemäß nicht ohne Auswirkungen auf die Kapitalstruktur der Papierverarbeitung. Der Verschuldungsgrad stieg wie auch im verarbeitenden Gewerbe insgesamt. Mitte der sechziger Jahre betrug der Anteil der Eigenmittel (berichtigt)[4] an der Bilanzsumme noch 36,6 % (verarbeitendes Gewerbe insgesamt: 33,1 %), 1981 war diese Quote in der Papierverarbeitung auf 23 % (verarbeitendes Gewerbe insgesamt: 23,2 %) zurückgegangen. Besonders stark war der Anstieg der Verschuldung bei den Einzelkaufleuten; hier nahm der Anteil der Eigenmittel von 30,2 % (1972) auf 21,1 % (1980) ab. Hingegen blieben die Verhältnisse bei den Kapital- und Personengesellschaften relativ unverändert.

Der Papierverarbeitung ist es also nur zu einem geringen Teil gelungen, die Auswirkungen der rückläufigen Ertragskraft auf den Verschuldungsgrad zu vermeiden, der Anteil der Eigenmittel hat sich verringert. Dabei hatte es Mitte der siebziger Jahre zunächst so ausgesehen, als ob der Grad der Verschuldung zurückgehen würde. In den Jahren 1974 bis 1978 hat der Anteil der Eigenmittel praktisch stagniert. Hierzu könnten auch eine Zurückhaltung bei den Investitionen und verstärkte Bemühungen um Rationalisierung beigetragen haben.

Der langfristig zu beobachtende Rückgang der Ertrags- und Finanzkraft stellte die Unternehmen auch vor Liquiditätsprobleme. Es wurde verstärkt auf Fremdfinanzierungsmittel, vor allem auch in Form von Lieferantenkrediten, zurückgegriffen. So hat sich die „Primärliquidität", gemessen als An-

[4] Als Eigenmittel (berichtigt) wird die Summe aus dem um die Berichtigungsposten gekürzten Eigenkapital und den Rücklagen (einschl. Sonderposten mit Rücklagenanteil und eventueller Gewinnvorträge) bezeichnet. Ab 1980 werden die Sonderposten mit Rücklagenanteil nur noch zur Hälfte einbezogen.

teil liquider Mittel (Kassenmittel und Wertpapiere) an den kurzfristigen Verbindlichkeiten, langfristig stark verschlechtert.[5] Dieser Anteil betrug im Durchschnitt der Jahre 1965/69 13,6 % (verarbeitendes Gewerbe 16,7 %) und der Periode 1980/83 11 % (verarbeitendes Gewerbe 15,4 %). Allerdings erreichte die Primärliquidität im Zeitraum 1975/79 ein „Zwischenhoch" mit 16,5 % (verarbeitendes Gewerbe 17,6 %).

[5] O. V., Rentabilität, Finanzkraft und Liquidität der Unternehmen, in: Monatsberichte der Deutschen Bundesbank, 1985, Nr. 8, S. 30 ff.

V. Produktion

1. Bruttoproduktion und Umsatz

Der Umsatz der Papierverarbeitung[1,2] ist im Zeitraum 1972 bis 1983 um durchschnittlich 6,2 % gewachsen, während der Umsatzzuwachs im verarbeitenden Gewerbe im Durchschnitt 6,5 % betrug. Schaltet man den Anstieg der Preise aus, so schrumpfen die durchschnittlichen jährlichen Zuwachsraten auf 0,5 % bzw. 1,1 %; dabei liegt das Wachstum der Papierverarbeitung nur noch bei der Hälfte des Durchschnittswachstums im verarbeitenden Gewerbe.

Unterteilt man den Beobachtungszeitraum und folgt dabei den Konjunkturzyklen (gemessen an der Produktion im verarbeitenden Gewerbe), so zeigt sich, daß in den siebziger Jahren das verarbeitende Gewerbe sowohl nominal als vor allem auch real schneller gewachsen ist als die Papierverarbeitung; in den achtziger Jahren hat sich diese Relation umgekehrt.

	Wachstum des Umsatzes (% pro Jahr)			
	1972 - 1980		1980 - 1984	
	nominal	real	nominal	real
Papierverarbeitung	7,1	1,2	4,4	0,6
verarbeitendes Gewerbe	7,9	2,2	3,9	0,1

Fast drei Fünftel des Umsatzes entfallen auf den Bereich „Herstellung von Tapeten, Spezialpapieren, Verpackungsmitteln“, rund ein Sechstel auf die „Herstellung von Schreibwaren und Bürobedarf, Buchbinderei“ sowie reichlich ein Viertel auf die „Herstellung von sonstigen Waren aus Papier und Pappe“. Rund neun Zehntel ihres Umsatzes erzielten die Unternehmen der Papierverarbeitung aus Verkauf eigener Erzeugnisse und aus eigenen industriellen oder handwerklichen Dienstleistungen. Rund 9 % wurden aus Handelsware erlöst; dieser Anteil ist besonders hoch im Bereich „Herstellung von sonstigen Waren aus Papier und Pappe“. Hier beträgt er fast 16 %.

[1] Der Vergleich ist wegen der Änderung der Abgrenzung (Abschneidegrenze, neue Systematik, Einbeziehung des produzierenden Handwerks) nur bedingt möglich.

[2] Quelle: Statistisches Bundesamt, Lange Reihen zur Wirtschaftsentwicklung 1984, Mainz 1984.

Korrigiert man den Gesamtumsatz um die Änderungen der Bestände an unfertigen und fertigen Erzeugnissen und addiert die selbsterstellten Anlagen hinzu, so erhält man den Bruttoproduktionswert. Selbsterstellte Anlagen erreichen zwar mit rund 27 Mio. DM (1982) einen ansehnlichen Wert, spielen aber als Element des Bruttoproduktionswertes mit einem Anteil von 0,2 % eine völlig untergeordnete Rolle. Wachstumsunterschiede zwischen Bruttoproduktionswert und Umsatz könnten also lediglich durch Zu- oder Abnahme der Lagerbestände erklärt werden.

Lagerbestände haben für die Papiererzeugung, wie für viele andere Zweige der Grundstoffindustrie, als Erklärungskomponente konjunktureller Schwankungen erheblich an Bedeutung gewonnen. Dies gilt insbesondere für den tiefen Einbruch des „rechnerischen Papierverbrauchs" im Jahre 1975, den man ganz überwiegend lagerzyklischen Vorgängen zuschreibt. Bei diesem Erklärungsversuch geht es nur in zweiter Linie um diejenigen Lagerbestände bei den Abnehmern, die aus produktionstechnischer Notendigkeit für Vormaterialien oder als Pufferlager üblich sind und in der Regel eine auf das Produktionsniveau bezogen relativ konstante Reichweite haben. In der Papierverarbeitung beträgt diese Reichweite nach den Erfahrungswerten aus dem Ifo-Konjunkturtest 3,5 bis 4 Wochen, bei der andern großen Kundengruppe, den Druckereibetrieben, liegt die durchschnittliche Reichweite bei etwa drei Produktionswochen. Für die Papiererzeugung als vorgelagerter Branche ist aber von sehr viel größerer Bedeutung, wenn diese Reichweite sich bei ihren beiden wichtigsten Abnehmerbereichen dadurch ändert, daß Lagerhaltung in Erwartung von Veränderungen der Rohstoff-, also hier der Papierpreise oder aus anderen Erwägungen spekulativen Einflüssen unterliegt. Diese Komponente ist vor allem seit den starken Preissprüngen für Papier und Pappe nach der sogenannten Faserkrise von Bedeutung. Welches Ausmaß diese Schwankungen haben können, zeigt die Tatsache, daß sich die Reichweiten seit 1980, als die entsprechende Frage ständiger Bestandteil des Ifo-Konjunkturtests wurde, zwischen 3,3 und 5,4 Wochen bewegte.

Während diese Art der Lagerbewegung in erster Linie für die vorgelagerte Branche Papiererzeugung relevant ist und sich in der Papierverarbeitung nur bei Liquidität und Zinsbelastung auswirkt, sind für sie der „unfreiwillige" Lageraufbau bei Nachfragerückgang (Fertigung auf Lager) sowie spekulatives Lagerverhalten ihrer Abnehmerbereiche, also Gewerbe und Handel, von Bedeutung. Bezieht man die jeweils am Jahresende vorhandenen Vorräte[3] auf den Umsatz des abgelaufenen Jahres, so errechnet sich eine „Lager-

[3] Wert der Lagerbestände an Rohstoffen und sonstigen Vorprodukten (einschl. fremdbezogener Halbfabrikate, Einzelteile, Einbauteile u. dgl.), Hilfs- und Betriebsstoffen, Brenn- und Treibstoffen, an fertigen und unfertigen Erzeugnissen aus eigener Produktion (einschl. angefangener Arbeiten, Einzel- und Ersatzteile u. ä. aus eigener Produktion) sowie Handelsware (eingekaufte Stoffe und Waren, die ohne Be- und Verarbeitung und ohne Einbau in eigene Erzeugnisse weiterverkauft werden).

quote“, die bei der Papierverarbeitung bei etwa 12 % im langjährigen Durchschnitt liegt. Zur Zeit der „Faserkrise“ war sie auf über 14 % gestiegen, was darauf hindeutet, daß damals einmal wegen der rückläufigen Nachfrage aus den Abnehmerbereichen auf Lager produziert wurde und daß zum anderen die Unternehmen der Papierverarbeitung sich mit Roh-, Hilfs- und Betriebsstoffen eingedeckt hatten.

2. Nettoproduktion

Der Index der Nettoproduktion der Papierverarbeitung, der die Entwicklung auf realer, d. h. von Preisveränderungen bereinigter Basis widerspiegelt, ist von 1972 bis 1984 um 23,6 % gestiegen. Dies entspricht einem Produktionswachstum von 1,8 % jährlich im Durchschnitt dieser Periode.

Nach einem bis 1972 dauernden Aufschwung war ein „Absturz“ bis 1975 zu verzeichnen. Von diesem Tiefpunkt folgte eine Phase des kontinuierlichen Aufschwungs, wobei das Niveau von 1973, also vor dem „Absturz“, erst 1978 wieder übertroffen wurde. Die Aufwärtsentwicklung wurde ab 1980 gebremst; es kam zu einem konjunkturellen Rückschlag, von dem sich die Papierverarbeitung gegen Ende der Referenzperiode wieder zu erholen begann.

Um zu prüfen, inwieweit die Papierverarbeitung einer eigenständigen Konjunkturdynamik unterliegt, oder aber — was bei ihrer breit gestreuten Abnehmerstruktur zu erwarten ist — in ihrem Wachstumsverhalten der Gesamtindustrie eng verbunden ist, wurden die jeweiligen jährlichen Veränderungen der Nettoproduktion in einem Vierquadranten-Streudiagramm gegenübergestellt. Je enger beide Aggregate untereinander verbunden reagieren, desto näher müssen die Streupunkte an der 45°-Linie durch den ersten und dritten Quadranten liegen.

Die Gegenüberstellung (Abb. 9) zeigt, daß hinsichtlich des konjunkturellen Verhaltens in der Tat eine enge Verbindung zwischen dem verarbeitenden Gewerbe insgesamt und der Papierverarbeitung besteht. So liegen zum ersten alle Streupunkte, deren Koordinaten sich aus den jeweiligen Zuwachsraten der industriellen Nettoproduktion in den verglichenen Aggregaten ergeben, im ersten und dritten Quadranten. Dies bedeutet, daß die Raten hinsichtlich des Vorzeichens übereinstimmen, das Wachstum also gleichgerichtet war. Zum zweiten liegen die Streupunkte nahezu ausnahmslos oberhalb der 45°-Linie. Dies bedeutet, daß die Papierverarbeitung im allgemeinen höhere jährliche Wachstumsraten aufweist als das verarbeitende Gewerbe insgesamt. Von diesem Verhaltensmuster weichen lediglich die Jahre 1975, 1976 und in geringem Maße 1984 ab. Man hat sie als strukturelle Verwerfungen mit einer starken lagerzyklischen Erklärungskomponente zu deuten; das Jahr 1977 ist dann als Reaktion auf diesen Strukturbruch zu sehen.

Abb. 9

Wachstumsvergleich Papierverarbeitung und verarbeitendes Gewerbe

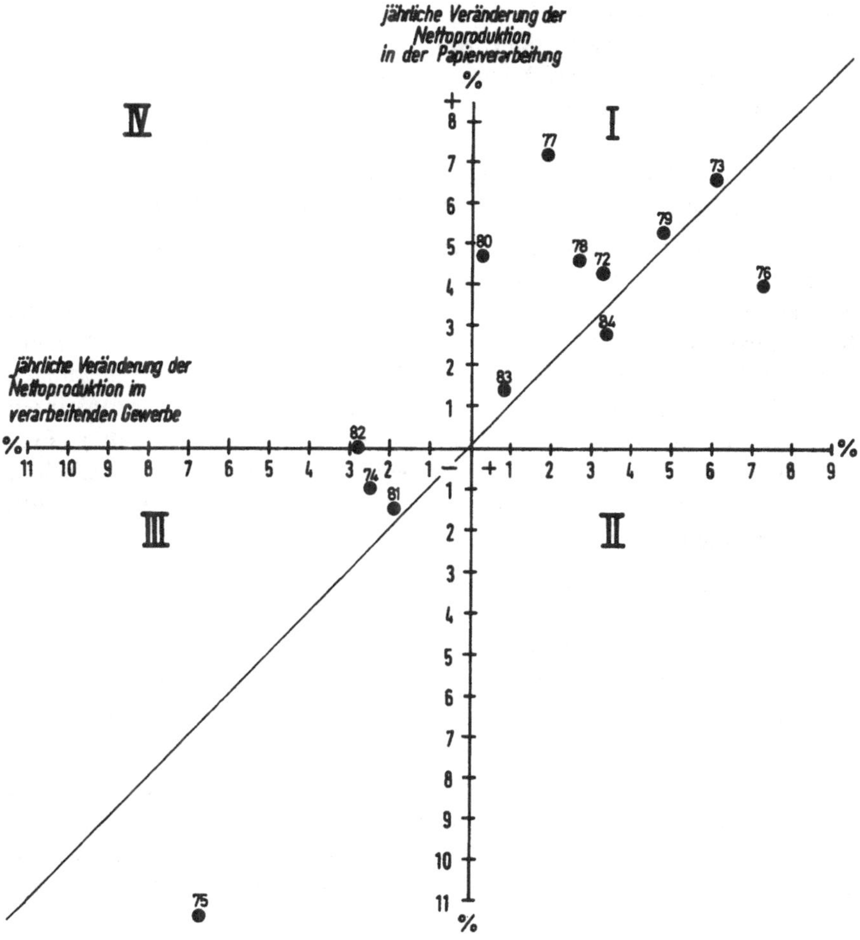

Quelle: Statistisches Bundesamt.

IFO-INSTITUT für Wirtschaftsforschung München 421/85

3. Veränderungen der Produktionsstruktur

Hinter den dargestellten Entwicklungen der Gesamtproduktion von Papierwaren sind divergierende Entwicklungen auf den einzelnen Teilmärkten verborgen, die die Produktionsstruktur verändert haben. Im folgenden soll ein Überblick über die wesentlichen Änderungen gegeben werden, ohne daß die Bestimmungsgründe für diesen Strukturwandel im einzelnen analysiert werden. Dies geschieht im folgenden Hauptabschnitt.

Vergleicht man die Produktionsstruktur[4] für Papierwaren der beiden Eckjahre des Referenzzeitraums (Tab. A 43), so ist als herausragende Änderung der kräftige Strukturgewinn der Erzeugnisgruppe „Hygienepapierwaren, Filtrierpapierwaren" zu verzeichnen. Eine ähnliche Erscheinung war ja auch hinsichtlich der Produktstruktur des Außenhandels zu erkennen gewesen. Damit wird unterstrichen, daß es sich bei diesen Produkten um relativ wachstumsträchtige Erzeugnise handelt. Hier dürfte auch der produkttechnische Fortschritt in den letzten Jahren am größten gewesen sein.

Verpackungsmittel und Verpackungshilfsmittel sind nach wie vor die dominierenen Erzeugnisse der Papierverarbeitung. Auch hier ist zu erkennen, daß die im Sinne des Produktzyklus „alten" Erzeugnisse Säcke, Tüten und Beutel relativ stark an Bedeutung verloren haben, während „neue" Erzeugnisse wie Faltschachteln, Displays und Kartons für Flüssigkeitspackungen (diese Erzeugnisse zählen zu den Verpackungsmitteln aus Karton) ihren Produktionsanteil vergrößert haben. Die Wellpappe als zwar „altes" Produkt, aber durch technologische Weiterentwicklungen relativ dynamisch in der Eroberung neuer Anwendungsbereiche (z. B. bag-in-box), hat ihre führende Stellung als Erzeugnis behaupten können.

Die weitaus gefährdetste Gruppe „Schreibwaren, Bürobedarf u. ä." enthält eine Mischung „alter" und „neuer" Produkte. Zu letzteren zählen beispielsweise viele EDV-abhängige Papiere. Teilweise haben auch „alte" Produkte durch neue Technologien neue Anwendungsbereiche erhalten. Hier sei beispielhaft auf „Kassenrollen" verwiesen, die in Tischrechnern und druckenden PC's eine Renaissance erlebt haben.

Schließlich haben Tapeten, eine der „klassischen" Produktgruppen unter den Papierwaren wie auch beim Außenhandel, relativ kräftig an Bedeutung eingebüßt, wobei neben der Konkurrenz anderer Wandbekleidungsmaterialien auch das Geschehen am Baumarkt zur Erklärung herangezogen werden muß.

---

[4] Da innerhalb des Referenzzeitraums Definition und Abgrenzung der Erzeugnisse bzw. Erzeugnisgruppen mehrfach geändert wurden, ist dieser Vergleich nicht mit absoluter Trennschärfe möglich. Für den hier verfolgten Zweck ist die Genauigkeit jedoch ausreichend.

VI. Entwicklung in wichtigen Produktbereichen

1. Vorbemerkung

Würde man die Analyse der Papierverarbeitung nur auf der Ebene des Wirtschaftszweiges insgesamt durchführen, würden wichtige fachzweigspezifische Tatbestände und Probleme überdeckt. Dies gilt insbesondere hinsichtlich der Marktgegebenheiten bei den einzelnen Produktgruppen. Zwar waren schon im vorangegangenen Kapitel an einigen Stellen Hinweise auf fachzweigtypische Besonderheiten gegeben worden; im folgenden sollen nun aber in vier großen Abschnitten die wichtigen Erzeugnisbereiche:

— Verpackungen,
— Hygienepapierwaren,
— Tapeten,
— Schreibwaren und Bürobedarf,

mit ihren bedeutendsten Produkten vorgestellt werden.

Die Untersuchung dieser Erzeugnisbereiche bzw. Produktmärkte beginnt jeweils mit einer kurzen Erläuterung des Sektors, seiner Abgrenzung und seiner Besonderheiten. Daran schließt sich eine Analyse der bisherigen Entwicklung und der augenblicklichen Situation an. Dabei wird insbesondere auf diejenigen Faktoren eingegangen, die das wirtschaftliche Wachstum dieses Sektors wesentlich beeinflußt haben. Am Ende jedes diesbezüglichen Abschnitts wird ein kurzer Ausblick auf die Entwicklungschancen für die Zukunft gegeben.

2. Bereich Verpackung

a) Verpackungen aus Papier und Pappe im Rahmen des Verpackungsmarktes

aa) Definitionen und Funktionen der Verpackung

Das folgende Schema[1] zeigt die im Verpackungsbereich zu beachtenden Zusammenhänge:

[1] Nach U. Koppelmann, Verpackungsplanung, in: RGV-Handbuch Verpackung, 1. Band, Berlin 1978 ff.

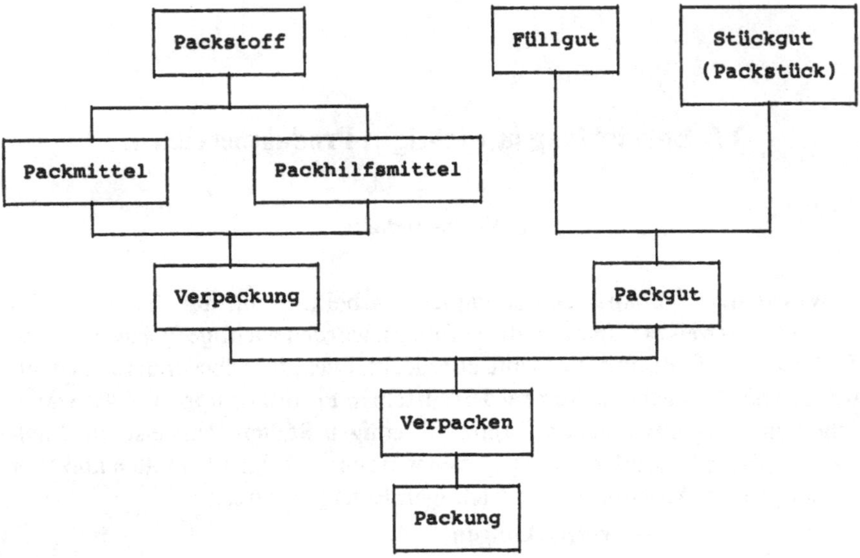

An Packstoffen werden eingesetzt (Angaben für 1984; gerundet):

Metall	1 210	Tsd.t
Holz[2]	850	Tsd.t
Papier und Pappe	4 240	Tsd.t
Kunststoff	1 340	Tsd.t
Textil-Gewebe	2	Tsd.t
Weichgummi	0,2	Tsd.t
Glas	2 930	Tsd.t

Der hier interessierende Verpackungsmarkt umfaßt aus diesen Packstoffen hergestellte Packmittel (z. B. Kisten, Säcke, Flaschen, Dosen) und Packhilfsmittel (z. B. Etiketten, Verschlüsse, Klebebänder).

Die Packgüter umfassen praktisch alle natürlich vorkommenden oder künstlich hergestellten Substanzen, sowohl in gasförmigem als auch in flüssigem oder festem (homogenem oder stückigem) Zustand. Je nach Aggregatzustand des Packguts, aber auch je nach sonstigen physikalischen oder chemischen Eigenschaften ergeben sich dabei besondere Probleme beim Abfüllen oder Verpacken und besondere Anforderungen hinsichtlich der Packungsgestaltung.

Grundsätzlich sind die Funktionen einer Verpackung die folgenden[3]:

— Schutz des Packgutes vor Umwelteinflüssen (z. B. Licht, Temperatur, Feuchtigkeit, Organismen),

[2] Geschätzt.

[3] Nach: H. Rühle von Lilienstern, Rationelle Verpackungswirtschaft durch Kooperation ihrer Partner, in: RGV-Handbuch Verpackung, 1. Band, Berlin 1978 ff.

- Information als Träger der Kennzeichnung des Packgutes in Form von Bild und Schrift,
- Ermöglichung oder Sicherung des Transportes, vor allem der automatisierten Handhabung (z. B. Förderbänder oder pneumatische Förderanlagen),
- Rationalisierung von Lagerung, Transport und Distribution (z. B. Anpassung an Palettenraster, Träger des EAN-Codes),
- Normung, Typisierung und Standardisierung, vor allem auch der Transportmittel und -hilfsmittel sowie der Lagergeräte und -räume (z. B. günstige Regaleinpassung),
- Träger von Werbung für das Packgut oder dessen Hersteller, wichtiges Instrument des Marketing,
- Erfüllung von grundsätzlichen Auflagen und Vorschriften.

Die auf dem Verpackungsmarkt herrschende Substitutionskonkurrenz kann demgemäß in drei Gruppen unterteilt werden:
- Materialkonkurrenz (z. B. Säcke aus Kunststoff und solche aus Papier, auch gleiche Packstoffe unterschiedlicher Qualität),
- Produktkonkurrenz (z. B. Verpacken in Blisterpackungen oder in Beutel, auch gleiche Verpackung unterschiedlicher Formen),
- Systemkonkurrenz (z. B. verpacktes Gut und Losetransport).

bb) Wirtschaftliche Bedeutung der Verpackungsindustrie

Die Hersteller von Verpackungen stellen eine bedeutende „Branche" im Rahmen des verarbeitenden Gewerbes dar. Der Bruttoproduktionswert erreichte 1984 27,7 Mrd. DM; dies bedeutet bezogen auf das verarbeitende Gewerbe insgesamt einen Anteil von rund 2,6 %, gemessen am Bruttosozialprodukt einen solchen von 1,5 %. Zu berücksichtigen ist dabei, daß diese Produktion nur die zum Absatz bestimmte Produktion in Betrieben von Unternehmen mit im allgemeinen zwanzig und mehr Beschäftigten repräsentiert. Nicht berücksichtigt ist also die Erzeugung kleinerer Industrie- und Handwerksunternehmen[4], die der statistischen Geheimhaltung unterliegende Produktion sowie die beachtliche Produktion der abpackenden Wirtschaft, die nur noch die Packstoffe bezieht und die Herstellung der Verpackung zwischen der Erzeugung der Packgüter und dem Abpacken „in-line" durchführt. Es hat den Anschein, als ob der Verpackungsmarkt im Vergleich zum gesamten Wirtschaftswachstum seit Ende der sechziger Jahre nur noch unterdurchschnittlich wachsen würde. Da Verpackungen in nahezu allen

[4] Ausnahme: Holzpackmittel; hier hat die RG-Verpackung dem durch entsprechende Schätzungen Rechnung getragen.

Wirtschaftsbereichen verwendet werden, wird üblicherweise das Wachstum des Verpackungsmarktes[5] mit dem des Bruttosozialproduktes verglichen.[6] Bildet man zur Ausschaltung konjunktur- oder lagerzyklisch bedingter Einflüsse Fünf-Jahres-Durchschnitte, so ergibt sich folgende Entwicklung des Anteils der Verpackungsproduktion am Bruttosozialprodukt:

1955 - 1959	1,75 %
1960 - 1964	1,75 %
1965 - 1969	1,78 %
1970 - 1974	1,68 %
1975 - 1979	1,55 %
1980 - 1984	1,55 %.

Auf der Basis der Nominalwerte zeigt sich also tatsächlich ein tendenziell sinkender Anteil der Verpackungen an der gesamten wirtschaftlichen Leistung. Da aber die beiden Aggregate in Werten zu jeweiligen Preisen gemessen sind, könnten unterschiedliche Preisentwicklungen die Ursache für den Anteilsrückgang sein. In der Tat scheint die Preisentwicklung bei Verpackungen[7] etwas schwächer zu verlaufen als die allgemeine Preisentwicklung; der Unterschied ist jedoch zu gering, als daß er zur Erklärung des oben genannten Phänomens ausreichen würde.[8]

Bezieht man die Produktionsmenge der hergestellten Verpackungen auf das reale Bruttosozialprodukt, so ergibt sich eine Kennziffer (1000 t/Mrd. DM real), die sich im Zeitablauf wie folgt verändert hat:

1960 - 1964	6,36
1965 - 1969	6,92
1970 - 1974	8,07
1975 - 1979	8,01
1980 - 1984	7,95.

In dieser Betrachtungsweise zeigt sich, daß sich das (mengenmäßige) Wachstum des Verpackungsmarktes seit Beginn der siebziger Jahre im Ver-

[5] Streng genommen handelt es sich dabei um die *Produktion* von Packmitteln und -hilfsmitteln. Über den Markt gibt es keine dementsprechenden Informationen, da die Außenhandelsstatistik eine den Erfordernissen entsprechende Disaggregierung nicht zuläßt. Auch auf das Phänomen des „indirekten Außenhandels" mit Verpackungen sei verwiesen; da die Bundesrepublik einen Außenhandelsüberschuß erzielt, dürften auch mit den exportierten Gütern mehr Verpackungen ausgeführt werden, als Packungen mit den importierten Gütern eingeführt werden.

[6] RG Verpackung im RKW, Produktionsmenge und Produktionswert der Verpackungsindustrie in der Bundesrepublik Deutschland und Berlin (West), Eschborn, verschiedene Jahrgänge.

[7] Für die Produktion von Verpackungen gibt es keinen speziellen Erzeugungspreisindex. Näherungsweise läßt sich ein solcher durch Zusammengewichten der Indizes für verschiedene Verpackungen gewinnen, wobei starke Vereinfachungen unumgänglich sind.

[8] Dies ergaben Untersuchungen des Ifo-Instituts. Vgl. H. Baumann u. a., Die Kunststoffverarbeitung in den 80er Jahren, München-Wien 1981, S. 269.

gleich zum Wachstum der Gesamtwirtschaft verlangsamt hat. Hierfür sind wohl vor allem drei Gründe anzuführen:

— Im Gefolge der ersten Ölkrise, als sich wichtige Packstoffe wie Papier, Pappe und Kunststoffe sprunghaft verteuert haben, haben sich Hersteller wie Anwender von Verpackungen verstärkt um den sparsamen Einsatz von Verpackungen bemüht. Dies äußert sich sowohl in Materialeinsparungen, z. B. durch Verringerung der Wandstärken, als auch teilweise in einer sorgfältigeren Materialauswahl. Das Ausmaß der Einsparungen ist je nach Anwendungsbereich unterschiedlich, gilt aber prinzipiell für alle Packstoffe.
— Die im Gefolge des Aufkommens der Selbstbedienung und der damit verbundenen besonderen Handelsformen eingetretenen großen Umschichtungen auf dem Verpackungsmarkt sind zu einem gewissen Abschluß gekommen.
— Je mehr Verpackungen von der abpackenden Wirtschaft selbst erzeugt werden, sich mithin der statistischen Erfassung entziehen, desto geringer ist das (von der amtlichen Statistik erfaßte) Wachstum des Verpackungsmarktes.

Daneben spielen aber auch Verschiebungen unter den Packstoffen eine Rolle: Wenn beispielsweise Wein statt in 2-Liter-Flaschen in 10-Liter-Bag-in-Box verpackt wird, so ergibt sich hieraus ein erheblicher Gewichtseinsparungseffekt.

cc) Produktion von Verpackungen

Seit Ende der fünfziger Jahr hat sich die produzierte Verpackungsmenge reichlich verdreifacht; im Referenzzeitraum 1972 bis 1984 stieg dieses Volumen um rund 27 %. Dies entspricht einem durchschnittlichen Wachstum von jährlich 2 %. Allerdings sind aus den im vorigen Abschnitt genannten Gründen die Zuwachsraten rückläufig gewesen. Sie betrugen in den jeweiligen Perioden durchschnittlich pro Jahr:

1955 - 1959	12,8 %
1960 - 1964	8,2 %
1965 - 1969	6,9 %
1970 - 1974	6,6 %
1975 - 1979	1,7 %
1980 - 1984	1,1 %.

Das Wachstum wurde dabei in erster Linie von Verpackungen aus Kunststoff und solchen aus Papier und Pappe getragen: Zwar stieg die Produktion der erstgenannten Gruppe im Zeitraum 1972 bis 1983 mit rund 4 % jährlich fast viermal so schnell wie die der von Papier und Pappe (+ 1,2 %), der absolute Zuwachs war mit 439 000 t bei Kunststoffen und 443 000 t bei Papier und Pappe fast identisch hoch. Diese beiden Verpackungstypen machten rund 56 % der Produktionssteigerung aller Verpackungsmittel aus.

Die unterschiedlichen Zuwachsraten blieben naturgemäß nicht ohne Auswirkungen auf die Zusammensetzung der Verpackungsproduktion nach Packstoffarten. Die Strukturverschiebungen bei den Packstoffen sind durch zwei wesentliche Trends gekennzeichnet (Abb. 10): Einen Anteilsverlust von Verpackungen aus Papier und Pappe und einen Anteilsgewinn von solchen aus Kunststoffen. Die Packstoffe Metall, Glas und Holz haben hingegen einen ziemlich konstanten Anteil.[9]

Seit etwa Mitte der siebziger Jahre ist die Dynamik der Substitutionskonkurrenz deutlich zurückgegangen; die Veränderungen der Marktanteile sind so gering geworden, daß sie zu einem großen Teil durch statistische Ungenauigkeiten, lagerzyklische Einflüsse oder konjunkturbedingt unterschiedliche Entwicklungen in wichtigen Abnehmerbereichen erklärt werden können. Die Statistik erlaubt in der vorliegenden Form keinen Rükschluß darauf, ob der Anteilsverlust bei Papier und Pappe und der Anteilsgewinn bei Kunststoffen wirklich Ausdruck von Substitution sind. Dies ist zwar zweifellos in wichtigen Anwendungsbereichen (z. B. Tragetaschen) der Fall gewesen, ein beachtlicher Teil des strukturellen Wachstums der Kunststoffverpackungen dürfte aber auch in der Eroberung völlig neuer Anwendungsgebiete begründet liegen.

Es hat heute den Anschein, als ob die Substitutionskonkurrenz zumindest zwischen den Packstoffen Papier/Pappe und Kunststoff überwiegend einer Symbiose Platz gemacht hätte und der Schwerpunkt der Aktivitäten der Verpackungshersteller in der Entwicklung geeigneter Kombinations- bzw. Verbundwerkstoffe unter Einschluß auch von Metallfolien läge.

dd) Verpackungen als Reststoffe[10] — Stand der umweltpolitischen Diskussion

Im Kapitel 5. c) des Abschnitts III dieser Untersuchung wurde bereits auf den umweltschutzrelevanten Aspekt der Verpackungen hingewiesen. In die-

[9] Zum Vergleich sei hier auf die Packstoffanteile in den USA, die gern als „Vorreiter" für die industrialisierten Staaten angesehen werden, verwiesen. Für 1980 beliefen sich die Anteile, berechnet auf Basis der Produktionswerte, auf 43 % bei Papier und Pappe, 13,1 % bei Kunststoff, Metall 29,2 %, Glas 9,8 % und übrige Packstoffe 4,9 %. Hier fällt vor allem der durch die große Bedeutung von Getränkedosen bedingte hohe Anteil von Metallverpackungen auf. Hingegen hat der Kunststoff gegenüber der Bundesrepublik vergleichsweise einen sehr geringen Anteil.

[10] Unter *Reststoffen* werden Sachen verstanden, die aus technischen, wirtschaftlichen oder sonstigen Gründen ihre ursprüngliche Funktion nicht oder nicht mehr erfüllen

Abb. 10

Entwicklung der Anteile der Packstoffe an der Produktion von Verpackungen

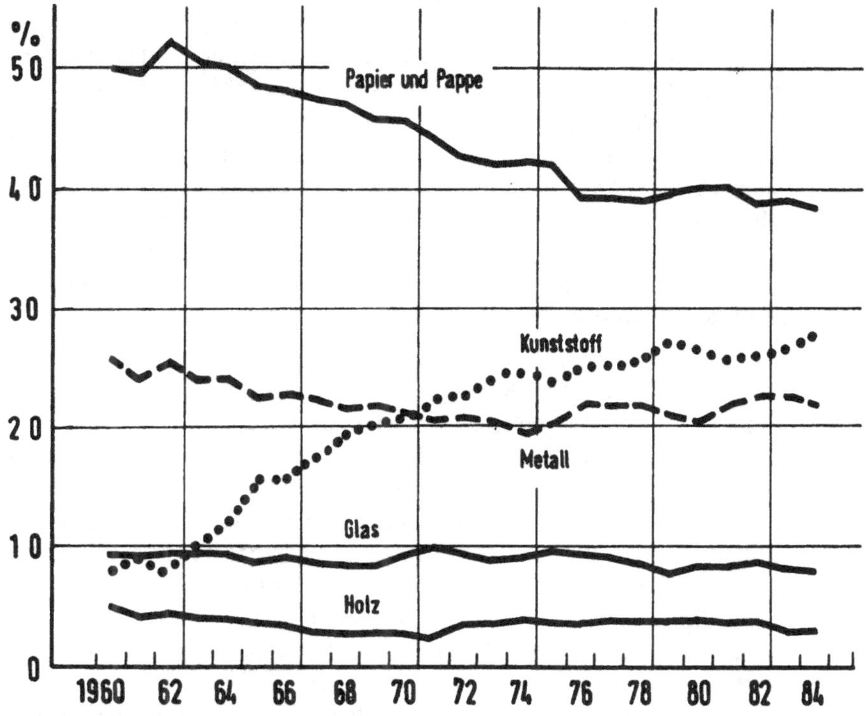

1) Bruttoproduktionswerte

Quelle: RG Verpackung

IFO-INSTITUT für Wirtschaftsforschung München 422/85

sem Zusammenhang soll unter einem etwas anderen Gesichtpunkt auf die Beziehung: Verpackung — Reststoff — Abfall eingegangen werden.

Die Kommunen haben bereits seit einiger Zeit Probleme mit der Müllbeseitigung. Die Deponien — sie sind für die Beseitigung die bedeutendste Methode, da rund drei Viertel der Wohnbevölkerung durch sie entsorgt werden — werden knapper. So hat sich beispielsweise die Zahl der Deponien allein im Zeitraum 1975 bis 1980 um ein Drittel vermindert. Nach einem gängigen

können. Reststoffe können unmittelbar oder nach einer entsprechenden Behandlung wieder verwendet werden. Bestehen unter den gegebenen technischen oder wirtschaftlichen Bedingungen keine Verwertungsmöglichkeiten für diese Stoffe, spricht man von Abfällen. Die Grenze zwischen Reststoff und Abfall ist in der Praxis nicht eindeutig zu ziehen.

Schlagwort ist die beste Art, Müll zu beseitigen, ihn gar nicht erst entstehen zu lassen. Diese Forderung trifft auf eine für Umweltfragen hoch sensibilisierte Bevölkerung. Ressentiments gegen Verpackung gab es schon längere Zeit; immer wieder waren Angriffe gegen das „Overpacking" zu lesen. „Luxusverpackungen" bildeten lange Zeit das Hauptziel der vor allem qualitativ argumentierenden Attacken. Über diesen Vorwürfen gerieten die unbestreitbar vorhandenen Vorteile und der volkswirtschaftliche Nutzen der Verpackung zumindest in der Öffentlichkeit fast völlig in Vergessenheit. In den letzten Jahren verlegte sich die Diskussion mehr auf quantitative Aspekte und sie richtete sich mit deren Vordringen immer stärker auf die Einwegverpackungen. „Der Einkaufskorb (als 'Nullvariante' der Verpackung), wiederverwendbare Verpackungsmittel oder Mehrwegverpackungen sind umweltethische Alternativen zur Einweg- und Wegwerfdenkweise", faßte der Vorsitzende des Bundes für Umwelt- und Naturschutz in Deutschland die Argumentation zusammen.[11]

Die Politiker wollten sich diesen Argumenten nicht verschließen. Im Jahre 1977 appellierte der damalige Innenminister der Bundesrepublik Deutschland an die Getränkeindustrie und an den Lebensmittelhandel, Einwegverpackungen auf das Notwendigste zu beschränken. Der Rat der Europäischen Gemeinschaft billigte 1985 eine Richtlinie über Verpackungen für flüssige Lebensmittel. „Diese Richtlinie soll einen Beitrag zu einer wirksameren Politik auf dem Gebiet der Abfallbeseitigung liefern. Ziel der Richtlinie ist der Umweltschutz bei gleichzeitiger Senkung des Energie- und Rohstoffverbrauchs. Sie sieht im Hinblick hierauf eine Reihe von Maßnahmen auf dem Gebiet der Herstellung, des Vertriebs, der Verwendung, der Verwertung und der Wiederverwendung von Verpackungen für flüssige Lebensmittel sowie auf dem Gebiet der Beseitigung gebrauchter Packungen vor. Zur Erreichung dieses Zwecks erstellen die Mitgliedstaaten Programme zur Verringerung des Gewichts beziehungsweise des Volumens der für flüssige Lebensmittel bestimmten Verpackungen, die sich in dem endgültig zu beseitigenden Hausmüll befinden. Diese Programme werden unter Berücksichtigung insbesondere des technischen Fortschritts und der sich ändernden wirtschaftlichen Umstände mindestens alle vier Jahre überprüft. Die Mitgliedstaaten können sowohl durch Rechts- und Verwaltungsvorschriften als auch im Wege freiwilliger Vereinbarungen von nationaler oder sektoraler Tragweite Maßnahmen ergreifen, die insbesondere darauf abzielen, die Verbraucher stärker aufzuklären, eine erneute Füllung oder die Verwendung der Verpackungen zu erleichtern und hinsichtlich der Einwegverpackungen die getrennte Einsammlung von Verpackungen zu fördern, wirksame Verfahren zur Erfassung der Verpackungen aus dem Hausmüll zu entwickeln und die

[11] H. Weinzierl, Konsumverhalten, Verpackung und Umweltpolitik, Statement anläßlich einer Podiumsdiskussion unter dem Titel „Verpackung und Umwelt — ist der Staat gefordert?" am 23.1.1985.

Absatzmärkte für das auf Verpackungen gewonnene Material zu erweitern, soweit dies wirtschaftlich durchführbar ist; die technische Entwicklung und das Inverkehrbringen neuer Verpackungstypen zu fördern, den Anteil von Mehrwegverpackungen oder wiederverwerteten Verpackungen zu erhalten und, soweit möglich, zu erhöhen.“[12]

Die deutsche Umweltpolitik hat sich offensichtlich zur Maxime genommen, in einem ersten Schritt den Anfall von Getränke-Einwegverpackungen zumindest nicht mehr steigen zu lassen. Die Gründe, warum ausgerechnet dieses Verpackungssortiment in den Vordergrund des politischen Interesses getreten ist, sind nicht recht einsichtig, spielt es doch am gesamten Verpackungsmarkt eine zwar steigende, insgesamt jedoch eine vergleichsweise bescheidene Rolle.

Die aktuelle Diskussion um die 4. Novellierung zum Abfallbeseitigungsgesetz (AbfG) sieht in § 14 verstärkte Eingriffsmöglichkeiten der Bundesregierung in den Verpackungsmarkt vor. Sie wurde am 4. Oktober 1984 vorgelegt. Dabei heißt es zur Begründung der Novellierung:

„§ 14 AbfG in seiner geltenden Fassung geht auf Ziele der Umweltvorsorge nicht ein: Staatliche Eingriffe sind bisher erst zulässig, wenn der Anfall von Abfällen durch Verpackungen und Behältnisse 'einen zu hohen Aufwand' bei der Abfallbeseitigung erfordert. Das Vorliegen dieser Voraussetzungen ist bundesweit nicht darstellbar; sie sind allenfalls als erfüllt anzusehen, wenn Mehrwegverpackungen ganz oder in erheblichem Umfang durch Einwegbehältnisse ersetzt sind. Dieser Zeitpunkt wäre jedoch für ein Eingreifen des Verordnungsgebers zu spät. Zur Erhaltung des Mehrwegsystems, insbesondere für Bier und andere kohlensäurehaltige Getränke, muß der Erlaß einer Verordnung vielmehr schon möglich sein, wenn sich bei Herstellern von Verpackungen, Abfüllern und beim Handel eine deutliche Entwicklung in Richtung weiterer Zunahme der Verwendung von Einwegverpackungen abzeichnet.

Maßnahmen im Bereich der Verpackungen und Behältnisse sollen nach § 14 künftig sowohl unter dem Gesichtspunkt der Vermeidung schädlicher Umwelteinwirkungen als auch zur Verminderung des Abfallaufkommens möglich sein. Beide Voraussetzungen können als Ermächtigungsgrundlage für eine Rechtsverordnung herangezogen werden. Neben Luftverunreinigungen durch die Beseitigung von Kunststoffverpackungen in Müllverbrennungsanlagen sind schädliche Umwelteinwirkungen vor allem durch Landschaftsverbrauch bei der Deponie großer Abfallmengen aus Einwegverpackungen zu besorgen. Auf die höheren Aufwendungen bei Sammlung und Transport der Abfälle ist ebenfalls hinzuweisen.

---

[12] Bulletin der Europäischen Gemeinschaften 1985, Nr. 3, S. 44 f.

Für den Verordnungsgeber kommen als Maßnahmen Kennzeichnungspflichten nach Absatz 1 Nr. 3, Beschränkungen und Verbote für das Inverkehrbringen bestimmter Verpackungen und Behältnisse nach Absatz 1 Nr. 4 Buchstabe a (wie schon nach dem geltenden § 14 Satz 1), Rücknahmepflichten und Pfandregelungen nach Absatz 1 Nr. 4 Buchstabe b in Betracht.

In den Entwurf ist eine Ermächtigung, dem Handel ein sog. „Alternatives Angebot" vorschreiben zu können, zunächst nicht aufgenommen worden, um freiwillige Absprachen mit marktführenden Unternehmen nicht von vornherein auszuschließen. Sollte sich dieser Weg als nicht gangbar erweisen, wird die Bundesregierung im weiteren Gesetzgebungsverfahren auch eine Verpflichtung zum Feilhalten eines ausgewogenen Angebots von Mehrwegverpackungen in Ladengeschäften des Einzelhandels vorschlagen. Ein freiwilliges alternatives Angebot im Mehrwegsystem hätte Signalwirkung auf konkurrierende Unternehmen und könnte staatliche Eingriffe entbehrlich machen. Ohne freiwillige oder staatliche Maßnahmen droht die Gefahr, daß dieses Marktverhalten weiter von anderen Unternehmen aufgegriffen wird. Die freie Verbraucherwahl würde damit entgegen den Zielsetzungen des Umweltschutzes weiter eingeschränkt.

Maßnahmen nach Absatz 1 Nr. 4 Buchstabe b sind in Betracht zu ziehen, wenn die Rückführung von Verpackungen und Behältnissen außerhalb der Abfallbeseitigung nicht möglich ist. Pfandregelungen für wiederverwendbare Verpackungen und Behältnisse können erwünscht sein, um den Rücklauf von Mehrwegflaschen zum Abfüllen zu gewährleisten."[13]

Weiterhin ist auch eine Verpackungssteuer[14] im Gespräch. Die derzeit diskutierten Maßnahmen sollen sich — dieser Eindruck ergibt sich aus der öffentlichen Diskussion — zunächst nur auf Getränkeverpackungen beziehen; andere Einwegverpackungen, wie beispielsweise Tiefkühlpackungen oder Konservendosen, werden von der Novellierung aber auch erfaßt. Die Industrie hat die Befürchtung geäußert, daß die vorgesehenen staatlichen Eingriffe auch auf diese Einwegpackungen ausgedehnt würden.

Die rechtlichen, wettbewerblichen, politischen und wirtschaftlichen Konsequenzen der geplanten Rechtsverordnung sind noch nicht völlig zu übersehen, sind deshalb Gegenstand verschiedener Untersuchungen. Im Abschnitt 2.2.5 (Getränkeverpackungen) werden zu den sich für Getränkeverpackun-

[13] Begründung für den Vorschlag einer Novellierung von § 14 AbfG, Bundestagsdrucksache 10/2885.

[14] Die Fraktion der Grünen hat in einem Gesetzesentwurf ihre Vorstellungen über die Höhe dieser Abgaben unterbreitet, und zwar 5 Pfennige je Verpackung aus Glas (Ausnahme Flaschen, für die 30 Pfennige Pfand vorgesehen sind), Papier und Pappe, 10 Pfennige für Behältnisse aus Kunststoff, 20 Pfennige für Aluminium- und Weißblechdosen, 25 Pfennige für PVC-Verpackungen und für Verpackungen aus Verbundmaterial. Wenn auch dieser Entwurf wenig Chancen hat, gesetzlich verankert zu werden, so vermögen doch diese Zahlen einen Eindruck von den Relationen zu vermitteln.

gen aus Papier und Pappe ergebenden Konsequenzen einige Ausführungen gemacht. Hier soll zusammenfassend dargestellt werden, welche Bedeutung Verpackungen im Rahmen des Anfalls von Müll haben.[15]

Für Abfallbeseitigung maßgebliche Statistiken wurden erstmals 1975 von den Statistischen Landesämtern erstellt; Ergebnisse weiterer Erhebungen liegen derzeit auch für 1977 und 1980 vor. Von 1975 bis 1980 sind die auf öffentlichen Abfallbeseitungsanlagen angelieferten *Abfallmengen* von 59 Mio. t auf annähernd 84 Mio. t gestiegen. Größte Fraktionen sind die Abfallarten Bauschutt, Bodenaushub und Straßenaufbruch, deren Anteil 1975 bis 1980 von 37,8 % auf 52,9 % anstieg.

Der Anteil von *Hausmüll*, hausmüllähnlichen Gewerbeabfällen, Sperrmüll, Straßenkehricht und Marktabfällen ist im Erhebungszeitraum von 52,8 % auf rund 39 % gefallen; dabei blieb die absolute Menge mit rund 30 Mio. t praktisch konstant.

Die *Abfallmenge im produzierenden Gewerbe* stieg von 1975 bis 1980 um rund 59 %. Dabei ist der Anteil von Papier- und Pappeabfällen (einschl. Verpackungsmaterial) sehr gering: er betrug 2,4 % (1975) und 0,7 % (1980); auch absolut gesehen hat sich diese Abfallmenge (mengenmäßig) halbiert.

Über die Zusammensetzung des Hausmülls und damit den Verpackungsanteil am Müll gibt es keine kontinuierlichen Aufzeichnungen; bis 1980 fehlten einheitliche Begriffsbestimmungen, Probeentnahme- und -analysemethoden. Erst durch eine „Bundesweite Hausmüllanalyse“ für den Analysezeitraum 1979/80 wurden hier nicht nur entsprechende Begriffs- und Methodenfestlegungen erreicht, sondern auch erstmals „flächendeckende“ Untersuchungsergebnisse erzielt.

Für diesen Analysezeitraum (1979/80) wurde ein Jahresaufkommen an *Hausmüll* für die Bundesrepublik Deutschland in Höhe von 15 Mio. t ermittelt; dies betrifft feste Abfälle aus Privathaushalten, die von der örtlichen Müllabfuhr regelmäßig entsorgt werden. Neben diesem Hausmüll fielen schätzungsweise 3,8 Mio. t *Geschäftsmüll* an, der insbesondere nach Einführung größerer Sammelgefäße zusammen mit Hausmüll entsorgt wird. Schließlich kommen noch rund 2,2 Mio. t *Sperrmüll* sowie rund 4 Mio. t separat abgefahrener *Gewerbemüll* hinzu.

Verpackungen halten am Hausmüll einen (gewichtsmäßigen) Anteil von 27 %; bei den anderen Müllarten folgt der Ausweis der Zusammensetzung einer anderen Einteilung. Auf *Papier, Pappe und Papierverbundstoffe*, also auf Verpackungen, aber auch Druckerzeugnisse wie Zeitungen und Zeitschriften, entfielen demnach bei

---

[15] Alle nachfolgenden Zahlen entstammen, soweit nicht ausdrücklich vermerkt: Umweltbundesamt (Hrsg.), Daten zur Umwelt 1984, Berlin 1984.

— Müll aus Haushaltungen .... 20 %
— Geschäftsmüll (abgefahren mit Hausmüll) ...... 40 %
— Separat abgefahrenem Geschäftsmüll .... 20 %
— Sperrmüll .... 30,5 %
— Haus-, Geschäfts- und Sperrmüll insgesamt ..... 24 %.

Aus diesen Zahlen läßt sich ableiten, daß Papier und Pappe zwar einen beträchtlichen Anteil am gesamten Müllaufkommen erreichten; hinsichtlich des Standes und der Entwicklung der Bedeutung von *Verpackungen*, insbesondere aus Papier und Pappe, kann keine Aussage getroffen werden. Insbesondere kann daraus nicht argumentiert werden, daß die „Müllawine" durch Verpackungen hervorgerufen wurde.

Die Vorwürfe gegen die Verpackungen richten sich derzeit denn wie oben erwähnt im einzelnen auch gegen die *Einweg*packungen für Getränke, deren Bedeutung in den letzten Jahren stark gestiegen ist. Nach Angaben des Umweltbundesamtes ist die Abfüllung von Bier, Mineralwasser, Erfrischungsgetränken und Wein in „Fertigpackungen" seit 1970 jährlich um etwa 5 % gestiegen, während der Anteil an Abfüllmengen in Mehrwegflaschen seit 1970 jährlich um etwa 1 % gesunken ist.[16] Dieses unterschiedliche Wachstumstempo der beiden Verfahren hat also in erster Linie dazu geführt, staatliche Eingriffe in den Verpackungsmarkt ins Auge zu fassen, nachdem entsprechende Appelle an die Marktbeteiligten nach Auffassung des Gesetzgebers nicht den gewünschten Erfolg gebracht haben.

Insgesamt gesehen gehen rein rechnerisch Einwegverpackungen als Summe aller entsprechenden Packmittel (Behälter, Verschlüsse, Umverpackungen) nach Angaben des Umweltbundesamtes[17] mit knapp 1,4 Mio. t in den Müll; 1970 hatte diese Menge noch bei knapp 800 000 t gelegen. Durch das zunehmende Recycling von Altglas, Pappe (für Umverpackungen) und Weißblechdosen ist dieser Zuwachs allerdings weitgehend kompensiert worden, so daß die tatsächliche Abfallmenge nach Abzug des Recyclings um etwa 1,1 Mio. t schwankt.

b) Wichtige Verpackungsbereiche

aa) Wellpappen und -erzeugnisse

Die Wellpappe ist ein relativ alter Packstoff; sie wurde in den siebziger Jahren des vorigen Jahrhunderts erfunden. Allerdings war sie bis zum ersten

[16] Umweltbundesamt (Hrsg.), Daten zur Umwelt 1984, a.a.O., S. 246.

[17] Gemeint sind hier wohl nur die Einwegverpackungen für Getränke, denn das Gewicht der Verpackungen, die tatsächlich nur einmal verwendet werden, dürfte viel höher sein.

Weltkrieg praktisch bedeutungslos. Kräftige Impulse erhielt die Wellpappe im zweiten Weltkrieg, als große Mengen militärischer Güter verpackt und transportiert werden mußten. Nach dem zweiten Weltkrieg entwickelte sich auch die zivile Nachfrage sehr rasch und stürmisch.

Wellpappe besteht aus gewelltem Papier, das mit Papier oder Karton verklebt ist. Je nach Aufbau unterscheidet man (DIN 55 405) einseitige, einwellige, zwei-, drei- und vierwellige sowie laminierte Wellpappe. Die Wellenpapiere werden über Riffelwalzen geführt und erhalten je nach Profil dieser Walzen ein unterschiedliches Wellenprofil, das von Wellenteilung und -höhe bestimmt wird. Derzeit unterscheidet man: Grob-, Mittel-, Fein- und Feinstwelle. Güteklassen werden nach den Merkmalen flächenbezogene Masse, Berstwiderstand und Druckstoßarbeit gebildet; daneben spielen die Parameter Flachstauchwiderstand, Kantenstauchwiderstand und Wasseraufnahme eine wichtige Rolle.

Entsprechend dem Aufbau der Wellpappe unterscheidet man Deckenpapiere (Liner) und Wellenpapiere. Für *Deckenpapiere* werden drei Sorten verwendet, die sehr unterschiedliche Festigkeiten haben. Die höchsten Festigkeitswerte erreicht der Kraftliner, der aus mindestens 80 % Sulfatzellstoff besteht. Mittlere Fertigkeitswerte erreicht der Testliner. Darunter ist ein Deckenpapier aus vorwiegend wiedergewonnenen Fasern mit definierten Festigkeiten zu verstehen. Dieses Papier wird in der Regel zweilagig hergestellt, wobei die Deckschicht aus höher gemahlenem Stoff, überwiegend Sulfatzellstoff, besteht. Für die Herstellung von Wellpappe niedrigerer Güteklassen wird Schrenzpapier eingesetzt, das auch aus wiedergewonnenen Fasern, aber ohne definierte Festigkeit, erzeugt wird.

Als *Wellenpapier* findet zum einen Halbzellstoff (Fluting) Verwendung. Dieses hat einen hohen Gehalt (über 65 %) an ungebleichtem Halbzellstoff, der in einem chemisch-mechanischen Verfahren mit hoher Ausbeute gewonnen wird. Zum anderen wird Wellenstoff als Wellenpapier eingesetzt. Dieser wird aus Altpapier hergestellt.

Wichtigster Abnehmer von Wellpappe ist die Nahrungs- und Genußmittelindustrie (vgl. Tab. 1), auf die etwa drei Zehntel aller Lieferungen deutscher Wellpappenhersteller entfallen. Insgesamt gesehen verteilen sich die Abnehmerbereiche aber über die gesamte Palette der Industriebranchen; die Wellpappenkonjunktur wird deshalb auch als Spiegelbild der Gesamtindustrie aufgefaßt.

Die Bundesrepublik ist international betrachtet ein „Wellpappenland"; sie ist in Westeuropa der bedeutendste Verbraucher und, da der Außenhandel mit Wellpappe keine bedeutende Rolle spielt, auch der größte Hersteller. Außerhalb Westeuropas stellen Japan und die USA die wichtigsten Märkte für Wellpappe dar. Dabei produziert Japan etwa halb so viel Wellpappe wie

Tabelle 1

Lieferungen von Wellpappe nach Abnehmerbereichen, 1984

Abnehmerbereich	Anteil an Gesamt-Lieferungen in %	
Nahrungs- und Genußmittel		28,4
dav.: Lebensmittel	16,2	
Landw. Erzeugnisse und frische Produkte	4,8	
Getränke	6,7	
Tabakerzeugnisse	0,7	
Papier- und Druckerzeugnisse		7,2
Chemische u. Gummierzeugnisse		17,6
dav.: Chemische u. verwandte Erzeugnisse	8,2	
Kosmetika	4,0	
Gummi- und Kunststoff-erzeugnisse	5,4	
Dauerhafte Konsumgüter		6,2
dav.: Holzerzeugnisse, Möbel u.ä.	3,1	
Radio, Fernsehen, Kommunikationsmedien	1,3	
Haushaltsgeräte	1,8	
Investitionsgüter		13,6
dav.: Metallverarbeitung	5,4	
Maschinen und -teile	2,4	
Elektrische Maschinen	4,7	
Feinmechanische und optische Geräte	1,1	
Wellpappenverarbeiter und Kollegenfirmen		11,8
Übrige Abnehmer		15,2
Alle Abnehmer		100

Quelle: Verband der Wellpappenindustrie e.V.

alle Länder Westeuropas zusammengenommen und die USA soviel wie diese Länder plus Japan. Um die Unterschiede in der Einwohnerzahl der einzelnen Staaten zu berücksichtigen, wird der Verbrauch von Wellpappe üblicherweise auf den Kopf der Bevölkerung bezogen. Danach ergaben sich für die wichtigsten Verbraucherländer folgende Werte (kg/Einwohner, Angaben für 1983):

USA	67
Japan	45
Bundesrepublik Deutschland	33,6
Dänemark	33
Frankreich	31,5
Schweden	28,3
Niederlande	27,4
Italien	26,8
Spanien	25,2.

Es zeigt sich, daß in dieser Verbraucher-Spitzengruppe vor allem auch Länder vertreten sind, die über einen bedeutenden Export an landwirtschaftlichen Erzeugnissen verfügen. Der weit überdurchschnittliche Pro-Kopf-Verbrauch in den USA erklärt sich vor allem aus drei Faktoren[18]:

— In den USA bestehen Vorschriften, die Wellpappe mit höheren Flächengewichten vorschreiben.

— In den Vereinigten Staaten sind die Transportwege wesentlich länger als auf anderen Märkten; dies erfordert auch einen höheren Verpackungsaufwand.

— Europa kann immer noch mehr als eine Anhäufung von regional begrenzten Märkten verstanden werden denn als ein großer homogener Markt, wie beispielsweise die USA, Japan oder Australien.

Weltweit sind heute rund 1 640 Herstellerwerke für Wellpappe in Betrieb; ihre Produktion wird mit rund 42 Mio. t beziffert. Diese Wellpappe wird zu 70 % zu Wellkisten und Standardfaltschachteln mit einfachem Zuschnitt, zu 20 % zu anspruchsvollen Verpackungen mit komplizierten Rotations- und Flachstanzungen und zu 10 % zu Spezialanfertigungen weiterverarbeitet.

Die Wellpappenindustrie der Bundesrepublik Deutschland besteht (1985) aus 49 Unternehmen mit 97 Betrieben und 92 Wellpappenanlagen; die Zahl der Beschäftigten wird auf rund 16 000 geschätzt. Diese Wellpappenindustrie im engeren Sinne stellt Wellpappe her und verarbeitet sie. Daneben gibt es noch eine unbekannte Anzahl, aber gewiß mehrere hundert, Betriebe, die fertige Wellpappe in den 49 Herstellerunternehmen oder aus dem Ausland in Bogen oder Rollen beziehen und dann weiterverarbeiten. Die beiden größten Unternehmen — ganz bzw. zur Hälfte in ausländischen Händen[19] — vereinigten 1985 jeweils rund 11 % Marktanteil auf sich; die neun größten Unternehmen haben einen Marktanteil von etwa 60 %. Abgesehen von den erwähnten größeren Gruppierungen handelt es sich bei den deutschen Wellpappenherstellern überwiegend um Familienunternehmen. Die deut-

[18] Europäische Föderation der Wellpappefabrikanten (FEFCO), Jahresbericht 1982, Moudon 1983, S. 5.

[19] Rund 15 bis 20 % aller Betriebe in der EG befinden sich ganz oder teilweise in den Händen amerikanischer und schwedischer Unternehmen.

schen Firmen zählen hinsichtlich Qualität, technischer Ausstattung und Produktivität weltweit gesehen zur Spitze. Bezieht man die Produktion, gemessen in m^2, auf die Zahl der Wellpappemaschinen[20], so stehen die leistungsfähigsten Anlagen in den Niederlanden (31,7 Mio. m^2/Anlage), Frankreich (29,3) und der Bundesrepublik (28,1). Der Durchschnitt von 14 westeuropäischen Ländern lag 1982 bei 23,9 Mio. m^2/Anlage. Nicht einbezogen sind hierbei die finnischen Wellpappenhersteller, die noch höhere Produktionsleistungen je Maschine erzielen.

Ende der siebziger Jahre hielt der Mikroprozessor auch in der Wellpappenfertigung seinen Einzug. Moderne Wellpappenanlagen verfügen heute über Einrichtungen zum computergesteuerten Auftrags-, Breiten- und Qualitätswechsel, einschließlich integrierter Prozeß-Steuerung und elektronischem Datentransfer und -speicher für Format- und Qualitätsdaten.[21] Ob diese technologischen Änderungen zum zu beobachtenden Konzentrationsprozeß beigetragen haben, ist offen. Es deutet jedoch einiges darauf hin, denn die neuen Wellpappenanlagen mit höheren Laufgeschwindigkeiten und verminderten Umrüstzeiten haben beachtliche Kapazitätseffekte involviert; damit hält die Tendenz zu Überkapazitäten und zu einem Verdrängungswettbewerb an.

So hat sich die Zahl der Unternehmen und Wellpappenanlagen bei gleichzeitig steigender Produktion bereits vermindert. Dennoch haben sich viele Familienunternehmen gegenüber den großen Unternehmensgruppierungen behaupten können. Analysen des Verbandes der Wellpappenindustrie haben denn auch zu dem Ergebnis geführt, daß die „richtige" Größe eines Betriebes allein ebensowenig automatisch zu einem guten Ergebnis führe, wie die modernste technische Ausstattung zu einer höheren Rendite. Gerade das hohe Maß an Flexibiblität, das kleineren Unternehmen wegen der besseren Überschaubarkeit zu eigen sein kann, bedeute für sie eine besondere Chance bei der Reaktion auf Marktvorgänge.[22] Hingegen hätten große Unternehmen Vorteile hinsichtlich des Materialeinkaufs (wegen der größeren Einkaufsmengen), des Zugangs zu Finanzierungsquellen, der im allgemeinen besseren Ausstattung mit großen Maschinen für rationellere Arbeitsmöglichkeiten und günstigere Fertigung von Massenprodukten und Großauflagen sowie der besseren Marktdurchdringung. Die Großanlagen verlangen aber unter

[20] Die Zahl der Beschäftigten als Bezugsbasis ist wenig sinnvoll, da die Produktionspalette in den einzelnen Ländern zu unterschiedlich ist. So werden in Italien rund 50 % der Erzeugung in Tafeln an Verarbeiter verkauft; in der Bundesrepublik sind dies nur 8 %. Für die Produktion von Bogen ist verständlicherweise eine wesentlich geringere Zahl von Beschäftigten notwendig.

[21] D. Hiebsch, Betriebserfahrungen mit einer modernen Wellpappenanlage, in Allgemeine Papier-Rundschau, 1984, Heft 31, S. 906.

[22] R. Sieger, Welches ist die optimale Betriebsgröße in der deutschen Wellpappenindustrie?, in: Allgemeine Papier-Rundschau, 1980, Heft 27, S. 832 ff.

Kostengesichtspunkten eine möglichst hohe und kontinuierliche Auslastung, während in kleineren Unternehmen durch ein elastisches Reagieren Änderungen im Umfeld besser abgefangen werden können. Die Wellpappenindustrie in Europa produziert dabei normalerweise nur fünf Tage pro Woche in durchschnittlich zwei Schichten. Bei plötzlich auftretenden Nachfragestößen ist damit eine erhebliche Kapazitätsreserve mobilisierbar.

Vor allem die größeren Familienbetriebe der Wellpappenindustrie haben sich in den vergangenen Jahren nicht nur als durchaus anpassungsfähig, sondern auch als kreativ erwiesen. Sie haben beispielsweise eine Fülle von konstruktiven und grafischen Lösungen von Verpackungen und vor allem auch Displays entwickelt. Einige Unternehmen haben auch erfolgreich versucht, Anwendungsgebiete für Wellpappe außerhalb des Verpackungsbereiches zu entwickeln. Hinzu zählen beispielsweise Archiv-Systeme, Spielwaren und Schalkörper für die Bauindustrie.

Im Wettbewerb stehen die Hersteller in erster Linie untereinander, wobei der Lieferradius der einzelnen Werke im allgemeinen aus Transportkostengründen begrenzt ist. In den Wettbewerb sind deshalb kaum und nur bei Spezialprodukten und in grenznahen Bereichen ausländische Konkurrenten eingeschaltet. Lebhafter Konkurrenzkampf besteht aber mit Verpackungen aus anderen Packstoffen: Vollpappe, Faltschachtelkarton, aber auch Kunststoffverpackungen, Holzkisten und teilweise Glas. Von wesentlicher Bedeutung ist dabei die preisliche Konkurrenzfähigkeit, die wiederum entscheidend von den Rohstoffkosten abhängt. Im Einsatz der Wellpappenrohpapiere zeichnen sich bei den deutschen Unternehmen, verstärkt seit Beginn der achtziger Jahre, erhebliche Strukturwandlungen dergestalt ab, daß altpapierhaltige Wellpappenrohpapiere zunehmend an Bedeutung gewinnen (vgl. Tabelle 2). Diese Entwicklung ging in erster Linie zu Lasten des Kraftliners. Kraftliner, und dies gilt auch für Halbzellstoffpapier (Hz-Fluting), kommen vor allem von nordamerikanischen und skandinavischen Lieferanten[23]; sie werden in der Bundesrepublik nicht hergestellt. Damit hängt der Preis für diese wichtigen Ausgangsstoffe der Wellpappenherstellung einmal vom Weltmarktpreis, zum anderen aber von der DM/Dollar-Relation ab. Dies gilt insbesondere deswegen, weil sich die skandinavischen Anbieter von Kraftliner bisher stets der Preisführerschaft der Amerikaner angepaßt haben. Andererseits ist bei sinkenden Preisen die EG-Kommission vom einzigen (französischen) Kraftliner-Hersteller innerhalb der Gemeinschaft dazu bewogen worden, entsprechende Antidumping-Verfahren einzuleiten. Dabei wurden zuletzt durch die Entscheidung vom 8.3.1983[24] neue Mindestpreise festgelegt, wobei besonders die Länge der Untersuchungen und Verhandlun-

---

[23] Die Importe der Bundesrepublik von Kraftliner kommen zu rund einem Drittel aus den USA und zu etwa 45 % aus Skandinavien.

[24] Davor waren Mindestpreise 1978 in einem ähnlichen Verfahren festgesetzt worden.

gen (sie begannen bereits 1982) den Markt entsprechend beunruhigten. Die neuen Mindestpreise lagen etwa ein Drittel über den alten.

Tabelle 2

Rohstoffverbrauch der Wellpappenindustrie
(Anteile am Gesamteinsatz in %)

Papierart	1974	1980	1982	1984
AP Wellenpapier	) 39	30	) 38	31
Halbzellstoffpapier	)	8	)	7
Kraftliner	33	30	25	25
Testliner	11	20	26	26
Schrenz	15	12	11	11
Rohstoffe insgesamt	100	100	100	100

Quelle: FEFCO.

All diese Abhängigkeiten haben dazu geführt, daß die preisliche Wettbewerbsfähigkeit des Kraftliners auf dem deutschen Markt sicherlich geschwächt wurde.[25] Daher wurde der Trend zu den altpapierhaltigen „Ersatzmaterialien" erleichtert, wobei allerdings einer totalen Ablösung die unterschiedlichen technologischen Werte gegenüberstehen: Die für die Transportbeanspruchung besonders signifikanten Werte Berstwiderstand und Weiterreißfestigkeit liegen für Kraftliner wesentlich höher als für Testliner. Der deutschen Papierindustrie ist es aber gelungen, das Qualitätsniveau für Testliner generell zu steigern. Eine noch wesentlich stärkere Ablösung von Kraftliner dürfte aber auch den Absatzinteressen (für Kraftliner) der amerikanischen und skandinavischen Muttergesellschaften deutscher Wellpappenunternehmen entgegenstehen. Zudem ist einmal auch bei altpapierhaltigen Wellpappenpapieren eine Anpassungstendenz zur Entwicklung der dollarabhängigen Papiere zu beobachten, zum anderen zeigen sich auch am Altpapiermarkt sehr starke Preissprünge. Insgesamt gesehen dürfte aber die deutsche Wellpappenindustrie durch den verstärkten Einsatz von altpapierhaltigen Rohpapieren ihre Abhängigkeit von Weltmarkteinflüssen vermindert haben. Daß dabei auch ein wesentlicher umweltpolitischer Beitrag gelei-

[25] B. Schreiber, Rohstoffmärkte im Umbruch, in: Allgemeine Papier-Rundschau, 1984, Heft 11/12, S. 274.

stet wird — immerhin sind etwa zwei Drittel des zur Wellpappenerzeugung eingesetzten Materials wiedergewonnene Fasern — sei hier besonders erwähnt.

Die Inlandsnachfrage nach Wellpappe folgt im wesentlichen dem allgemeinen Konjunkturverlauf (Tab. 3). Im Jahre 1984 erreichte sie bei kräftiger Ausfuhrtätigkeit und dem entsprechenden Bedarf an Exportverpackungen der deutschen Wirtschaft einen neuen Produktionsrekord. Maßgebliche direkte Nachfragekomponente sind dabei die Aufträge aus dem Inland. Der direkte Export spielt zwar eine steigende, insgesamt jedoch recht bescheidene Rolle; die Einfuhren sind vernachlässigbar gering.

Hinsichtlich der künftigen Entwicklung der Nachfrage nach Wellpappe und Wellpappenerzeugnissen ist von einem Wachstum auszugehen, das dem der Gesamtindustrie entspricht. Hierfür spricht der breitgestreute Einsatz von Wellpappe-Verpackungen in vielen Branchen der Industrie. Da auch „neue Technologien" (z. B. Kommunikationshardware) geeignete Verpackungen benötigen, dürften hierdurch Absatzrückgänge bei stagnierenden oder schrumpfenden Wirtschaftszweigen kompensiert werden können. Zwar ist nicht auszuschließen, daß die Wellpappe durch neue Verpackungssysteme

Tabelle 3

Erzeugung, Außenhandel und Inlandsverfügbarkeit bei Wellpappe und Wellpappenerzeugnissen
(in 1000 t bzw. %)

Merkmal	1972	1976	1980	1982	1984
Erzeugung[a]	1544,7	1740,2	2133,2	2064,1	2239,6
Einfuhr	35,5	38,1	58,8	56,6	68,7
Ausfuhr	31,2	56,3	105,1	110,0	141,6
Inlandsverfügbarkeit	1549,0	1722,0	2086,9	2010,7	2166,7
Importquote (%)	2,3	2,2	2,8	2,8	3,2
Exportquote (%)	2,0	3,2	4,9	5,3	6,3

a) Zum Absatz bestimmte Produktion.

Quelle: Berechnungen des Ifo-Instituts nach Statistisches Bundesamt, Fachserien 4/3.1 und 7/2.

auf Kunststoffbasis Anteile auf Teilmärkten verliert. Sie wird andererseits durch die noch steigende Bedeutung von Containern und Paletten in der Logistik begünstigt. Hinzu kommen noch relativ neue und wachstumsträchtige Anwendungsbereiche, wie das Bag-in-box-System. Damit dürfte der „spezifische Wellpappenverbrauch", also der Wellpappeneinsatz je produzierter Gütereinheit, konstant bleiben. Der Außenhandel dürfte auch in Zukunft keine bedeutende direkte Rolle spielen, hingegen ist die Wellpappenverpackung natürlich von den Exporterfolgen der deutschen Wirtschaft auch in Zukunft abhängig.

Der technische Fortschritt in der Wellpappenerzeugung, insbesondere infolge der zunehmenden Computerisierung und der damit wesentlich verbesserten Steuer- und Regelmöglichkeiten wird neben weiteren Produktivitätsfortschritten auch noch Kapazitätseffekte nach sich ziehen. Dies gilt insbesondere, wenn Anlagen aus Gründen der Kostensenkung auf Durchfahrbetrieb umgeschaltet werden. Dies würde kostenungünstiger arbeitende Betriebe ohne ein ausreichendes Maß an „intelligenten" Produkten aus dem Markt verdrängen oder dazu führen, daß sie von größeren Unternehmensverbänden übernommen werden.

bb) Papiersäcke

Unter einem Sack versteht man ein flexibles, vollflächiges, raumbildendes Packmittel für Füllgewichte von 7,5 bis 100 kg mit einem maximalen Nennvolumen von 250 l. Er ist damit gegenüber dem (kleineren) Beutel und dem (größeren) Großsack abgegrenzt.

Nach der Bauart unterscheidet man offene Säcke und Ventilsäcke. Bei ersteren steht beim Füllen der gesamte Sackquerschnitt zur Verfügung; nach dem Abfüllvorgang muß der Sack verschlossen werden. Ventilsäcke sind bis auf eine kleine sich selbst schließende Öffnung (Ventil) allseitig geschlossen. Innerhalb dieser beiden Grundarten gibt es dann noch eine Fülle unterschiedlicher Ausführungen.

Säcke werden aus Kunststoff-Folien, Papier, Jute sowie aus einer Vielfalt von Kombinationen dieser Materialien hergestellt. Diese Packstoffe stehen teilweise in starker Substitutionskonkurrenz miteinander.

Für die Herstellung von Papiersäcken werden vor allem eingesetzt:

— Kraftsackpapier (ein aus über 90 % Zellstoff hergestelltes Papier mit höchster Festigkeit),
— Leichtkrepp (gekrepptes Natronpapier mit hoher Luftdurchlässigkeit),
— Clupack (hochdehnfähiges Kraftpapier),
— Bitumen-, PE-[26] oder PVDC[27]-beschichtete Papiere.

Die Abnehmer von Papiersäcken kommen aus allen Bereichen der Industrie, des Handwerks, des Handels und des Dienstleistungsgewerbes, wobei sich jedoch einige Schwerpunkte herausgebildet haben. Hierzu zählen Baustoffe, Chemikalien sowie Nahrungsmittel (vgl. Tab. 4).

Tabelle 4

Abnehmerstruktur bei Papiersäcken
(Anteile in %, auf Stückzahlbasis)

Abnehmerbereich	Anteil am Gesamtumsatz 1984	
Baustoffe	40,2	
dar.: Zement		17,2
Chemische Erzeugnisse	26,3	
dar.: Grundchemikalien		9,0
Kunststoffe		6,7
Übrige Erzeugnisse	33,5	
dar.: Nahrungsmittel, Saatgut		
Milchprodukte		16,5
Futtermittel		10,4
Alle Abnehmerbereiche	100	

Quelle: Gemeinschaft Papiersackindustrie e.V.

Innerhalb Europas zählt die Bundesrepublik zu den großen Herstellern von Papiersäcken. So wurden im Jahre 1980 produziert (in 1000 t) in[28]:

Frankreich	212	(nur Säcke im Großformat)
Bundesrepublik Deutschland	210	
Spanien	142	(1977)
Finnland	136	(1979)
Schweden	62	
Niederlande	59	(Absatz).

Die Papiersackindustrie der Bundesrepublik besteht aus 18 Firmen, die sich teilweise ausschließlich, teilweise im Rahmen einer breiten Produktpalette mit der Herstellung von Papiersäcken beschäftigen. Die eine Hälfte

[26] Polyethylen.

[27] Polyvinyldenchlorid.

[28] Angaben nach Statistisches Bundesamt, Statistik des Auslands, Reihe 2.2.

dieser Unternehmen bilden Familienbetriebe; die zweite Hälfte ist konzerngebunden. Dies heißt konkret, daß sie ganz oder teilweise in den Händen schwedischer und finnischer Kraftpapierhersteller sind. Der Marktanteil dieser auslandsabhängigen Firmen dürfte mit 60 bis 70 % zu veranschlagen sein.

Dieser Zweig der Papierverarbeitung beschäftigte 1984 rund 2 700 Arbeitnehmer, erzeugte rund 762 Mio. Papiersäcke mit einem Produktionsgewicht von 177 000 t und einem Verkaufswert von 507 Mio. DM. Drei Viertel der Produktion entfielen auf geklebte Ventilsäcke, ca. 15 % auf geklebte offene Kreuzbodensäcke und der Rest auf genähte Faltensäcke, genähte Flachsäcke, Pinchbottom- und Klotzboden- sowie genähte Ventilsäcke.

Der Wettbewerb bei Papiersäcken ist ausgeprägt. Da bei den einzelnen Produkten zwischen den Firmen kaum Preis- oder Qualitätsunterschiede bestehen, bleiben letztlich nur Lieferzeit und Service als Weg zur Differenzierung. Die Märkte sind auch nicht regionalisiert, beliefert werden Kunden im gesamten Bundesgebiet. Dabei handelt es sich praktisch ausschließlich um Direktlieferungen; der Handel spielt als Absatzmittler keine Rolle. Die Tochtergesellschaften skandinavischer Kraftpapierhersteller werden als selbständige Profitcenters geführt; es kann als sicher gelten, daß ihnen beim Materialeinkauf keine Sonderkonditionen eingeräumt werden. Versuche, altpapierhaltiges Sackpapier einzusetzen, hat es gegeben. Diesem Material kommt jedoch praktisch keine Bedeutung zu, da damit die erforderlichen Qualitäten nicht erreicht werden. Eindeutig erkennbar ist eine Tendenz zu materialsparenderen Produkten; die Flächengewichte gehen langsam zurück. Dies zeigt sich beispielsweise besonders deutlich beim Zementsack, der, ursprünglich sechslagig, heute nur noch zweilagig hergestellt wird.

Der Verbrauch von Papiersäcken ist im langfristigen Verlauf rückläufig gewesen. Dies hat im wesentlichen zwei Gründe: zunehmender Losetransport und Substitution des Papiersacks durch Kunststoffsäcke. Der Absatzverlust durch Übergang zum Losetransport läßt sich besonders deutlich anhand der Zementindustrie, dem immer noch bedeutendsten Einzelabnehmer für Papiersäcke, demonstrieren. Anfang der siebziger Jahre wurden noch 24 % des Zements im Inland als „Sackzement" verkauft. Mit der zunehmenden Bedeutung von Transportbeton ging dieser Anteil auf 18 % (1983) zurück. Unterstellt man einen konstanten Inlandsversand von 30 Mio. t, so würde dies eine Absatzeinbuße von 36 Mio. Zementsäcken bedeuten. Nun ging von 1972 bis 1983 aber auch wegen der nachlassenden Bauproduktion, des verringerten spezifischen Zementeinsatzes und rückläufiger zementintensiver Bautätigkeit der Inlandsabsatz von 42,3 Mio. t auf 27,9 Mio. t zurück, so daß sich aus dem Zusammenwirken dieser beiden Faktoren eine tatsächliche Absatzeinbuße an Zementsäcken von über 100 Mio. Stück errechnet. Auch in anderen Anwendungsbereichen, wie z. B. in der Ernährungsindustrie, waren derartige Substitutionserscheinungen zu beobachten, die aber nicht das Ausmaß erreicht haben dürften, wie dies bei den Zementsäcken der Fall war.

Nachdem zunächst Papiersäcke, die um die Jahrhundertwende erstmals auf den Markt kamen, die „klassischen" Jute- und Sisalsäcke in den meisten Anwendungsbereichen verdrängt haben, begannen ab Anfang der sechziger Jahre Kunststoffsäcke dem Papiersack Substitutionskonkurrenz zu machen. Bis dahin waren lediglich einige regional begrenzte Versuche, Düngemittel in PVC-Flachsäcken zu verpacken, erfolgreich. Durch die Zusammenarbeit von Rohstofferzeugern, Maschinenbauern, Verwendern und Sackherstellern — unter ihnen eine ganze Reihe von Papiersackherstellern — wurde dann der Kunststoffsack weiter vervollkommnet und durch konstruktive Verbesserungen sowie durch Entwicklung einer breiten Palette der verschiedensten Kunststoffe ein konkurrenzfähiges Produkt. Als neueste Entwicklung sind die sogenannten Form- und Füll-Anlagen anzusprechen, bei denen Sackherstellung und Abfülltechnik miteinander kombiniert werden. Damit wird dann der Abfüller, also der bisherige Sackverwender, für die Konfektion von der Folie bis zum Sack zuständig.

In welchem Maß die Verdrängung des Papiersacks durch den Kunststoffsack erfolgt ist, zeigt näherungsweise Tabelle 5.

Tabelle 5

Produktion von Säcken aus Papier und aus Kunststoff, 1972 bis 1984
(in 1000 t)

Art	1972	1976	1980	1984
Papiersäcke	260,8	242,6	209,7	187,5
Kunststoffsäcke	96,3	138,8	145,3	163,1

Ouelle: Statistisches Bundesamt, Reihe 4/3.1.

Die Nachfrage nach Papiersäcken ist tendenziell rückläufig. Neben den geschilderten Einflußfaktoren spielt eine Rolle, daß diese Packmittel zum großen Teil in schrumpfende oder stagnierende Branchen (Baustoffe, Herstellung von Grundnahrungsmitteln) geliefert werden. Eine Kompensation des rückläufigen Inlandsabsatzes durch eine Intensivierung des Außenhandels war nicht möglich, da Papiersäcke praktisch nicht im- oder exportiert werden (Tab. 6). Der Außenhandel beschränkt sich vielmehr auf den grenznahen Verkehr sowie auf gelegentliche Lieferungen von Spezialsäcken, vornehmlich in den Ostblock.

Tabelle 6

Erzeugung, Außenhandel und Inlandsverfügbarkeit bei Papiersäcken

(in 1000 t bzw. %)

Merkmal	1972	1976	1980	1982	1984
Erzeugung	260,8	242,6	209,7	182,3	187,5
Einfuhr[a)]	2,4	1,5	1,5	2,0	2,6
Ausfuhr[a)]	5,0	0,5	5,7	5,0	9,4
Inlandsverfügbarkeit	258,2	243,6	205,5	179,3	180,7
Importquote (%)	0,9	0,6	0,7	1,1	1,4
Exportquote (%)	1,9	0,2	2,7	2,7	5,0

a) Ab 1976 ohne Papiersäcke mit einer Bodenbreite unter 40 cm.

Quelle: Statistisches Bundesamt, Fachserien 4/3.1 und 7/2.

Bei der Beurteilung der Zukunftschancen für den Markt von Papiersäcken ist davon auszugehen, daß die geschilderten Substitutionstendenzen weitgehend zum Abschluß gekommen sind. Es scheint sich herauszustellen, daß für den Sacktransport ein gewisser Grundbedarf gegeben ist, der sich bei Baustoffen beispielsweise aus der eher zunehmenden Bedeutung von Ausbau, Renovierung und Sanierung, also üblicherweise sehr kleinen „Baustellen" ebenso ergibt wie durch die Do-it-yourself-Bewegung. Auch im Verhältnis zu den Kunststoffsäcken scheint sich ein weitgehend abgegrenztes Nebeneinander, das auch Kombinationen der jeweiligen Materialien einschließt, gebildet zu haben. Den zu erwartenden Absatzverlusten durch schrumpfende Abnehmerbranchen suchen die Sackhersteller durch die Eroberung neuer Märkte zu begegnen. Hierzu zählen beispielsweise Müllsäcke für Haushalts-

(Trocken-)Müll, die gegenüber Kunststoffsäcken bzw. -beuteln den Vorteil hätten, vor einer Kompostierung nicht entfernt werden zu müssen, da sie problemlos verrotten. Außerdem soll versucht werden, Säcke für kleinere Gebinde (Beispiel: Isoliertragetaschen mit Reißverschluß) am Markt durchzusetzen. Schließlich erhofft man sich aus dem noch wachsenden Markt für Katzenstreu, Vogel- und Hundefutter noch einige Wachstumsimpulse. Sollten diese Bemühungen von Erfolg gekrönt sein, so wäre künftig mit einem stagnierenden Markt für Papiersäcke zu rechnen.

cc) Tüten, Beutel, Tragetaschen

Die Abgrenzung dieser Produktgruppe gegenüber den Säcken ist fließend, prinzipiell sind Säcke und Beutel identische Produkte, die sich nur durch die Größe unterscheiden. Man kann davon ausgehen, daß Säcke für Füllgewichte über 7,5 kg in Frage kommen und den Beuteln die darunter liegenden Füllgewichte vorbehalten bleiben.

Je nach konstruktivem Aufbau, insbesondere des Bodens, werden verschiedene Typen unterschieden, die in den betreffenden DIN-Vorschriften (DIN 55 450 — DIN 55 456) normiert sind. Beispielhaft seien hier genannt: Flach- und Seitenfaltenbeutel sowie Kreuzboden- und Blockbodenbeutel.

Tüten, Beutel und Tragetaschen werden ebenso wie Säcke aus Kunststoff-Folien, Papier, Jute und Metallfolien sowie aus mannigfachen Kombinationen dieser Materialien miteinander hergestellt. Unter diesen Packstoffen besteht aber auch eine starke Substitutionskonkurrenz.

Für die Herstellung von Tüten, Beuteln und Tragetaschen aus Papier werden zwar grundsätzlich die gleichen Packstoffarten verwendet wie bei Papiersäcken. Da aber häufig an die Festigkeit geringere Ansprüche gestellt werden, kommen auch altpapierhaltige Papiere zum Einsatz; daneben vor allem holzfreie und holzhaltige Packpapiere sowie für fettdichte Beutel Pergamin.

Die Einsatz- bzw. Abnehmerbereiche für diese Produkte sind recht breit gestreut; sie sind zudem nach Produkten verschieden. Insgesamt kann man jedoch davon ausgehen, daß die bedeutendsten Abnehmer die Markenartikelunternehmen (z. B. Gebäck, Kaffee) sowie die großen Handels- bzw. Kaufhausketten sind. Dabei reicht die Anwendungspalette von Verpackungen für alle möglichen Produkte bis hin zu technischen Erzeugnissen (z. B. Staubsaugerbeutel).

Betrachtet man die einzelnen Bereiche, so ist sicherlich für den Endverbraucher der *Tragebeutel* am bekanntesten. Der Gesamtmarkt ist für 1983 mit rund 3,6 Mrd. Stück zu beziffern, von denen etwa 500 Mio. auf Kleinbeutel (z. B. für Apotheken) und ähnliche Produkte entfallen. Rund 3 Mrd. Stück sind den eigentlichen Tragebeuteln zuzurechnen.

Der Verbrauch von Tragebeuteln ist in den letzten zehn Jahren kräftig gestiegen (Tab. 7). Grund dafür ist, daß er von den verteilenden Unternehmen als hervorragender Werbeträger erkannt und von den Verbrauchern vor allem auch im Hinblick auf den Doppelnutzen (Wiederverwendung als zusammenlegbare Tragetasche, Nutzung als wasserfester Müll- und Abfallbeutel) akzeptiert wurde. Das Wachstum wurde allerdings bis zum Beginn der achtziger Jahre ausschließlich von den Polytragebeuteln getragen, während der Verbrauch von Papiertragebeuteln stark zurückging. Erst in den letzten Jahren hat sich eine gewisse Renaissance abgezeichnet. Bei insgesamt in etwa stagnierendem Verbrauch stieg der Absatz des Papierprodukts wieder auf rund 600 Mio. Stück. Als Grund für die Zurückdrängung des Papiertragebeutels auf einen Marktanteil von etwa 15 % muß wohl auch gelten, daß anfänglich die Hersteller die Qualitäten drastisch zurückgenommen haben, um preislich wettbewerbsfähig zu bleiben, und dadurch weitere Kunden verloren haben. Heute sind es meist die Spitzenqualitäten, wie z. B. Weihnachtsbeutel mit Kordelzug, die den Produzenten von Papiertragebeuteln einen wieder steigenden Marktanteil ermöglichen. Inwieweit die bereits seit längerer Zeit zu beobachtenden Angriffe gegen Polyethylenbeutel seitens der „Umweltschützer" diese Entwicklung begünstigt haben und auch künftig noch begünstigen werden, ist schwer abzuschätzen. Allerdings dürfte der Einfluß bisher nicht allzu hoch zu veranschlagen sein.

Tabelle 7

Entwicklung des Tragebeutelverbrauchs in der Bundesrepublik Deutschland
(in Stück je Einwohner)

Jahr	Verbrauch an Tragebeuteln aus		
	Polyethylen	Papier	insgesamt
1972	26	10	36
1974	32	5	37
1977	40	6	46
1980	49	8	57
1982	51	9	60
1984	50	10	60

Quelle: Industrieverband Papier- und Plastikverpackung e.V.

Textiltragetaschen, einstmals ein nicht unbedeutender Markt für Papiererzeugnisse, werden heute nahezu ausschließlich aus Polyethylen hergestellt; das Marktvolumen liegt bei rund 650 Mio. Stück.

Auf *Blockbeutel* aus Papier entfällt ein Marktvolumen von rund 45 000 bis 50 000 t. Dieser — tendenziell stagnierende — Bereich wird in einigen Anwendungsbereichen bedrängt durch den Trend zum Abpackvorgang „von der Rolle", bei dem bedruckte oder unbedruckte Automatenrollen in die kombinierten Abfüll- und Abpackstationen eingespannt werden und so „inline" verpackt wird. Derartige Vorgänge gibt es insbesondere in der Mühlen-, Zucker- und Speisesalzindustrie. In anderen Anwendungsbereichen haben hingegen die Blockbeutel eine gute Position am Markt.

Schon seit jeher sehr umkämpft sind die Märkte für *Konsumbeutel* mit den dominierenden Typen der Flach- und Seitenfaltbeutel. Sie bilden den mengenmäßig bedeutendsten Bereich des Sektors und umfassen ein schier unübersehbares Anwendungsspektrum von einfachen „Tüten" für Kleinteile bis hin zu hochsensiblen Sterilgutverpackungen für medizinische Bereiche.

Schließlich soll auch noch der Bereich der *Spezialerzeugnisse* Erwähnung finden, zu denen u. a. auch die bereits erwähnten Automatenrollen gehören.

Innerhalb Westeuropas ist die Bundesrepublik Deutschland der größte Hersteller und Verbraucher von Tüten, Beuteln und Tragetaschen (Tab. 8); sie ist zudem unter den aufgeführten Ländern das einzige, das einen deutlich positiven Außenhandelssaldo aufweist.

Die Papierbeutelindustrie der Bundesrepublik Deutschland besteht aus rund 100 Firmen, die sich teilweise ausschließlich, im übrigen jedoch im Rahmen einer breiten Produktpalette mit der Herstellung von Papierbeuteln beschäftigten. Die meisten verfügen über Kapazitäten, um auch Kunststoff-Folien verarbeiten zu können. Einzelne Firmen haben in fertigungstechnisch ähnliche Bereiche (z. B. Briefumschläge oder Faltschachteln) zu diversifizieren versucht. Dabei ergibt sich dann häufig das Problem, den dafür angeschafften Maschinenpark im erforderlichen Umfang kontinuierlich auszulasten. Etwa ein Drittel der Firmen erreicht eine überregionale Bedeutung; zur amtlichen Produktionsstatistik melden bei „Tüten, Beuteln" 68 Betriebe, bei „Tragetaschen" 10 Betriebe. Ein Drittel der Gesamtproduktion wird in Nordrhein-Westfalen erbracht, etwa ein Sechstel in Bayern.

Der Wettbewerb auf dem Beutelmarkt ist sehr ausgeprägt; bei Standardartikeln spielt er sich praktisch ausschließlich über den Preis ab. Den mittelständischen Unternehmen stehen dabei marktstarke Unternehmen der Industrie und Großbetriebsfirmen des Handels gegenüber, die ihre Stellung als Großabnehmer bei Preisverhandlungen in die Waagschale werfen können. Hinzu kommen hohe Ansprüche hinsichtlich des Service. So müssen beispielsweise die Lieferungen an Großabnehmer mit Rücksicht auf deren ausgeklügelte Logistik minutengenau erfolgen. Andererseits gehört es aber auch in der Beutelindustrie zum Prestige, Lieferant bei den qualitativ hoch angesiedelten anspruchsvollen Markenartikelunternehmen zu sein, um auf diese Weise die Qualität der eigenen Produktion zu dokumentieren. Prestigedenken gilt auch als ein wichtiges Motiv für Investitionen, wie auch berichtet wird, daß über dem Mengendenken das Ertragsdenken häufig zu kurz kommt.

Tabelle 8

Produktion und Verbrauch von Papierbeuteln[a)]in ausgewählten Ländern Westeuropas, 1983
(in 1000 t)

Land	Produktion	Verbrauch
Belgien	34,0	34,0
BR Deutschland	148,7	137,3
Frankreich	57,8	61,8
Italien	16,4	.
Niederlande	24,0	27,6
Österreich	12,9	12,9
Schweiz	9,4	11,5
Spanien	8,8	8,8

a) In der Abgrenzung der FEDES.

Quelle: Fédération Européenne de l'Emballage Souple (FEDES).

Der scharfe Wettbewerb, insbesondere bei den umkämpften Aufträgen mit großen Auflagen aus dem Konsumbeutelbereich haben dazu geführt, daß die Rendite wie auch in anderen Bereichen der Papierverarbeitung stark zurückgegangen ist. Als „Grund" können aber insbesondere noch solche Unternehmen gelten, die entweder sortimentsmäßig oder regional Marktnischen entdeckt und besetzt oder ihre Produktion von Standardartikeln voll durchrationalisiert haben. Insbesondere der Kreierung neuer Ideen gelten auch die Bemühungen des nationalen, aber vor allem des internationalen Verbandes (FEDES). Dieses Ziel versucht man durch international ausgeschriebene Produktwettbewerbe zu erreichen; dabei schneiden die deutschen Wettbewerber überdurchschnittlich erfolgreich ab, was einen Hinweis auf ihre hohe internationale Wettbewerbsfähigkeit erlaubt. Allerdings spielt sich der Wettbewerb vorzugsweise im nationalen Rahmen ab; der Absatzradius beträgt im allgemeinen 200 bis 300 km. So hat der Außenhandel zwar eine steigende, aber insgesamt nur marginale Bedeutung (Tab. 9). Wenn auch die vorhandenen Statistiken wegen häufiger Brüche nur eine näherungsweise Betrachtung erlauben, so ist doch festzustellen, daß der Außenhandelssaldo bei Papierbeuteln deutlich positiv ist und die Auslandsnachfrage für die deutschen Hersteller doch eine gewisse Bedeutung hat. Beliefert werden in erster Linie die EG-Staaten sowie die übrigen angrenzenden Länder. Aus diesen Regionen kommen auch nahezu ausschließlich die (geringen) Importe.

Tabelle 9

Erzeugung, Außenhandel und Inlandsverfügbarkeit bei Papierbeuteln
(in 1000 t bzw. %)

Merkmal	1972	1976	1980	1982	1984
Erzeugung	173,8	146,2	172,4[a)]	156,0[a)]	140,0
Einfuhr	0,8[b)]	1,6	4,7	3,7	3,9
Ausfuhr	3,8[b)]	27,9	22,2	22,3	19,3
Inlandsverfügbarkeit	170,8	119,9	154,9	137,4	124,6
Importquote (%)	0,5[b)]	1,3	3,0	2,7	3,1
Exportquote (%)	2,2[b)]	19,1	12,9	14,3	13,8

a) Da in der amtlichen Statistik ab 1976 ein Bruch zu verzeichnen ist, wurden für die darauffolgenden Jahre die Zahlen des IPV verwendet. – b) Mit den Folgejahren nicht voll vergleichbar, ab 1976 sind hierin auch Papiersäcke mit einer Bodenbreite unter 40 cm enthalten.

Quelle: Statistisches Bundesamt, Fachserien 4/3.1 und 7/2 sowie Industrieverband Papier- und Plastikverpackung e.V. (IPV), Geschäftsberichte.

Für die Beurteilung der Zukunftschancen für den Markt von Tüten und Beuteln ist davon auszugehen, daß die Nachfrage nach Massenprodukten nicht mehr wesentlich steigen dürfte. Dies zeichnet sich bereits seit einigen

Jahren ab. Marktchancen ergeben sich voraussichtlich noch auf drei Gebieten: Erstens resultieren Nachfrageimpulse aus demographischen Entwicklungen. Mit einem weiter leicht steigenden Durchschnittsalter der Bevölkerung und einem Rückgang der durchschnittlichen Haushaltsgröße bei gleichzeitig zunehmendem Gesundheitsbewußtsein wird die Nachfrage nach relativ kleinen Gebinden vorgefertigter Mahlzeiten sowie von Diät-und Gesundheitskost zunehmen. Gerade bei derartigen Produkten besteht aber eine hohe Erklärungsbedürftigkeit, die sich auf hochwertig bedruckten Verpackungen am zweckmäßigsten befriedigen läßt. Hieraus ergeben sich Chancen sowohl für Beutel als auch für Faltschachteln und schließlich auch für Kombinationen dieser beiden. Zum zweiten werden noch Expansionsmöglichkeiten auf dem Markt für Freizeitprodukte gesehen. Der dritte Sektor liegt in Spezialprodukten, für die beispielhaft die sogenannten Geschenklinien genannt werden sollen: gestalterisch sorgfältig aufeinander abgestimmte Sets von Beuteln, Geschenkpapier und Bändern. Insgesamt ist daher ein leichtes Mengenwachstum bei einem stärkeren Wertwachstum zu erwarten. Angesichts dessen dürften die ideenreichen Unternehmen die besten Chancen zum Überleben haben. Relativ wenig gefährdet sind auch die kleinen Firmen mit sortimentsmäßigen oder regionalen Marktnischen sowie die großen, zum Teil auch über die Grenzen hinaus orientierten und technisch auf dem neuesten Stand befindlichen Unternehmen. Gefahren könnten sich hingegen bei den mittelgroßen Firmen ergeben, die zu kapitalschwach und ideenarm sind, um mit den Spitzenunternehmen mitzuhalten, an denen sie sich zu orientieren versuchen.

dd) Faltschachteln

Die Norm DIN 55 405 definiert die Faltschachtel als „faltbare Schachtel, die aus einem Faltschachtelrumpf (Zarge) mit seitlicher, parallel zur Höhe verlaufender Verbindung (Klebekante = Fabrikkante) mit anhängenden Boden- und Deckelklappen bzw. anhängendem Einsteckboden und -deckel besteht". Neben dieser Standardfaltschachtel mit Einsteckverschluß, wie sie für das Verpacken von festen Körpern wie Flaschen, Tuben, Dosen sowie als Umverpackung für Beutel eingesetzt wird, gibt es noch eine ganze Fülle von Spezialformen; so z. B. einen Schachteltyp mit Schlitzverschluß an beiden Enden zum Verkleben, der für Schüttgüter verwendet oder mit einem Innenfutter versehen ist.

Die Faltschachtel wird, wie ihr Name besagt, als fertig zugeschnittene, zusammengefaltete Schachtel beim Verwender angeliefert und dann beim Abpacker, in der Regel in den Abpackprozeß integriert, verklebt, aufgerichtet, gefüllt und verschlossen. Da neben dem Schutz der verpackten Ware deren werbewirksame Präsentation bei der Faltschachtel eine besondere

Rolle spielt, müssen die Ausgangsmaterialen für ihre Herstellung, die Faltschachtelkartons, besonderen Anforderungen genügen.[29] Für die Bedruckbarkeit müssen neben der Oberflächengestaltung, der Oberflächenglätte, die Wasseraufnahmefähigkeit, die Ölabsorption, der Oberflächen-pH-Wert und die Oberflächenfestigkeit (Rupffestigkeit) den Bedingungen des überwiegend angewandten Offsetdruckes entsprechen. Dazu werden an die Gleichmäßigkeit der Kartondicke und die Restfeuchte Anforderungen gestellt. Von den mechanischen Eigenschaften spielt die Biegesteifigkeit sowohl in der Faltschachtelklebemaschine als auch im Abpackautomaten und bei der Lagerung eine vorrangige Rolle, die dazu führt, daß man Kartonqualitäten bevorzugt nach dem Kriterium Biegesteifigkeit einkauft. Insbesondere Druck- und Abfüllvorgänge bringen hohe mechanische Anforderungen: lagen in den fünfziger Jahren die Druckgeschwindigkeiten noch bei 3 000 Bogen pro Stunde, so sind sie heute auf rund 10 000 Bogen gestiegen. Moderne Abpackanlagen können heute bis zu 500 Faltschachtelzuschnitte in der *Minute* verformen, kleben, füllen und verschließen.

Nach Berechnungen des Fachverbandes[30] besteht der verbrauchte Faltschachtelkarton zu 80 % aus wiederaufbereitetem Altpapier, das zu 15 % aus Haushaltsabfall stammt. In Europa hat nur Italien einen noch höheren Anteil von Altpapierkarton (rund 95 %). Dies ist in erster Linie auf das geringe Holzaufkommen und die damit verbundenen hohen Holzpreise in diesem Land zurückzuführen. In Europa, insbesondere auch in der Bundesrepublik wird keine nennenswerte Steigerung des Anteils altpapierhaltiger Sorten mehr erwartet.[31]

Faltschachtelkarton wird in der Bundesrepublik zu etwa 80 % auch für Faltschachteln verwendet. Ein weiteres Einsatzgebiet sind Schallplattenhüllen. Rund 60 % der Faltschachteln werden heute im Non-food-Bereich eingesetzt; die restlichen 40 % im Food-Bereich. Noch vor rund 20 Jahren war das Verhältnis umgekehrt. Im Nahrungs- und Genußmittelbereich sind die wichtigsten Einsatzgebiete Tiefkühlkost (8,0 %), Zigaretten (9,4 %) und Süßwaren (9,7 %); im übrigen Bereich Pharmaka und Kosmetika (20,8 %), Haushalts- und Elektroartikel (7,7 %), Spielwaren und Industriebedarf (3,9 %). Bezogen auf Gesamt-Westeuropa verteilen sich die Anwendungsbereiche von Faltschachteln auf Nahrungsmittel und Zigaretten einerseits und Kos-

---

[29] W. Grebe, Die Packstoffe Papier, Karton und Pappe für die Verpackung, in: Rationalisierungs-Gemeinschaft Verpackung (Hrsg.), RGV-Handbuch Verpackung, Berlin, Loseblattsammlung, Kennziffer 3112.

[30] O. V., Faltschachteln — die verbraucherfreundlichen Verpackungen, in: Allgemeine Papier-Rundschau, 1984, Heft 48, S. 1406 f.

[31] G. Jacobs, Entwicklung von Nachfrage, Produktanforderungen und Produktionstechnik bei Faltschachtelkarton, in: Wochenblatt für Papierfabrikation, 1981, Heft 4, S. 113 ff.

metika, Pharmazeutika, Spielwaren, Küchengeräte und übrige Verwendungsbereiche andererseits etwa 50 : 50.[32]

Der Gesamtmarkt für Faltschachteln in Westeuropa wird für 1984 mit rund 2,8 Mio. t veranschlagt; der Export in Gebiete außerhalb Europas erreichte 0,5 Mio. t. In der Bundesrepublik waren 1984 rund 150 Betriebe mit etwa 10 000 Beschäftigten hauptsächlich mit der Herstellung von Faltschachteln beschäftigt. Erzeugt wurden davon rund 480 000 t mit einem Produktionswert von 1,6 Mrd. DM. Neben diesen Faltschachtelbetrieben im engeren Sinne sind schätzungsweise ebensoviele Kartonagenhersteller und Druckereien ständig oder gelegentlich mit der Erzeugung von Faltschachteln beschäftigt. Die Zahl der abpackenden Betriebe, die Faltschachtelkarton von den Erzeugern beziehen, „in-line" zu Schachteln verarbeiten und füllen, wird auf weitere 350 veranschlagt.[33]

Die Unternehmen der Faltschachtelindustrie sind — mit wenigen Ausnahmen — dem mittelständischen Bereich zuzuordnen: 1983 hatten einen Umsatz[34] von

über 34 Mio. DM	10 % der Betriebe
16 - 34 Mio. DM	27 % der Betriebe
6-16 Mio. DM	25 % der Betriebe
bis 6 Mio. DM	38 % der Betriebe.

Nach Italien und Großbritannien ist die Bundesrepublik der größte Faltschachtelverbraucher; bezogen auf den Kopf der Bevölkerung nimmt sie in Europa eher einen Mittelplatz ein (Tab. 10).

In der Bundesrepublik Deutschland stieg der Verbrauch im Zeitraum 1972 bis 1984 um rund 3 % jährlich (Tab. 11). Der Faltschachtelsektor bildete damit einen der expansivsten Teilmärkte der Papierverarbeitung. Während für Westeuropa insgesamt über in den letzten zehn Jahren praktisch stagnierende Märkte berichtet wird, wurde in der Bundesrepublik noch ein ansehnliches Wachstum erreicht, das allerdings durch die beiden konjunkturell hervorragenden Jahre 1983 und 1984 etwas überzeichnet wird. Dieses Wachstum wurde in erster Linie ermöglicht durch das Erschließen neuer Anwendungsgebiete im Food-Bereich — hierzu gehört die Tiefkühlkost —, aber auch im Non-Food-Bereich, der die Verwendung von Faltschachteln als Verpackung für Nahrungs- und Genußmittel inzwischen an Bedeutung weit übertrifft.

---

[32] J. Kalish, Quality is key in folding boxboard, in: pulp and paper international 1985, Heft 3, S. 47 ff.

[33] Länderprofil Deutschland, in: Europa Birkner Marketing Report, Band 2, Hamburg 1979, S. 101.

[34] Nach Angaben des Fachverbandes Faltschachtel-Industrie e. V.

Tabelle 10

Faltschachtelmarkt in Westeuropa, 1983

Land	Pro-Kopf-verbrauch (kg)	Zahl der Faltschachtel-hersteller
Österreich	8,9	15
Belgien	7,5	9
Dänemark	13,4	28
Finnland	7,2	19
Frankreich	6,6	153
BR Deutschland	7,5[a)]	150
Irland	6,8	6
Italien	9,2	200
Niederlande	1,9	30
Norwegen	5,1	6
Schweden	13,4	53
Schweiz	10,1	33
Verein. Königreich	8,5	92

a) Korrigiert, die Quelle nennt 5,7 kg.

Quelle: ECMA; zitiert nach pulp and paper international, 1984, Heft 9, S. 25.

Die Auslandsnachfrage ist zu einer beachtlichen Nachfragedeterminante für die deutschen Faltschachtelhersteller geworden; die Exportquote ist in den letzten Jahren kontinuierlich angestiegen und erreichte 1984 nahezu ein Fünftel. Für diese Erfolge dürfte in erster Linie die hohe Qualtität der deutschen Produkte die Ursache sein. Die Abnehmer entstammen in erster Linie dem EG-Raum; in diese Staaten gingen 1984 rund drei Viertel der deutschen Lieferungen. Ausländische Lieferanten haben zwar eine tendenziell steigende, insgesamt jedoch bescheidene Stellung am deutschen Markt. Die deutschen Importe kommen hauptsächlich aus dem EG-Raum (70 %).

Bei der Beurteilung der künftigen Chancen für die deutsche Faltschachtelindustrie kann davon ausgegangen werden, daß diese funktionsgerechte und werbewirksame Verpackung von Substitutionsvorgängen nur in sehr begrenztem Ausmaß bedroht wird. Eine — wenn auch geringe — Wachstumsreserve liegt noch in der Zunahme der kleiner werdenden Haushalte. Ein- und

Tabelle 11

Erzeugung, Außenhandel und Inlandsversorgung bei Faltschachteln
(1000 t bzw. %)

Merkmal	1972	1976	1980	1982	1984
Erzeugung[a)]	295,1[b)]	350,7[b)]	391,5	397,1	473,8
Einfuhr[c)]	15,0	18,4	24,9	28,6	31,4
Ausfuhr[c)]	25,0	31,8	39,5	70,8	91,4
Inlandsversorgung	285,1	337,3	376,9	354,9	413,8
Importquote (%)	5,3	5,5	6,6	8,1	7,6
Exportquote (%)	8,5	9,1	10,1	17,8	19,3

a) Die Produktionszahlen wurden den statistischen Übersichten des HPV entnommen. - b) Einschließlich Flüssigkeitspackungen. - c) Statistische Melde-Nr. 4816 960 bzw. 4816 35.

Quelle: Hauptverband der Papier, Pappe und Kunststoffe verarbeitenden Industrie (HPV), Statistik, verschiedene Jahrgänge sowie Statistisches Bundesamt, Fachserie 7/2.

Zweipersonenhaushalte benötigen pro verbrauchter Einheit mehr Verpackung. Hinzu kommt, daß die Nachfrage nach „vorgefertigter" Nahrung noch weiter steigen dürfte, insbesondere in Form der „Seniorenkost". Andererseits ist die Zahl der Bevölkerung in der Bundesrepublik sowie in einigen anderen benachbarten Industrieländern rückläufig. Insgesamt ist jedoch noch ein Wachstum der Nachfrage nach Faltschachteln zu erwarten. Im internationalen Wettbewerb hat die deutsche Faltschachtelindustrie sich bisher gut behaupten können, nicht zuletzt durch den konsequenten Einsatz altpapierhaltiger Kartons, ideenreicher Schachtelkonstruktionen und qualitativ hochwertiger Produkte. Deshalb ist davon auszugehen, daß sie auch auf Auslandsmärkten noch weitere Erfolge erzielen wird.

Der fortschreitende Einsatz der Elektronik ermöglicht abpackenden Betrieben aus Industrie und Handel in zunehmendem Maße, den Bestand an vorgefertigten Packmitteln nahe am Optimum zu führen; die Lagerhaltungsfunktion für die Packmittel geht damit an deren Hersteller über. Damit ist der flexible, unbedingt zuverlässige Vorlieferant gefragt, der auch in der Lage ist, kleinere Lose rasch zu liefern. Damit ergeben sich auch künftig Chancen für kleinere Betriebe.

ee) Flüssigkeitspackungen aus Karton

Flüssigkeiten in Kartonverpackungen abzufüllen, ist ein bereits seit den dreißiger Jahren bekanntes Verfahren, das damals mit becherähnlichen Kartonpackungen, die anschließend paraffiniert wurden, arbeitete. Dieses System wurde in den fünfziger und sechziger Jahren durch die Karton-Kunststoff-Kombination abgelöst. Hier war es gut möglich, die Anforderungen an Hygiene nach dem Pasteurisieren zu erfüllen und Rekontaminationen weitgehend zu verhindern. Es findet auch heute noch verbreitet Anwendung, z. B. bei pasteurisierter Milch. In den sechziger Jahren wurde dann aber mit der Entwicklung voll aseptisch arbeitender Abfüllsysteme begonnen. Dies erforderte einen beträchtlichen wissenschaftlich-technischen Aufwand, dessen Ziel es war, lang haltbare Packungen zu schaffen, deren Inhalt keimfrei ist. Dazu wurde die altbewährte Methode abgelöst, die die Verfahrensschritte Einfüllen — Verschließen — Sterilisieren des gefüllten Behälters umfaßte. Bei der „neuen" Methode werden Packmittel und Füllgut separat sterilisiert, dann wird in einem aseptischen Raum das Füllgut eingefüllt und die Packung porendicht verschlossen. Die Vorteile dieses Verfahrens liegen in wesentlich kürzeren Sterilisationszeiten und der damit verbundenen Energieeinsparung, der schonenderen Behandlung des Füllgutes sowie in der Möglichkeit, auch (billigere) Verpackungsmaterialien zu verwenden, welche die hohen Temperaturen und die Feuchtigkeit der Direktsterilisation nicht aushalten.[35]

Die Materialien für die „moderne" Sterilisierungsmethode basieren auf Karton und sind Verbundwerkstoffe. Üblich ist, bei der aseptischen Flüssigkeitsverpackung ein Aufkaschieren von Kunststoff und manchmal Aluminiumfolie; letztere wird zwishcen zwei Kunststofflagen, in der Regel Polyethylen, eingebettet und gewährleistet so die erforderlichen Dichtigkeitseigenschaften der Packung, vor allem bei Zitrussäften.

Die Füllmaschinen werden durchweg von den Herstellern des Verpackungsmaterials hergestellt und/oder vertrieben; das Prinzip des Systemverkaufs dominiert. Es gibt grundsätzlich zwei Ausführungsformen von Maschinen für die quaderförmigen Packungen: Die Maschinen arbeiten entweder von der Rolle oder vom Zuschnitt. Es gibt auch ein System, das zunächst von der Rolle arbeitet und dann über Zuschnitte die Verpackung formt. Die aseptische Flüssigkeitsverpackung aus Karton ist heute ein wichtiger Faktor für das Vermarkten flüssiger Nahrungsmittel.

Die Entwicklung dieser aseptischen Verpackungssysteme liegt in ihren Anfängen in Schweden; ein schwedischer Konzern ist auch heute noch weltweit Marktführer. In den USA steckt die Marktentwicklung für aseptische Kartonverpackungssysteme noch ziemlich in den Anfängen. Hier geneh-

[35] W. Schoch, Aseptische Kartonpackungen in der Lebensmittelverpackung, in: Deutsche Papierwirtschaft, 1985, Heft 2, S. T 65 ff.

migte die Food and Drug Administration im Januar 1981 die Verwendung von Wasserstoffsuperoxyd für die Sterilisierung der Packmittel; eine wichtige Voraussetzung für die Einführung der aseptischen Flüssigkeitspackung war damit erfüllt. Die Bundesrepublik ist hingegen eines der führenden Länder bei aseptischen Flüssigkeitspackungen aus Karton. Die Tatsache, daß nur wenige Unternehmen (weltweit) auf diesem Sektor tätig sind, erschwert auch die Erfassung des Marktes anhand der amtlichen statistischen Daten.

Die Nachfrage nach Flüssigkeitspackungen aus Karton konzentriert sich auf drei wichtige Anwendungsbereiche: Milch und Milchprodukte, Fruchtsäfte und Fruchtnektare sowie kohlensäurefreie Fruchtsaftgetränke. Da die Grenze der Kartonverpackungen dort liegt, wo unter Druck abgefüllt wird oder wo das Füllgut einen Innendruck bei der Lagerung entwickelt, bedeutet dies, daß sie für alle kohlensäurehaltigen Getränke nicht in Frage kommen und ihnen etwa 80 % des Getränkemarktes verschlossen bleiben.

Auf dem Sektor Milch und Milchprodukte liegt der traditionsreichste Markt. Im Jahr 1984 wurden in der Bundesrepublik 3,6 Mrd. kg Konsummilch produziert; davon 3,15 Mrd. kg (88 %) in abgepackter Form. Davon entfallen 1,6 Mrd. kg, also rund 50 % auf H-Milch, sind also „systembedingt" in aseptischen Kartonverpackungen verpackt. Insgesamt werden rund 90 % der abgepackten Konsummilch in der Bundesrepublik heute kartonverpackt. Bei der aseptisch verpackten H-Milch kann von einem Marktvolumen in einer Größenordnung von 1,7 Mrd. Packungen ausgegangen werden; hinzu kommen schätzungsweise 1,5 Mrd. Packungen für pasteurisierte Milch.

Auf dem Markt für Kaffeesahne konnte sich der Karton ebenfalls zunehmend durchsetzen: 1984 kamen bereits 19 % aller in den Haushalten verwendeten Sahneerzeugnisse in Kartonverpackungen in den Handel.[36]

Ein zweiter wichtiger Anwendungsbereich ist der wachsende Markt für Fruchtsäfte und Fruchtnektare. Der Pro-Kopf-Verbrauch wuchs in der Bundesrepublik von 1972 bis 1984 von 12,3 auf 23,5 l (einschließlich Gemüsesäfte). In diesem nahezu kontinuierlich expandierenden Markt stieg der Anteil der Kartonverpackungen inzwischen auf 47 %; handelsüblich sind Inhalte von 0,2, 0,25, 0,5 und 1 Liter. Nach Firmenschätzungen liegt der Verbrauch von Kartonpackungen hier bei rund 2 Mrd. Stück. Hinzu kommen noch die „stillen", d. h. kohlensäurefreien Fruchtsaftgetränke; hier wird der Pro-Kopf-Verbrauch auf rund 6 Liter veranschlagt,[37] die Zahl der Packungen wegen der Vielzahl von Kleingebinden auf rund 2,3 Mrd. Stück.

Nach Angaben des Umweltbundesamtes stieg die Menge der in Block- und Hypapackungen abgefüllten kohlensäurefreien Erfrischungsgetränke von

[36] O. V., Tetra Pak 1984: Verhalten zufrieden, in: neue verpackung, 1985, Heft 4, S. 70.

[37] K. H. Lothar, Gesundheit mit Genuß, in: Packung & Transport, 1984, Heft 12, S. 26 ff.

1972 bis 1984 von 61,2 auf 1 081 Mio. Liter und damit der Anteil am gesamten Verbrauch dieser Getränke von 6,2 % auf 44,9 %. Dadurch wurde vor allem die Einweg-Glasflasche substituiert, deren Anteil im gleichen Zeitraum von 43,9 % auf 25,8 % sank. Auch die Einweg-Kunststoff-Flasche, die 1974 immerhin 12 % erreicht hatte, ist inzwischen praktisch zur Bedeutungslosigkeit zurückgedrängt worden (1984: 1,7 %). Die aus Block- und Hypapackungen resultierenden Abfallmengen werden vom Umweltbundesamt für 1983 mit 34 300 t beziffert.[38]

Der Absatz von Wein in Karton hat zwar in jüngster Zeit beachtliche Zuwachsraten erzielt und ist erfolgreicher als das „Bag-in-box"-System; die marktmäßige Bedeutung ist aber noch relativ gering zu veranschlagen. Rund 2,2 % der im Inland abgesetzten Weine werden in Karton verpackt, dabei überwiegen ausländische Landweine sowie die aromatisierten Weine Sangria und Glühwein. Nach Angaben des Umweltbundesamtes wurden 1984 insgesamt 13,3 Mio. Blockpackungen für Wein eingesetzt, davon 11,5 Mio. oder 86 % für ausländische Erzeugnisse. Der daraus resultierende Verpackungsanfall wird mit 400 t beziffert.[39]

Da der für die Flüssigkeitspackungen aus Papier und Pappe bedeutendste Teilmarkt des Getränkemarktes, der Milchmarkt, weitgehend stagniert, bemühen sich die Hersteller von Flüssigkeitsverpackungen, auch Füllgüter mit niedrigerer Viskosität zu verpacken. So gelang erstmals die Abfüllung und Vermarktung von Apfelmus ebenso wie von Tomatenpüree. Das Problem lag dabei darin, die Packung zu verschließen, ohne daß Keime eindringen konnten. Dies konnte inzwischen gelöst werden, so daß mit der Expansion auf weitere „schwierige" Füllgüter gerechnet werden kann.

Die Verfolgung von Produktion und Außenhandel bei Flüssigkeitspackungen aus Karton ist für die Jahre vor 1981 — dies wurde weiter oben bereits angedeutet — wegen Unzulänglichkeiten in der Statistik nicht möglich.[40] Im Zeitraum 1981 bis 1984 stieg die Produktion von „Schachteln für Flüssigkeiten" kräftig an:

1981:	131 200 t
1982:	150 300 t
1983:	170 100 t
1984:	179 200 t.

[38] Umweltbundesamt, Verpackungen für Getränke, 4. Fortschreibung 1970-1984, Texte 28/85.

[39] Umweltbundeamt, Verpackungen für Getränke, a.a.O., S. 176 ff.

[40] Bis 1975 waren Flüssigkeitspackungen nach der WI 1970 bei „Faltschachteln aus Karton" enthalten. Nach der WI 1975 wurden sie teilweise bei Tüten und Beuteln erfaßt. Erst mit der GP 1982 dürfte die statistische Erfassung, was die Produktion anlangt, zufriedenstellend gelungen sein. Beim Außenhandel werden die Flüssigkeitspackungen je nach System unter verschiedenen Positionen (Faltschachteln, Verpackungszuschnitte) mitgeführt.

Nach Angaben des Umweltbundesamtes stieg der Verbrauch von „Block- und Hypapackungen" für kohlensäurefreie Erfrischungsgetränke und Wein von 162 Mio. Stück (1972) auf 1,68 Mrd. Stück (1983).[41]

Bei der Beurteilung der Zukunftschancen des Marktes für Flüssigkeitspackungen aus Karton ist davon auszugehen, daß der Getränkemarkt bereits heute in Teilbereichen von Sättigungserscheinigungen geprägt ist. Dies gilt in erster Linie für den Markt für Konsummilch, auf dem die Kartonverpackung sich am weitesten hat durchsetzen können. Unter Berücksichtigung der demographischen Entwicklung — abnehmender Anteil der überdurchschnittlich Milch konsumierenden jüngeren Jahrgänge — liegt auch ein Rückgang des Milchkonsums durchaus im Bereich des Möglichen. Da auch die Verdrängung anderer Packungen durch den Karton weitgehend abgeschlossen ist, dürften sich hieraus keine nennenswerten Wachstumsimpulse mehr ableiten. Chancen bestehen noch bei Milchspezialitäten wie Kaffeesahne.

Günstiger stehen die Aussichten bei Fruchtsäften und Nektaren, obwohl die Deutschen hier nach den Amerikanern bezüglich des Konsums bereits an der Weltspitze stehen. Mit immer „exotischeren" Säften und Saftkombinationen, Multivitaminsäften und -nektaren, Diät- und Fitnessgetränken ist dieser Markt jedoch, unterstützt von der „Gesundheitswelle", noch kräftig in Bewegung und „kreativ". Außerdem besteht hier auch durchaus die Aussicht, daß sich die Kartonverpackung noch weitere Marktanteile erobert.

Bei stillen Fruchtsaftgetränken und Limonaden, die bis Anfang der achtziger Jahre außerordentlich hohe Wachstumsraten (der Produktion) aufzuweisen hatten und dadurch erhebliche Wachstumsimpulse auf den Markt für Flüssigkeitspackungen ausübten, scheint sich eine deutliche Wachstumsverlangsamung abzuzeichnen. Sie wird in demographischen Gegebenheiten (Kinder gelten als „Intensiv-Verwender") ebenso gesehen wie in einem Abklingen der Markterschließungsphase.

Die traditionellen inländischen Abnehmermärkte sind also nicht mehr durch eine ausgeprägte Wachstumsdynamik gekennzeichnet. Insbesondere haben die verbrauchsfördernden Effekte bei den Getränken, die nach Untersuchungen der Verpackungshersteller sich aus der Einführung der Kartonverpackungen ergeben haben sollen,[42] an Bedeutung verloren. Weitere Wachstumschancen ergeben sich daher einmal aus Exporten, zum anderen durch Diversifizierung in andere Bereiche.

---

[41] Umweltbundesamt, Verpackungen für Getränke, a.a.O., S. 29.

[42] So notiert beispielsweise ein Unternehmen: „Mit der Kartonverpackung konnten völlig neue Zielgruppen dem Bereich alkoholfreier Getränke zugeführt werden" und „Eine Untersuchung zeigte, daß die Marktdurchsetzung der H-Milch eine positive Wirkung auf den Milchkonsum hatte". Zitiert nach: Tetra Pak 1984: Verhalten zufrieden, a.a.O.

Der Weltmarkt für Flüssigkeitspackungen aus Karton, insbesondere für aseptische Packungen, ist bei weitem noch nicht gesättigt. Gerade in der Dritten Welt, wo an eine lückenlose Kühlkette vorerst nicht zu denken ist, werden große Absatzmöglichkeiten gesehen. Hier kann die Verpackung wesentlich dazu beitragen, eine bessere Versorgung der Bevölkerung zu ermöglichen, da der Verderb der knappen Nahrungsmittel reduziert werden kann. Diese Märkte sind aber durch Exporte aus der Bundesrepublik nur zu erschließen; sobald sie eine ausreichende Größe und Dynamik entwickelt haben, können sie durch regionale Produktion besser bedient werden. Auf Dauer kann also der Export der Packungen ein Wachstum der deutschen Hersteller von Zuschnitten oder Rollen nicht garantieren, wohl aber eine Expansion bei den Herstellern von Systemkomponenten der Anlagen.

Angesichts dieser Konstellation liegt der Schwerpunkt der Aktivitäten bei den Herstellern der Flüssigkeitsverpackungen aus Karton bei der Diversifikation. Zunächst wird es darum gehen, die Anwendungsbereiche auf höher viskose Flüssigkeiten zu erweitern, später auch stückige Packgüter, wie z. B. Suppen oder Dessertspeisen, einzubeziehen. Unter diesen Aspekten erscheint der Markt als bei weitem noch nicht ausgeschöpft und durchaus wachstumsträchtig.

Einen gewissen Unsicherheitsfaktor für die künftige Entwicklung stellen die nicht auszuschließenden Eingriffe des Staates in den Markt für Getränkeverpackungen dar. Es ist derzeit noch nicht abzusehen, ob und in welchem Umfang sie den Bereich der Kartonverpackungen betreffen werden und welche Konsumentenreaktionen daraus resultieren können. Es kann aber davon ausgegangen werden, daß der Sektor der Milchverpackungen aus technisch-hygienischen Gründen und aus ernäherungspolitischen Gründen „tabu" sein wird. So bietet diese Verpackungsart einen Schutz vor Verlust von Vitaminen und Geschmack durch den Einfluß von Licht, insbesondere vor dem in Supermärkten üblichen fluoreszierenden Licht. Diskutiert wird dagegen eine Pfandregelung im Fruchtsaft- und Fruchtgetränkebereich, obwohl eine konsumdämpfende Wirkung aus gesundheitspolitischen Gründen sicherlich ebenfalls unerwünscht wäre. Wenn auch das Müllproblem nicht verkannt werden sollte, ist doch auch zu berücksichtigen, daß die Zellstoff-Fasern des Kartons auf Deponien verrotten. Nach heutigen Erkenntnissen sind Papierfasern im Verrottungsprozeß des Mülls unerläßlich. Diese Zersetzung geschieht allerdings langsamer als bei normalem Papier, da die dünne PE-Folie den Karton noch einige Zeit vor der Verrottung schützt. Polyethylen ist aber hinsichtlich seiner Zusammensetzung (Kohlenstoff, Wasserstoff) unbedenklich. Auch eine Verbrennung ist nicht umweltbelastend und verbrennungstechnisch vorteilhaft (dies gilt für Karton und Polyethylen), wenn keine sonstigen Beimischungen oder Additive vorhanden sind. An dem Ersatz der (im übrigen problemlosen) Aluminiumfolie wird seitens der Hersteller gearbeitet. So geht von den Flüssigkeitspackungen aus Karton zwar ein Anfall von Müll aus, dieser ist aber wenigstens hinsichtlich Lagerung und Beseitigung für die Umwelt ungefährlich.

Technisch möglich wäre auch eine Wiederaufbereitung der Kartonverpackungen, wie dies auch mit den Stanz- und Rollenabfällen in den Betrieben geschieht. Problematisch wird dieses Recycling aber durch die Beimischungen zu anderen gemischten Altpapieren, vor allem in Verbindung mit anderen Verbundstoffen. Hier sind Versuche im Gange, aus derartigen Verbundstoffgemischen neue Werkstoffe zu entwickeln. Idealerweise würde eine getrennte Erfassung der Kartonverpackung in den Haushalten erfolgen, dies scheint jedoch aus Kostengründen (Nachsortierung, Zwischenlagerung) derzeit noch nicht vorstellbar.

3. Hygienepapierwaren

a) Definition und Ausgangsmaterialien

Der Term „Hygienepapierwaren“ ist kein fest umrissener Begriff. Er wird im folgenden als Sammelbegriff für die Produkte

- Toilettenpapier,
- Papiertaschentücher
- Windeln aus „Papier“,
- Küchentücher und -rollen,
- Binden, Tampons, Slipeinlagen,
- Bett-, Tisch- und sonstige Wäsche aus „Papier“

verwendet. In der amtlichen Statistik sind diese Produkte unter der Erzeugnisgruppe „Zellstoffwatte-, Filtrierpapier- und Kreppapierwaren“ zusammengefaßt. Mit diesen Bezeichnungen werden die beiden grundsätzlichen Ausgangs-„Papiere“ für die Herstellung von Hygienepapierwaren angesprochen: „Zellstoffwatte“ einerseits und „Kreppapier“ andererseits. Das ältere Kreppapier ist ein Papier, das maschinell in unregelmäßige Querfalten (Kreppfalten) gelegt ist. Dadurch werden die Oberfläche vergrößert und Saugfähigkeit und Arbeitsaufnahmefähigkeit gegenüber mechanischen Belastungen erhöht. Bei den Zellstoffwattewaren ist das Ausgangsmaterial ein „watteähnliches“ Erzeugnis in Form einer sehr lockeren Bahn, deren Flächengewicht durch Kreppung verdoppelt oder verdreifacht wird. Sie sind aber heute praktisch abgelöst durch das Tissue. Hier ist das Ausgangsprodukt ein sehr hochwertiges und feines Papier mit geschlossener Struktur, das nur wenig gekreppt wird. Es ist so dünn, daß es in *einer* Lage kaum zu verwenden ist. Je nach Anforderung wird die Zahl der Lagen daher vervielfacht. Die hohe Bedeutung, die Tissue als Ausgangsmaterial inzwischen erreicht hat, hat dazu geführt, daß sich diese Bezeichnung im internationalen Sprachgebrauch als Sammelbezeichnung für die Hygienepapierwaren eingebürgert hat.

Zwei weitere Materialien haben seit einigen Jahren bei der Herstellung von Hygienepapierwaren gewonnen: Zellstoff-Flocken (Fluff) und Vliese (Nonwoven). Die Zellstoff-Flocken bestehen aus gebleichtem Zellstoff. In Europa haben auch Flocken aus Holzstoff („Holzschliff"), insbesondere aus TMP (Thermomechanical Pulp), RMP (Refiner Mechanical Pulp) und CTMP (Chemical-Thermo-Mechanical Pulp), an Bedeutung gewonnen.[43] Diese Flocken werden durch Trockenmahlung von Zellstoff bzw. Holzstoff erzielt. Sie zeichnen sich durch eine besonders hohe Saugfähigkeit aus und werden daher vor allem für Windeln und für Artikel der Frauenhygiene verwendet.

Die Faservliese (Nonwovens) haben vielfältige Einsatzgebiete. In dem hier interessierenden Zusammenhang kommen vor allem leichtgewichtige Vliese aus synthetischen Fasern mit hydrophoben Eigenschaften in Frage.[44] Diese Nonwovens dienen vor allem als Deckmaterialien für Windeln und Artikel der Frauenhygiene.

Die Rückgewinnung (Recycling) von Zellstoff-Fasern aus Altpapier aus Hygienepapierwaren verbietet sich aus naheliegenden Gründen. Andererseits hat Altpapier als Faserquelle für die Erzeugung von Hygienepapieren ganz erheblich an Bedeutung gewonnen. In der EG liegt ihr Anteil am gesamten Rohstoffeintrag bei rund 40 %; der entsprechende Wert für die Bundesrepublik liegt geringfügig darunter.

b) Der westeuropäische Markt

Der Gesamtverbauch von „Tissue", also Hygienepapierwaren, lag 1984 in den ETS-Ländern[45] bei 2,66 Mio. t; dieser Verbrauch gliederte sich sortenmäßig wie folgt auf:

— Toilettenpapier .... 52,9 %
— Handtücher/Wischtücher für industrielle Zwecke ...... 12,0 %
— Küchentücher und -rollen .... 11,1 %

[43] L. Wettergren, Disposable diapers spur demand for TMP, in: pulp and paper international, 1979, Heft 4, S. 63 ff.

[44] O. V., In Konkurrenz zu Papier und Tissue: Wegwerfprodukte aus Nonwovens, in Papier + Kunststoff-Verarbeiter, 1983, Heft 12, S. 41 ff.

[45] European Tissue Symposium, umfaßt die zehn EG-Länder, Spanien, Portugal, Österreich, Finnland, Norwegen, Schweden und die Schweiz.

— Servietten .... 7,2 %
— Taschentücher .... 6,0 %
— Sanitärprodukte .... 4,8 %
— Gesichtstücher .... 2,9 %
— Sonstige .... 3,1 %

Toilettenpapier ist hier also das mit Abstand bedeutendste Produkt.[46] Gegenüber den USA nimmt sich der westeuropäische Markt recht bescheiden aus: Obwohl der ETS-Raum mit rund 350 Mio. bedeutend bevölkerungsreicher ist als die USA mit 235 Mio. Einwohnern, betrug dort der Verbrauch 1984 rund 4,4 Mio. t.

Innerhalb Europas ist die Bundesrepublik zwar der mit Abstand bedeutendste Verbraucher von Hygienepapierwaren, im Pro-Kopf-Verbrauch rangiert sie jedoch nur im Mittelfeld. Hier führt mit weitem Abstand Schweden mit einem Verbrauch[47] von 18,1 kg/Einwohnen und Jahr (Vgl. Tab. 12). Generell ist zu beobachten, daß der Verbrauch von Hygieneartikeln aus Papier, Fluff und/oder Nonwovens in Skandinavien wesentlich weiter verbreitet ist als in den kontinentaleuropäischen Ländern. Zudem zeigen sich auch gewisse Verbrauchsbesonderheiten: So gilt die Bundesrepublik Deutschland als besonders hoch entwickeltes Verbrauchsgebiet für Papiertaschentücher in Taschenpackungen. Im Vereinigten Königreich greift man vor allem zur großen Haushaltspackung mit Gesichtstüchern, wobei für derartige Verhaltensunterschiede vor allem historische Gründe maßgebend sind.[48]

Der grenzüberschreitende Warenverkehr bei Hygienepapierwaren ist, verglichen mit anderen Papier- und Pappewaren, intensiv. Dies gilt nicht so sehr für die Bundesrepublik Deutschland, die nach den USA (4,4 Mio. t) und Japan (1,1 Mio. t) zwar der drittgrößte Hersteller der Welt ist, aber mit rund 10 % recht bescheidene Außenhandelsquoten hat, als vielmehr für Finnland und Schweden als die größten Exporteure der Welt für diese Artikel sowie Frankreich und die Schweiz als die bedeutendsten Importeure.

---

46 Zu beachten ist, daß Fluff- und Nonwovenprodukte im Prinzip nicht erfaßt werden, bei einigen Ländern aber enthalten sind. Deshalb ist die Erfassung von Artikeln der Frauenhygiene und von Windeln unvollständig.

47 Zahlen für 1983, nach: o. V., Tissue market strengthens, in pulp and paper international, 1984, Heft 7, S. 84 ff.

48 O. V., What's the future for the European market?, in: pulp and paper international, 1981, Heft 9, S. 36 ff.

Tabelle 12

Tissueverbrauch in Westeuropa, 1984

Land	Verbrauch 1000 t	Verbrauch kg/Einwohner[a)]	Importquote	Exportquote
Belgien/Luxemburg	83	5,7	12	21
Dänemark	53	13,9	85	47
Frankreich	274	6,0	28	13
BR Deutschland	613	9,4	9	10
Griechenland	64	8,2	3	31
Italien	193	6,2	32	26
Niederlande	155	7,8	14	10
Verein. Königreich	471	7,6	13	2
Spanien	163	3,2	2	13
Portugal	29	2,8	-	29
Finnland	70	10,8	0	61
Schweden	144	18,1	3	45
Norwegen	26	10.5	31	18
Österreich	64	7,1	20	47
Schweiz	133	10,6	59	37
USA	4475	18,1	1	0

a) 1983

Quelle: pulp and paper international, verschiedene Hefte; Berechnungen des Ifo-Instituts.

c) Nachfrage, Produktion und Außenhandel in der Bundesrepublik Deutschland

Nach den Ergebnissen der amtlichen Statistiken hat der Verbrauch von Kreppapier- und Zellstoffwattewaren im Betrachtungszeitraum ständig zugenommen (Tabelle 13). Dabei hat sich der Außenhandel kräftig intensiviert: Die Importquote, vor allem aber die Exportquote sind kräftig gestiegen.

Tabelle 13

Erzeugung, Außenhandel und Inlandsverfügbarkeit bei Kreppapier- und Zellstoffwattewaren
(in 1000 t bzw. %)

Merkmal	1972	1976	1980	1982	1984
Erzeugung	333,0	460,2	703,8	802,0	874,8
Einfuhr	22,4	53,7	86,5	118,2	126,8
Ausfuhr	14,2	32,3	87,2	169,0	225,7
Inlandsverfügbarkeit	341,2	481,6	703,1	751,2	775,9
Importquote (%)	6,6	11,2	12,3	15,7	16,3
Exportquote (%)	4,3	7,0	12,4	21,1	25,8

Quelle: Berechnungen des Ifo-Instituts nach Statistisches Bundesamt, Fachserien 4/3.1 und 7/2.

Seit Beginn der achtziger Jahre übertreffen die Ausfuhren die Einfuhren, Der Außenhandel wird zum überwiegenden Teil mit den EG-Ländern getätigt; 1984 waren es bei den Einfuhren zwei Drittel und bei den Ausfuhren drei Viertel. Sortimentsmäßig konzentriert sich, gemessen an den Mengen, der Außenhandel auf Toilettenpapier und Windeln. Gerade im letztgenannten Produktbereich sind die in der Bundesrepublik ansässigen Hersteller auf dem Weltmarkt recht erfolgreich und an zukunftsträchtigen Regionalmärkten gut eingeführt. So gingen 1984 beispielsweise rund 14 % der entsprechenden deutschen Exporte in die arabischen Länder und Scheichtümer. Allerdings darf nicht übersehen werden, daß ein beträchtlicher Teil der Exporte (auch der Importe) auf strategische Entscheidungen der in der Bundesrepublik mit Produktionsstätten vertreten internationalen Unternehmen zurückzuführen ist. Diese haben für bestimmte Produkte meist einen oder wenige Standorte, von denen sie dann einen internationalen Markt beliefern. Etwa die Hälfte des europäischen Tissue-Produktionspotentials in Europa entfällt auf acht Unternehmensgruppen; auf die beiden größten allein mehr als ein Viertel.

Die Zahl der in der Bundesrepublik Deutschland mit der Produktion von Hygienepapierwaren befaßten Unternehmen ist relativ gering. Darauf deutet näherungsweise die Zahl der zur amtlichen Statistik meldenden Betriebe hin. Sie weist für das erste Quartal 1985 bei den einzelnen Erzeugnissen folgende Anzahl von Produktions*betrieben* aus:

Krepptoilettenpapier	7 Betriebe
Tissuetoilettenpapier	12 Betriebe
Zelltuchservietten und -tücher	11 Betriebe
Papiertaschentücher und Tücher zur Körperpflege	14 Betriebe
Windeln und Windeleinlagen	10 Betriebe
Binden, Tampons	9 Betriebe.

Berücksichtigt man, daß einzelne Unternehmen über mehrere Betriebe verfügen, so folgt daraus, daß am Markt nur jeweils wenige Anbieter aus dem Inland vertreten sind.

Auf der Nachfrageseite ist zu unterscheiden zwischen privaten Verbrauchern und institutionellen Abnehmern. Auf letztere dürften etwa 40 % des Inlandsverbrauchs entfallen. Die Bundesrepublik Deutschland gilt in Westeuropa als das Land mit dem dichtesten Netz von Vorschriften für Hygiene; die entsprechenden Vorschriften reichen vom Bundesseuchengesetz über die Arbeitsstättenverordnung bis hin zum Gaststättengesetz. So gibt es denn auch eine Fülle von Großabnehmern für Hygieneartikel, in erster Linie für Toilettenpapier und Papierhandtücher; Bundesbahn, Bundeswehr, Fluggesellschaften, Restaurantketten und Industriebetriebe seien hier beispielhaft genannt. Sie werden in der Regel von (meist herstellereigenen) Servicefirmen betreut, die auch entsprechende Spendenautomaten bereitstellen. Neuerdings übernehmen diese Servicefirmen entweder selbst oder in Kooperation mit anderen Betrieben bei Handtüchern und Putztüchern auch den Abtransport des benutzten Materials.

Der Markt für Großabnehmer ist durch einen starken Konkurrenzkampf gekennzeichnet, der sich fast ausschließlich über Preise und Serviceleistungen abspielt. Üblich ist es, die einzelnen Großaufträge auszuschreiben, wobei auch ausländische Lieferanten zum Zuge kommen. Dies ist auch ein Markt für die niedrigeren Qualitäten durch die Wahl dünnerer Papiere und/oder billigerer, z. B. hochaltpapierhaltiger, Sorten. Hier bestehen auch noch Absatzmöglichkeiten für Kreppapiere.

Der private Markt für Hygienepapierwaren (Tab. 14) ist — gemessen an den Ausgaben der privaten Haushalte — im Zeitraum 1973 bis 1983 um rund 130 % gewachsen. Nach Ausschaltung der Preissteigerungen dürfte der Zuwachs bei rund 50 % gelegen haben; dies entspricht immerhin einem jährlichen Wachstum von 4 %.

Die Sortimentsstruktur des Verbrauchs ist von einigen bemerkenswerten Tendenzen gekennzeichnet: So hat sich zum einen bei Toilettenpapier der Marktschwerpunkt von Krepp zum Tissue verlagert, zum anderen haben Windeln ihren Anteil an den Käufen der Verbraucher vergrößert. Derartige Verschiebungen sind aber, dies gilt vor allem für Windeln, nicht nur Folgen einer mengenmäßigen Ausweitung der Nachfrage, sondern es spiegelt sich darin auch der Übergang zu höheren Qualitäten wider.

Tabelle 14

Der Hygienepapiermarkt in der Bundesrepublik Deutschland

(Ausgaben der privaten Haushalte[a] in %)

Jahr	Insgesamt (Mio. DM)	Taschentücher	Binden, Tampons, Slipeinl.	Windeln	Küchentücher	Tissue-Toilettenpapier	Krepp-Toilettenpapier	Sonstiges
1973[b]	1 300	19	20	11	5	14	24	7
1974	1 360	19	20	19	6	17	13	6
1975	1 620	18	20	20	6	18	12	6
1976	1 635	18	19	21	7	19	9	7
1977	1 757	17	19	23	8	20	6	7
1978	1 975	15	19	24	9	22	5	6
1979	2 270	15	19	24	9	24	4	5
1980	2 720	15	18	24	9	27	3	4
1981	3 055	14	16	25	9	28	3	5
1982	3 180	14	16	26	9	27	3	5
1983	3 025	15	19	26	8	25	.	7[c]

a) Ohne Industrie und Großverbraucher. - b) Teilweise geschätzt. - c) Einschließlich Krepp-Toilettenpapier.

Quelle: Pressemitteilungen verschiedener Firmen.

Der Absatz der Hygieneprodukte aus Papier an den Endverbraucher erfolgt zum überwiegenden Teil über Großfilialisten des Lebensmittelhandels, Verbrauchermärkte sowie Drogeriemärkte, wobei vor allem letztere in den letzten Jahren als Absatzmittler erheblich an Bedeutung gewonnen haben. Verstärkt seit Beginn der achtziger Jahre erfolgte auch bei Hygienepapierwaren der Übergang vom Herstellermarken-Artikel zu „weißer Ware" und Handelsmarken. Dies war bei den einzelnen Sortimenten unterschiedlich stark ausgeprägt. Teilweise wurden für die „No names" billigere Qualitäten aus dem Ausland importiert, teilweise wurden sie von den Herstellern der Markenartikel selbst geliefert, die dadurch verhindern wollten, weitere Marktanteile einbüßen zu müssen. Inzwischen scheinen sich die Anteile zwischen „No names" und Markenartikeln wieder etwas stabilisiert zu haben. Auf den besonders umkämpften Teilmärkten Tissue-Toilettenpapier, Taschentücher und Küchentücher lag der Anteil der weißen Ware zu Beginn des Jahres 1985 bei rund 53 %. Relativ wenig Bedeutung haben die „No names" auf dem Sektor Frauenhygiene erreicht.

d) Entwicklung in wichtigen Teilbereichen

aa) Toilettenpapier

Der Markt für Toilettenpapier in der Bundesrepublik kann als völlig erschlossen gelten. Trotzdem wächst er noch, wenn auch mit relativ bescheidenen Raten. Da die Bevölkerung praktisch stagniert, muß dieses Wachstum durch einen höheren Konsum des Einzelnen (z. B. durch „zweckentfremdete Verwendung" etwa als Wischtuch oder Taschentuch) verursacht worden sein.

Auffällig ist die starke Verlagerung von Krepp zu Tissue. Während letzteres noch ein ansehnliches Wachstum des Marktes zu verzeichnen hatte (Tab. 15), zeigten sich bei jenem kräftige Konsumrückgänge (Tab. 16). Zudem wird diese „billige" Qualität zunehmend aus dem Ausland bezogen; in erster Linie aus den Niederlanden, aus Italien, Österreich und Schweden.

Neben diesen Verschiebungen ist auch ein Streben zur Schaffung von „phantasievolleren" Produkten in bezug auf Farbe, Dekor, Parfümierung, auch Feuchttoilettenpapier, festzustellen.

Tabelle 15

Erzeugung, Außenhandel und Inlandsverfügbarkeit bei Tissue-Toilettenpapier
(in 1000 t bzw. %)

Merkmal	1976	1980	1982	1984
Erzeugung	72,7	151,5	189,6	222,4
Import	13,8	27,0	33,5	36,5
Export	3,0	6,9	16,4	20,7
Inlandsverfügbarkeit	83,5	171,6	206,7	238,2
Importquote (%)	16,5	15,7	16,2	15,3
Exportquote (%)	4,1	4,6	8,6	9,3

Quelle: Berechnungen des Ifo-Instituts nach Statistisches Bundesamt, Fachserie 4/3.1.

Tabelle 16

Erzeugung, Außenhandel und Inlandsverfügbarkeit bei Krepp-Toilettenpapier
(in 1000 t bzw. %)

Merkmal	1976	1980	1982	1984
Erzeugung	118,4	98,1	67,3	59,7
Import	7,9	9,7	15,1	13,9
Export	5,0	7,1	1,9	8,4
Inlandsverfügbarkeit	121,3	100,7	80,5	65,2
Importquote (%)	6,5	9,6	18,8	21,3
Exportquote (%)	4,2	7,2	2,8	14,1

Quelle: Berechnungen des Ifo-Instituts nach Statistisches Bundesamt, Fachserien 4/3.1 und 7/2.

bb) Taschentücher

Papiertaschentücher gehören zu den ältesten Hygienepapier-Produkten; die Bundesrepublik gilt als besonders fortgeschrittenes Verbraucherland, was auch bedeutet, daß der Markt weitgehend gesättigt ist, nachdem sich das Papiertuch gegenüber dem Textiltuch, zumindest in „Schnupfenzeiten", weitgehend durchgesetzt hat. Hierzu waren einige gesellschaftliche Konventionen zu überwinden, was durch entsprechende Verpackungen mit ermöglicht wurde. Reichlich drei Viertel der Bevölkerung hat Papiertaschentücher nicht nur gelegentlich, sondern regelmäßig zur Hand.[49] In dem restlichen Viertel wird noch ein gewisses Marktpotential gesehen.

Die an Bedeutung noch gewinnende Abgabe in Großgebinden führt dazu, daß die Hersteller zunehmend von lagerzyklischen Vorgängen nicht nur beim Handel, sondern auch beim Verbraucher betroffen werden. Anfang 1982 wurden immerhin fast 60 % aller Mengen in Groß- und Mitteleinheiten abgesetzt.

Der Außenhandel mit Papiertaschentüchern hat tendenziell an Bedeutung gewonnen (Tabelle 17), dabei übertreffen die Ausfuhren mengenmäßig die Einfuhren beträchtlich. Die Importe kommen zu mehr als 50 % aus Österreich; daneben hat Frankreich als Lieferant noch Bedeutung. Unter den Abnehmerländern dominieren mit rund drei Viertel die EG-Staaten.

Tabelle 17

Erzeugung, Außenhandel und Inlandsverfügbarkeit bei Papiertaschentüchern

(in 1000 t bzw. %)

Merkmal	1976	1980	1982	1984
Erzeugung	67,2	91,2	110,1	106,6
Import	6,3	10,1	10,5	8,4
Export	9,6	11,6	12,9	16,6
Inlandsverfügbarkeit	63,9	89,7	107,7	98,4
Importquote (%)	9,9	11,3	12,0	8,5
Exportquote (%)	14,3	12,7	11,7	15,6

Quelle: Berechnungen des Ifo-Instituts nach Statistisches Bundesamt, Fachserien 4/3.1 und 7/2.

[49] O. V., Markt mit hohem Volumen, in: food + nonfood, 1982, Nr. 7, S. 34 ff.

cc) Wisch- und Küchentücher

Vom gesamten Wischtüchermarkt entfallen rund 20 % auf Papier- und papierähnliche Produkte. Dabei wurden für Wisch- und Küchentücher (Wegwerfprodukte) auch Nonwovens (1980 rund 10 000 t) eingesetzt. Insgesamt handelt es sich bei diesen Hygienepapierwaren um ein relativ junges Produkt, das sich rasch durchsetzen konnte. Heute wird es in etwa zwei Drittel aller privaten Haushalte verwendet.

Für die Versorgung des deutschen Marktes mit Küchentüchern haben ausländische Lieferanten eine tendenziell steigende und inzwischen bemerkenswerte Bedeutung erreicht (Tab. 18). Die deutschen Einfuhren kommen in erster Linie aus den Niederlanden, die andererseits auch der wichtigste Abnehmer der im Vergleich zu den Importen unbedeutenderen deutschen Exporte sind.

Große Bedeutung haben Wischtücher für den gewerblichen Bereich erlangt; sie haben (textile) Putzlappen stark verdrängt. Der Gesamtmarkt für gewerbliche Wischtücher teilt sich 1985 wie folgt auf:[50]

— Maschinenputztücher .... 31,6 %
— Wischtücher aus Papier-, Tissue- und Nonwoven-Material .... 30,3 %
— Putzlappen .... 28,9 %
— Sonstige .... 9,2 %.

Tabelle 18

Erzeugung, Außenhandel und Inlandsverfügbarkeit bei Küchentüchern

(in 1000 t bzw. %)

Merkmal	1976	1980	1982	1984
Erzeugung	32,7	54,3	45,8	75,8
Import	3,5	10,6	13,9	16,6
Export	1,7	3,1	4,9	6,5
Inlandsverfügbarkeit	34,5	61,8	54,8	85,9
Importquote (%)	10,1	17,2	25,4	19,3
Exportquote (%)	5,2	5,7	10,7	8,6

Quelle: Berechnungen des Ifo-Instituts nach Statistisches Bundesamt, Fachserien 4/3.1 und 7/2.

[50] O. V., Kimberly-Clark forciert Wischtuchgeschäft, in: Allgemeine Papier-Rundschau, 1985, Heft 40, S. 1094.

dd) Windeln

Die Idee, Wegwerfwindeln aus Papier als Substitut für Textilwindeln einzusetzen, stammt aus Schweden und wurde in den vierziger Jahren zur Behebung des Mangels an Textilien und Waschmitteln realisiert. Bei Windeln aus Papier und papierähnlichen Stoffen sind grundsätzlich zwei Typen zu unterscheiden: Das traditionelle Produkt besteht aus einer Einlage für ein getrenntes wasserdichtes Höschen oder eine Deckschicht aus Folie (Vlies- oder Flockenwindel). Es wurde inzwischen überflügelt von einem Komposit-produkt, das aus einer anatomisch geformten Windellage mit wasserdichter Außenhülle besteht (Höschenwindel); neuere Produkte sind mit einem elastischen Beinabschluß ausgestattet. Für die Saugschicht hat bei beiden Windeltypen „Fluff" erheblich an Bedeutung gewonnen.

Bei rückläufigen Geburtenziffern konnte ein Wachstum des Wegwerfwindel-Marktes in der Bundesrepublik nur noch zu Lasten der Textilwindeln erfolgen. Hier werden aber inzwischen kaum noch Wachstumschancen gesehen. Allerdings hat sich mit Windeln für Kranke und Behinderte (sog. Erwachsenenwindeln) ein sehr wachstumskräftiger Markt herausgebildet.

Tabelle 19

Erzeugung, Außenhandel und Inlandsverfügbarkeit bei Windeln[a)]
(in 1000 t bzw. %)

Merkmal	1982	1984
Erzeugung	256,4	279,2
Import	22,8	32,8
Export	122,7	161,5
Inlandsverfüg-barkeit	156,5	150,5
Importquote (%)	14,6	21,8
Exportquote (%)	47,9	57,8

a) In der Produktionsstatistik sind Windeln erst seit 1982 gesondert ausgewiesen.

Quelle: Berechnungen des Ifo-Instituts nach Statistisches Bundesamt, Fachserien 4/3.1 und 7/2.

Der Außenhandel mit Windeln hat, bezogen auf Produktion bzw. Inlandsverfügbarkeit, große Bedeutung (Tab. 19). Bei der Beurteilung der Exporte ist zu beachten, daß einer der größten Hersteller von Windeln in der Welt, ein amerikanisches Unternehmen, den gesamten europäischen Markt von seinem Produktionsstandort in der Bundesrepublik beliefert. Deutsche Exporte gehen aber auch in die gesamte übrige Welt.

ee) Frauenhygiene

Das Marktsegment „Frauenhygiene“ umfaßt Binden, Tampons und als jüngstes Produkt Slipeinlagen. Dieses letztgenannte Erzeugnis hat diesem insgesamt nur noch schwach wachsenden Markt neue Impulse verliehen und beachtliche Zuwachsraten zu verzeichnen. Gegenwärtig dürfte sich der Markt (wertmäßig) etwa wie folgt aufteilen:[51]

Binden .... 40 %
Slipeinlagen .... 33 %
Tampons .... 27 %.

Tabelle 20

Erzeugung, Außenhandel und Inlandsverfügbarkeit bei Binden und Tampons[a)]
(in 1000 t bzw. %)

Merkmal	1982	1984
Erzeugung	29,8	24,9
Import	5,4	6,7
Export	2,5	2,1
Inlandsverfügbarkeit	32,7	29,5
Importquote (%)	16,5	22,7
Exportquote (%)	8,4	8,4

a) In der Produktionsstatistik sind Binden und Tampons erst seit 1982 gesondert ausgewiesen.

Quelle: Berechnungen des Ifo-Instituts nach Statistisches Bundesamt, Fachserien 4/3.1 und 7/2.

[51] O. V., Wieder mehr Markenprofil auf dem Hygienesektor, in: Allgemeine Papier-Rundschau, 1984, Heft 20, S. 613 f.

Der Anteil von Markenartikeln ist sehr hoch; „weiße Ware" hat bisher praktisch keine Bedeutung erlangt.

Der relativ hohe Importanteil (Tab. 20) ist, wie bei Windeln, im Zusammenhang mit den Produktionsstandorten internationaler Unternehmen zu sehen. Die Lieferungen kommen in erster Linie aus Belgien.

e) Entwicklungstendenzen

Die Hygienepapierwaren-Industrie zeigt in weiten Bereichen die Merkmale einer „reifen" Industrie mit weitgehend gesättigten Märkten. Der Pro-Kopf-Verbauch vieler Produkte verändert sich kaum noch und die Anwendungsquote ist hoch. Demzufolge könnte ein weiteres Wachstum des Marktes nur noch aus einer Zunahme der Bevölkerung resultieren. Dies ist jedoch nicht zu erwarten; das Statistische Bundesamt rechnet bis zum Jahr 2000 mit einem Rückgang der Gesamtbevölkerung (Deutsche und Ausländer) um 2 Millionen und der deutschen Bevölkerung sogar um mehr als 4 Millionen. Ähnliche Entwicklungen werden auch in den meisten anderen westeuropäischen Industriestaaten gesehen. Allerdings bestehen in vielen dieser Länder noch erhebliche Reserven zur Steigerung des Pro-Kopf-Verbrauchs; dies gilt auch für die Länder der Dritten Welt, bei denen jedoch nicht vorhandene oder zu geringe Kaufkraft den Anteil von Konsumenten nahe Null hält. So geht man davon aus, daß Westeuropa durch Überkapazitäten bei Hygienepapierwaren bereits jetzt gekennzeichnet ist und daß sich dieses Problem im Verlauf der achtziger Jahre durch geplante oder im Bau befindliche Neukapazitäten noch verschärfen wird.[52] Auch in der Bundesrepublik hat sich in den letzten Jahren gezeigt, daß der Wettbewerb angesichts der nur noch schwach wachsenden Märkte für „traditionelle" Hygienepapierwaren wesentlich schärfer geworden ist und sich bei den unkomplizierten Produkten im wesentlichen über den Preis abspielt. Andererseits hat sich aber auch herausgestellt, daß dem durch ein verbessertes Marketing begegnet werden kann. Hier waren deutsche Unternehmen den amerikanischen Großunternehmen mit breiter internationaler Erfahrung lange Zeit unterlegen. Schließlich verlangte die Betätigung auf Märkten, die Produkte für den Endverbraucher umfassen und zum größten Teil Markenartikel sind, ein spezielles Marketing-Know-how, das sich deutsche Hersteller erst erwerben mußten, während ihre amerikanischen Konkurrenten im Konsumgüter-Marketing wesentlich erfahrener waren. So hat die Ausrichtung auf den Endverbraucher auch dazu geführt, daß der Werbung in den Massenmedien im Marketing-Mix eine große Bedeutung beizumessen ist. Hygienepapier-

[52] J. Pearson, Tissue: overcapacity problems loom, in: pulp and paper international, 1985, Heft 7, S. 35 ff.

waren dürften die einzige Papierartikelgruppe darstellen, für die in Fernsehen und Rundfunk geworben wird. Es deutet einiges darauf hin, daß die deutschen Hersteller diesen Vorsprung der amerikanischen Wettbewerber weitgehend aufgeholt haben, wie es auch offensichtlich gelungen ist, das weitere Vordringen von „No names" zu verhindern.

Wenn trotz der insgesamt eher wachstumsbegrenzenden Faktoren auf dem Hygienepapiermarkt noch eine weitere Expansion zu erwarten ist, so liegt das daran, daß ständig neue Produkte oder Anwendungsbereiche gefunden werden. Hier sind auch künftig noch beachtliche Wachstumsraten zu erwarten; beispielhaft sei hier auf Hygieneartikel für Kranke und Behinderte verwiesen.

Bereits in der Vergangenheit hat sich erwiesen, daß sich bei Hygienepapierwaren nur finanzkräftige Großunternehmen auf Dauer durchsetzen können, die über die erforderlichen finanziellen und personellen Kapazitäten für Produktfindung, -entwicklung und Marketing verfügen. Daher weist dieser Bereich der Papierverarbeitung bereits jetzt eine relativ hohe Konzentration auf. Dies ist aber auch nahezu zwingend, denn diesen Papierverarbeitern stehen als Abnehmer fast ausschließlich die Großbetriebsformen des Handels gegenüber; neben den schon „traditionellen" Unternehmen wie Kaufhäuser, Großmärkte und Handelsketten erlangen zunehmend auch Kooperationsformen des Einzelhandels (Einkaufskooperationen) Bedeutung. So ist damit zu rechnen, daß die vergleichsweise hohe Konzentration auf der Angebots- und der Nachfrageseite des Marktes für Hygienepapierwaren auch in Zukunft erhalten bleibt.

4. Tapeten

Die Tapetenindustrie ist einer der ältesten Zweige der Papierverarbeitung. Bereits um 1800 gab es Betriebe, die bis zu 200 Arbeitnehmer beschäftigten. Nachdem im zweiten Weltkrieg (1943) wegen der herrschenden Rohstoffknappheit die Herstellung dieses Produktes verboten wurde, ergab sich nach Kriegsende in der Phase des Wiederaufbaus eine rasche Erholung. Nachholbedarf und hohes Neubauvolumen brachten bis in die siebziger Jahre hinein hohe Wachstumsraten. Neben Großbritannien zählt die Bundesrepublik zu den bedeutendsten Tapetenproduzenten der Welt; sie gilt als der bedeutendste Exporteur. Auch hinsichtlich des Verbrauchs zählt die Bundesrepublik heute zu den führenden Ländern (Tab. 21).

Im Jahre 1973 wurde mit 171 Mio. Rollen der bisherige Produktionsrekord erreicht. Mit dem starken Rückgang im Wohnungsbau kamen auf die deutschen Tapetenhersteller erhebliche Absatzprobleme zu: Die Zahl der fertiggestellten Wohnungen in Wohnbauten sank von 1973 mit 674 000 Einheiten auf ein Niveau von etwa 330 000 Einheiten ab etwa 1975. Damit stieg zwar immer noch der Wohnungsbestand und damit das Absatzpotential, aber die wichtige Nachfragekomponente „Neubau" büßte etwa die Hälfte ihrer Bedeutung ein. Es wird geschätzt, daß heute bereits 80 % der im Inland abgesetzten Produktion in den Renovierungsbereich gehen. Hinzu kam, daß andere Wand- und Deckenbekleidungen als Substitutionskonkurrenz der Tapete auftraten: überstreichbare Tapeten, Textiltapeten, Korkplatten, Profilbretter, Paneele, Dämmplatten. Die starken Absatzschwierigkeiten führten dazu, daß ein beträchtlicher Teil der Unternehmen in Konkurs ging,

Tabelle 21

Verbrauch von Tapeten in wichtigen Ländern Westeuropas, 1984

(in Europarollen)

Land	Verbrauch	
	insgesamt (Mio. Rollen)	pro Kopf (Rollen)
Bundesrep. Deutschland	100	1,6
Frankreich	70	1,3
Großbritannien	88	1,6
Skandinavien	26	1,3
Italien	25	0,4
Spanien	23	0,6
Niederlande	20	1,4
Belgien	15	1,5
Österreich	10	1,4
Schweiz	3	0,5
Insgesamt	380	1,2

Quelle: H.W. Seppi, Der Tapetenmarkt - heute und morgen, in: Bausortiment + Heimwerkerbedarf, Beilage des Holz-Zentralblatts vom 27.12.1985.

allein in den Jahren 1978 bis 1980 fünf Firmen. Heute melden noch 25 Betriebe zur amtlichen Statistik. Die Zahl der Beschäftigten ist mit knapp 4000 zu beziffern. Die Struktur der Hersteller ist als typisch mittelständisch zu bezeichnen; der Durchschnittsumsatz lag 1982 bei rund 30 Mio. DM je Unternehmen.

Auf der Nachfrageseite dominierte lange Zeit der Fachhandel. Beginnend mit „problemlosen" Artikeln, wie weißen oder unifarbigen Tapeten, gewann der Vertrieb über Bau-, Verbraucher- oder Heimwerkermärkte zunehmend an Bedeutung. Damit ergibt sich für die Hersteller, die lange Zeit sehr fachhandelstreu abgesetzt haben, eine verstärkte Bündelung der Nachfrage.

Typisch für den Tapetenmarkt ist der alle zwei Jahre (ungerade Jahreszahlen) vollzogene Kollektionswechsel. Man schätzt, daß in diesen Kollektionsjahren je etwa 15 000 Kollektionsmuster dem Handel vorgestellt werden, aus denen der jeweilige Händler 400 bis 600, in Ausnahmefällen bis 1000 Blatt für seine eigene Kollektion auswählt, ohne wiederum selbst zu wissen, wie diese beim Endverbraucher ankommt. Neben diesem Zweijahresturnus kennzeichnet aber auch noch ein ausgeprägter saisonaler Rhythmus den Tapetenmarkt. Das Gros des Absatzes wird im Frühjahr, in den Monaten März bis Mai, verkauft. Eine deutlich schwächere Spitze gibt es dann noch in der Nachurlaubszeit September/Oktober. Auf diese Saisonspitzen muß sich der Hersteller auch mit seiner Beschäftigungspolitik einstellen, ein Ausweichen auf andere Produkte als Tapeten ist wegen des hohen Spezialisierungsgrades der Maschinen nicht möglich. Für die Entwicklung der Kollektion beim Hersteller besteht die Notwendigkeit hoher Geheimhaltung, da die Gefahr des „Abkupferns" gegeben ist. Mit dem Erfolg der unternehmenseigenen Kollektion ist für die Tapetenhersteller aber auch die Losgröße für die Produktion festgelegt. Mit der Anschaffung moderner, d. h. auch fast immer schneller und teurer, Maschinen steigt auch der Zwang zu einer hohen und möglichst kontinuierlichen Auslastung dieser Anlagen. Immerhin kann in rund 24 Stunden die durchschnittliche Auflage eines Musters gedruckt werden.

Bei der Technik hat es verstärkt in den siebziger Jahren einen Wandel gegeben. Das „klassische" Tapetendruck-Verfahren, der Leimdruck, wurde weitgehend durch andere Techniken abgelöst, zu denen Flexodruck, Tiefdruck und Siebdruck gehören. Ergänzt werden diese Druckmaschinen durch Anlagen für die Produktion von Textiltapeten, Tapeten mit expandierendem Kunststoff oder „tapetenähnlicher Stoffe", wie z. B. Rauhfaser. Die mit dieser technischen Umorientierung verbundenen Kapazitätseffekte bei gleichzeitig stark rückläufiger Nachfrage haben über einen Verdrängungswettbewerb den bereits erwähnten Ausleseprozeß beschleunigt.

Die Strategie, angesichts der rückläufigen Nachfrage aus dem Inland verstärkt in den Export zu gehen, brachte der deutschen Tapetenindustrie nur teilweise Erfolg. Dies dürfte nicht zuletzt darin begründet liegen, daß in den wichtigen Abnehmerländern deutscher Tapeten die Baukonjunktur im Gleichklang mit der Bautätigkeit in der Bundesrepublik läuft. Immerhin wird etwa ein Drittel der deutschen Produktion im Ausland abgesetzt (Tab. 22). Dabei ordern die ausländischen Händler vor allem solche Muster, die Lücken im eigenen inländischen Angebot schließen helfen. Traditionelle Kunden deutscher Tapetenlieferungen sind die Benelux-Länder, Frankreich und Österreich; Exporte gehen aber auch in arabische Staaten und bis nach Fernost.

Etwa halb so viel, wie exportiert wird, kommt von ausländischen Lieferanten auf den deutschen Markt. Die Niederlande und Großbritannien haben hier die führende Position. Beachtliche Einfuhren aus Irland dürften wohl damit zusammenhängen, daß einige deutsche Unternehmen in diesem Land Zweigbetriebe gegründet haben.

Tabelle 22

Erzeugung, Außenhandel und Inlandsverfügbarkeit bei Papiertapeten[a)]
(in Mio. Rollen bzw. %)

Merkmal	1972	1976	1980	1982	1984
Produktion	169,2	123,3	112,0	103,0	111,2
Einfuhr	21,3	17,3	20,7	15,5	14,8
Ausfuhr	31,0	36,7	34,7	35,0	31,2
Inlandsverfügbarkeit	159,5	103,9	98,0	83,5	94,8
Importquote (%)	13,4	16,6	21,1	18,6	15,6
Exportquote (%)	18,3	29,8	31,0	34,0	28,1

a) Zu beachten ist, daß wegen des Kollektionswechsels in den ungeraden Jahren in dieser Tabelle nur die "ungünstigeren" Jahre erfaßt sind. Dadurch wird die Tenzenz aber nicht beeinflußt. Aus Gründen der Einheitlichkeit wurden daher die Stichjahre beibehalten.

Quelle: Berechnungen des Ifo-Instituts nach Statistisches sches Bundesamt, Fachserien 4/3.1 und 7/2.

Die zukünftigen Chancen der deutschen Tapetenindustrie sind nur als mäßig zu bezeichnen. Vom Wohnungsbau werden keine nennenswerten

Impulse ausgehen; mit einem Rückgang im langfristigen Trend ist zu rechnen. Die Zahl der insgesamt fertiggestellten Wohnungen fällt nach den Ergebnissen der Ifo-Bauvorausschätzung bis 1995 auf rund 275 000 Wohneinheiten pro Jahr, wobei der jährliche Nettozugang, also nach Abzug der Abgänge aus Abriß, Umwidmung und dergleichen, nur noch mit rund 150 000 Wohneinheiten anzusetzen ist. Der Wohnungsbestand wird damit aber noch weiter — wenn auch sehr stark verlangsamt — ansteigen. Die Zunahme von Wohnungs- bzw. Hauseigentum dürfte die Bevölkerung selbst auch immobiler machen und damit die Umzugstätigkeit, ein wichtiger Anlaß zum „Tapetenwechsel", abnehmen. So ist insgesamt bestenfalls mit einer Stagnation der Produktion von Tapeten zu rechnen.

5. Schreibwaren und Bürobedarf

a) Überblick

Der Bereich der geschäftlichen und privaten Kommunikation ist einer der wichtigsten Einsatzbereiche für Papierwaren. Schreibwaren und Bürobedarf gehören zu den ältesten Produkten der Papierverarbeitung. Andererseits sind in der Gruppe der Papierwaren bei weitem nicht alle Schreib- und Büroartikel enthalten: Schreib- und Zeichengeräte sind entweder in der Gütergruppe 58 (Kunststofferzeugnisse) oder 39 (Musikinstrumente, Spielwaren, Sportgeräte, Schmuck, belichtete Filme, Füllhalter u. ä.) erfaßt. Ringbücher, Mappen und Hüllen sowie sonstiger Büro-, Geschäfts- und Schulbedarf aus Kunststoff findet sich in Gruppe 58, entsprechende Produkte aus Leder in der Gütergruppe 62 (Lederwaren und Schuhe). Soweit die Papierartikel bedruckt sind (beispielsweise Briefumschläge oder Karteikarten), werden sie in der amtlichen Statistik der Gütergruppe 57 (Druckereierzeugnisse, Vervielfältigungen) zugeschlagen.

In der seit 1.1.1985 neugeordneten Produktionsstatistik des Verbandes Deutscher Papierfabriken umfaßt die Sortengruppe Büro- und Administrationspapiere folgende Sorten:

— Datenpapiere und Datenkarton (einschl. Beleglesepapiere, Endlosformulardruck und Karteikarton),

— Schreibpapiere,

— Schreibmaschinen-, Durchschlag-, Vervielfältigungs- und Kopierpapiere,

— Briefumschlagpapiere,

— Lichtpaus-, Kopierrohpapier sowie spezielle Bürorohpapiere,

— andere Büropapiere (z. B. Banknoten- und Löschpapier),
— Postkartenkarton,
— anderer Karton für Büro und Verwaltung (z. B. Hefterkarton, Briefordnerpappe).

Im Jahre 1985[53] entfielen auf die Produktion dieser Sortengruppe rund 7 % der deutschen Gesamtproduktion von Papier und Pappe. Es handelt sich also um einen zwar sehr breiten Sortenfächer an Papieren und Pappen, der für Büro- und Administrationsartikel verwendet wird, wobei diese Verwendung sowohl in der Papierverarbeitung, der Druckindustrie als auch in Unternehmen anderer Branchen als „branchenfremde Betätigung" erfolgt. Aber die Bedeutung dieser Sorten für die deutsche Papiererzeugung ist doch vergleichsweise gering.

Die verstreute Erfassung eines insgesamt doch relativ homogenen Sortiments erschwert natürlich die Verfolgung seiner Marktentwicklung, zumal die einzelnen Positionen auch teilweise noch in unterschiedlichen Mengeneinheiten angegeben werden. Im folgenden soll auf die Sortimente „Geschäftsbücher, Bürohilfsmittel, Lernmittel und Kalender" (Warengruppe 5631) sowie „Briefumschläge, Briefblöcke, Papierausstattungen" (Warengruppe 5633) eingegangen werden.

Das gesamte Marktpotential für Papier- und Schreibwaren wird mit etwa 15 Mrd. DM beziffert, wobei auf den Gewerbebedarf etwa 50 % entfallen dürften.[54] Den privaten Abnehmern kommt also ein nicht zu unterschätzendes Gewicht zu. Dies gilt in besonderem Maße für den Schulbedarf. Die Schüler gehen heute durchschnittlich länger zur Schule und wählen im weiteren Verlauf der Ausbildung häufiger weiterführende Schulen oder Hochschulen. Dadurch werden verstärkt Artikel gekauft, die eigentlich zum Bürobedarfsprogramm zählen, wie Schreibmaschinen- und Durchschlagpapier, Kartei- und Zettelkästen. Aber auch innerhalb des Schulbedarfs sind neben die klassischen Lernmittel, die Schulhefte, Büroartikel getreten und selbst bereits zu „klassischen Lernmitteln" geworden. Hierzu zählen Ringbücher und Ringbucheinlagen, Ordner, Schnellhefter. Aber auch in den Haushalten selbst hat sich durch die „Bürokratisierung des Lebens" die Notwendigkeit ergeben, „Registratursysteme" zur Ablage der diversen Papiere, von der Steuererklärung bis zur Versicherungspolice und vom Mietvertrag bis zur Stromrechnung, anzulegen. So wird die Produktgruppe Schreibwaren und Bürobedarf aus der Sicht des Handels heute in drei Bereiche untergliedert:

— Schulbedarf,
— Schreibwaren für den Haushalt,
— Bürobedarf.

[53] Berechnet auf Basis der ersten acht Monate.

[54] R. Hoffmann, Papier- und Schreibwaren als Leistungspaket für den SB-Handel, in: dynamik im handel, 1984, Heft 9, S. 24 ff.

Dabei ist aber von der Produktkategorie selbst nicht mehr zu entscheiden, in welchem dieser drei Bereiche der Artikel Verwendung findet: Ordner werden von allen drei Bedarfsträgergruppen angeschafft. Allerdings bemühen sich die Hersteller durch eine entsprechende äußere Gestaltung um eine bedarfsgerechte Differenzierung.

b) Marktstruktur

Bei den Herstellern von Schreibwaren und Bürobedarf handelt es sich häufig um kleine und mittlere Unternehmen, wobei sich in den meisten Teilmärkten klare Marktführer herausgebildet haben, denen es aufgrund ihrer fortgeschrittenen Technik, Rationalisierungserfolge und/oder gut ausgebauten Vertriebssysteme gelungen ist, sich einen deutlichen Vorsprung vor den Wettbewerbern zu verschaffen. Anfang 1985 meldete zur amtlichen Statistik bei den einzelnen Produkten folgende Zahl von Betrieben:

— Geschäftsbücher, Register, Quittungs- u. ä. Bücher	17
— Notizbücher und -blöcke	18
— Durchschreibebücher	6
— Systembuchungsmittel	8
— Ordner, Schnellhefter, Aktendeckel, Einbände	25
— Briefordner-, Kartei-, Ablage- und Dokumentenkästen, Sichtkarteien	8
— Lernmittel	9
— Taschenkalender	15
— Tisch-, Umsteck- und sonst. Terminkalender	14
— Sonstige Papier- und Pappewaren für den Büro- und Geschäftsbedarf	18
— Briefumschläge, -hüllen, -taschen	44
— Brief- und Schreibblöcke, Einstückbriefe, Briefkarten	10
— Papierausstattungen	15.

Ihnen stehen auf der Nachfrageseite neben kleineren und mittleren Händlern vor allem auch Handelsketten und Großbetriebsformen des Handels gegenüber.

Die in Tabelle 23 genannten Anteile dürften sich inzwischen weiter zu Lasten der traditionellen Vertriebswege, also des Facheinzelhandels mit Schreibwaren und Bürobedarf, verschoben haben. Damit ist aber auch der Kampf der Hersteller um eine gute Plazierung ihrer Produkte auf den knappen Regalmetern härter geworden; der Handel muß genau überlegen, welche Produkte ihren Platz im Sortiment „verdienen". Für die Hersteller ergab sich daraus beispielsweise die Notwendigkeit, ihre Artikel bereits im Werk selbstbedienungsgerecht zu konfektionieren. Eine große Anzahl von Herstellern, vor allem die bedeutenderen, muß heute ihre Waren mit vollem Service bis in die Regale des Einzelhandels liefern; dazu gehören ständige Disposition durch Mitarbeiter am Ort, Anlieferung auch von Komplementärartikeln, Preisauszeichnungen, Regalpflege und Aktionen. Mit derartigen Aufgaben sind kleinere Hersteller dann häufig überfordert.

Tabelle 23

Marktanteile der Vertriebswege für Partyartikel, Papierwaren, Schulbedarf, 1978

Vertriebswege	Marktanteil in %
Lebensmitteleinzelhandel	18
SB-Center/SB-Warenhäuser	14
Facheinzelhandel, Warenhäuser und Sonstige	68
Insgesamt	100

Quelle: ISB-Berechnungen, in: selbstbedienung - dynamik im handel, 1980, Heft 6, S. 34.

c) Marktentwicklung

Im Referenzzeitraum ist die Inlandsversorgung bei Bürobedarf und Lernmitteln aus Papier und Pappe gestiegen (Tab. 24). Dieses Wachstum wurde vor allem getragen von der Erzeugnisgruppe „Ordner, Schnellhefter, Aktendeckel u. ä. Produkte“. Hierbei handelt es sich um die „klassischen“ Ablage- oder „Informationsspeichersysteme“, die trotz oder vielleicht auch gerade wegen der modernen Bürokommunikationstechniken eher an Bedeutung gewonnen haben. Aber es ist zu berücksichtigen, daß die Mehrzahl der Arbeitsstätten nur klein oder mittelgroß ist, die sich dieser Produkte bedienen, welche aber auch in Großunternehmen und in privaten Haushalten ihren Platz haben. Außerdem sind hier eine ganze Reihe von Varianten der Ordner, Schnellhefter und Karteikästen entwickelt worden; Organisationstaschen und Lose-Ablage-Systeme sind hier zu nennen. Bei Durchschreibebüchern und vor allem Systembuchungsmitteln zeigt sich hingegen eine stagnierende bzw. deutlich rückläufige Tendenz, da sich hier die Substitutionskonkurrenz von Buchungsmaschinen und elektronischen Buchungssystemen bemerkbar gemacht hat. Dies gilt auch für Geschäftsbücher, Register und Quittungen, die durch Endlosformulare und ähnliche Erzeugnisse teilweise abgelöst wurden, wohingegen Notizbücher und -blöcke (z. B. Notizwürfel) eine durchaus positive Entwicklung genommen haben, zum großen Teil werden sie auch als Werbegeschenk verwendet.

Bei Lernmitteln stagniert der Markt. Obwohl die Schülerzahlen von 1976 bis 1985 nach Berechnungen der Kultusminister der Länder von 12,2 Mio. auf 9,4 Mio. abgenommen haben, ist dieser Rückgang durch den eingangs geschilderten gestiegenen Mehrverbrauch pro Kopf praktisch kompensiert worden.

Bürobedarf und Lernmittel sind wegen der bestehenden Vorschriften und Normen bei vielen Artikeln im Prinzip wenig geeignet als Güter des grenzüberschreitenden Handels. Deshalb ist die Bedeutung des Außenhandels auch relativ gering. Dies gilt insbesondere für die deutschen Importe; 40 % der Einfuhren entfallen dabei auf Ordner und Schnellhefter. Insgesamt

Tabelle 24

Erzeugung, Außenhandel und Inlandsverfügbarkeit bei Bürobedarf und Lernmitteln

(in 1000 t bzw. %)

Merkmal	1972	1976	1980	1982	1984
Geschäftsbücher, Notizbücher u.Ä.	27,4	25,2	12,9	13,7	13,8
Durchschreibebücher	5,4	6,7	4,1	3,3	4,2
Syst.-Buchungsmittel	8,9	1,9	2,6	2,1	1,5
Ordner, Schnellhefter u.Ä.	51,8	59,8	82,0	91,5	90,2
Lernmittel	39,2	51,3	45,2	48,4	48,9
Erzeugung insgesamt	132,7	144,9	146,8	159,0	158,6
Einfuhr	3,6	6,7	9,2	9,0	10,9
Ausfuhr	4,5	10,0	21,9	22,6	24,9
Inlandsversorgung	131,8	151,6	134,1	145,4	144,6
Importquote (%)	2,7	4,4	6,9	6,2	7,5
Exportquote (%)	3,4	6,9	14,9	14,2	15,7

Quelle: Berechnungen des Ifo-Instituts nach Statistisches Bundesamt, Fachserien 4/3.1 und 7/2.

kommen die Importe in erster Linie aus den Nachbarstaaten, vor allem der EG, wenn man von gewissen Spezialfällen absieht. So hat die Volksrepublik China beispielsweise bei der Lieferung von „anderen Notiz- und Taschenbüchern" eine große Bedeutung.

Die deutschen Firmen haben sich in den letzten Jahren, als sich deutliche Anzeichen einer Stagnation oder rückläufigen Entwicklung auf den einzelnen Märkten bemerkbar machten, um ausländische Kunden bemüht. Den Erfolg dokumentiert eine steigende Exportquote. Geliefert wird in erster Linie in die EG-Staaten sowie in die Schweiz. Die wichtigsten Exportprodukte sind dabei Ordner, Schnellhefter und Schulhefte.

Eine zweite wichtige Warengruppe neben Bürobedarf und Lernmitteln stellen die Briefumschläge, -blöcke und Papierausstattungen dar. Hier handelt es sich um einen Markt mit deutlichen Stagnationstendenzen, bei dem die Hersteller versuchen, den schlechten Inlandsmarkt durch verstärkte Exportbemühungen zu kompensieren (Tab. 25). Wichtigster Teilmarkt sind mit

Tabelle 25

Erzeugung, Außenhandel und Inlandsverfügbarkeit bei Briefumschlägen, -blöcken und Papierausstattungen

Merkmal	1972	1976	1980	1982	1984
Briefumschläge, -hüllen und -taschen	77,4	76,3	93,0	88,3	94,5
Brief- und Schreibblöcke, Briefkarten, Papierausstattungen	11,6	13,0	22,6	18,9	19,3
Erzeugung insgesamt	89,0	89,3	115,6	107,2	113,8
Einfuhr[a)]	.b)	10,7	19,0	15,1	17,2
Ausfuhr[a)]	.b)	4,2	8,8	13,0	19,3
Inlandsversorgung	.	95,8	125,8	109,3	111,7
Importquote (%)	.	11,2	15,1	13,8	15,4
Exportquote (%)	.	4,7	7,6	12,1	17,0

a) Ohne Schreibmaschinenpapier. - b) Enthält auch Verpakkungszuschnitte und Papierwolle und ist daher nicht sinnvoll zuzuordnen.

Quelle: Berechnungen des Ifo-Instituts nach Statistisches Bundesamt, Fachserien 4/3.1 und 7/2.

Abstand Briefumschläge, -hüllen und -taschen. Die Herstellung von Briefumschlägen hat sich technisch in den letzten Jahren stark weiterentwickelt; moderne Maschinen fertigen heute pro Minute 700 bis 1000 Hüllen.[55] Derartige Produktionszahlen gelten für Standardartikel in den gängigen Normgrößen. Vor allem aus der Direktwerbung sind jedoch Anstöße zur völligen Neugestaltung von Briefhüllen gekommen: Druck außen und innen,[56] mit Aufreißklappe, doppeltem Innenfach, mit Talon an der Rückseite und Verschlußklappe, perforiert, numeriert usw.[57] Hinzu kommen weitere Spezialanwendungen, die die Produzenten von Maschinen für die Herstellung von Briefumschlägen und Versandtaschen durch entsprechende Flexibilisierung der Anlagen ermöglicht haben. Zu derartigen Spezialanwendungen gehören nicht nur „fachzweigfremde" Produkte wie Beutel, sondern Hüllen für Disketten, Taschen für Flugscheine und Bahnfahrkarten und Behältnisse für Filme, Negative und Abzüge. Die früher in großen Stückzahlen hergestellten Standard-Lohntüten haben allerdings der bargeldlosen Lohnzahlung weichen müssen.

Die Gesamtzahl der beförderten Briefe, Briefdrucksachen und ähnlicher Sendungsarten weist bei konjunkturellen Schwankungen eine eher steigende Tendenz auf (vgl. Tab. 26), was auf einen wenn auch langsam wachsenden Markt hindeutet. Da nach einer Untersuchung aus dem Jahre 1973[58] rund 70 % aller beförderten Briefe von Unternehmen und Behörden kamen, mithin mit hoher Wahrscheinlichkeit auf bedruckten Briefbogen und in bedruckten Umschlägen, Hüllen und Taschen versandt wurden, gehört aber dieser große Sektor des Bereichs Briefumschläge, -blöcke und Papierausstattungen ex definitione nicht zur Papierverarbeitung, sondern zur Druckindustrie. Es ist wohl zu vermuten, daß die amtliche Statistik hier nicht sehr trennscharf ist. Prinzipiell ist dies auch für die Briefumschlaghersteller unerheblich, da sie praktisch ausnahmslos sowohl unbedruckte als auch bedruckte Artikel herstellen, so daß die Entwicklung im Briefdienst auch als Erklärung für die Nachfrageentwicklung insgesamt angesehen werden kann.

---

[55] P. Haunß, Druck und Weiterverarbeitung werbender Briefhüllen, in: Papier + Kunststoff-Verarbeiter, 1983, Heft 8, S. 24 ff.

[56] Bedruckte Briefumschläge sind, ebenso wie bedruckte Briefbögen und Papierausstattungen, in der Warengruppe 57 (Druckerei-Erzeugnisse) erfaßt, lassen sich dort aber nicht aus der entsprechenden Sammelposition herausrechnen.

[57] R. Schmidt, Die Marke — die Spezialität — der Service, in: Allgemeine Papier-Rundschau, 1985, Heft 7, S. 161.

[58] Bundesministerium für das Post- und Fernmeldewesen (Hrsg.), Anlagenband 4 zum Telekommunikationsbericht, Bonn 1976, S. 196.

Tabelle 26

Beförderte Briefsendungen

(Mio. Stück)

Sendungsart	1972	1976	1980	1984
Briefe	6 265,5	6 228,2	6 976,7	7 107,7
Postkarten	1 101,8	926,2	828,8	804,4
Briefdrucksachen	354,5	478,4	545,2	538,4
Massendrucksachen	1 498,0	1 617,8	2 039,3	2 217,3
Übrige Drucksachen	1 230,1	1 208,2	990,8	1 068,2

Quelle: Bundesministerium für das Post- und Fernmeldewesen.

d) Künftige Marktentwicklung

Büro- und Schreibtischtätigkeiten und damit grundsätzlich auch die Marktchancen für Schreibwaren und Bürobedarf haben in der Bundesrepublik Deutschland in den letzten 20 Jahren stark zugenommen; die Zahl der Erwerbstätigen in „Büroberufen mit überwiegend kaufmännischen Tätigkeiten" wuchs von 1960 bis 1980 um 36%; die Zahl der einen „Büroberuf" ausübenden Arbeitskräfte mit überwiegend technischen Tätigkeiten um ein Drittel.[59] Auch für die Zukunft wird mit hoher Wahrscheinlichkeit der Trend zur „Dienstleistungs"- und „Büro"-Gesellschaft anhalten.[60] Schon seit einigen Jahren häufen sich aber Hinweise und Meldungen über Strukturveränderungen in Büros und Verwaltungen, die vor allem technischen und organisatorischen Entwicklungen zugeschrieben werden, und die auch erhebliche Auswirkungen auf den Markt für Schreibwaren und Bürobedarf aus Papier und Pappe haben könnten.[61] Das Schlagwort vom „papierlosen Büro" oder „paperless office" wird häufig zitiert.[62] Dieses Ziel soll durch Verbindung der

[59] L. Troll, Arbeitsplatz Büro, in: MittAB 1982, Heft 4, S. 480 ff.

[60] Ebenda, S. 495.

[61] Daneben werden erhebliche Auswirkungen auf Zahl und Struktur der Bürobeschäftigten vermutet.

[62] In einer Vorschau auf die achtziger Jahre wurde 1979 das papierlose Büro als bevorstehend bezeichnet. Vgl. o. V. Papierlose Büros bleiben Illusion, in: Der Polygraph, 1985, Heft 20, S. 1619.

Funktionen der Computer, Textverarbeitungssysteme, Fernkopierer, Kopierer über entsprechende Netze erreicht werden. Diese Entwicklung wird nach heutiger Einschätzung die Arbeitsmethoden in den Büros grundlegend ändern. Ein großer Teil der erforderlichen Geräte und Technologien sei bereits vorhanden; was noch fehle, sei eine Standardisierung auch auf internationaler Ebene und der Beweis des Kostenvorteils gegenüber den traditionellen Systemen.[63] Das Papier ist seit vielen Jahrzehnten eng mit der Büroarbeit verknüpft. Die Sammlung, Verarbeitung, Verteilung und Speicherung von Informationen geschah praktisch ausschließlich mittels Papiers. Daran hat sich auch heute noch nicht viel geändert. Zwar sind Bildschirmstationen und Mikrofilm-Lesegeräte weit verbreitet, dienen aber eher der Ergänzung denn dem Ersatz von Papier. Alle Prognosen kommen zwar zu dem Ergebnis, daß elektronische Bürokommunikations-Systeme rasche Verbreitung finden werden; diese bedeutet aber noch lange nicht, daß die Verwendung von Papier für Büro- und Administrationszwecke — absolut gesehen — rückläufig sein muß. Es ist im Gegenteil durch neue Bürotechniken, z. B. Textverarbeitungssysteme und Kopierer, ein erheblicher Nachfrageimpuls auf Büropapiere ausgegangen. Dies wird durch zahlreiche Beispiele aus der Praxis belegt.[64] Man geht heute davon aus, daß die voraussehbare rasante Zunahme der „office printers" zu einer Verlagerung von Funktionen der Zulieferindustrien in die Büros führen wird. Zwar werden die Vorteile des Bildschirms, beispielsweise bei der Suche nach Informationen, als Hilfsmittel beim elektronischen Postversand oder beim Redigieren von Drucksachen nicht verkannt, aber zumindest bis in die neunziger Jahre wird statt eines Trends zum „papierlosen Büro" eher ein Trend zu mehr Papier im Büro zu konstatieren sein.[65] Selbst für einen noch längeren Zeitraum zeigt man sich heute bezüglich des Papiers optimistisch: „It seems clear, that paper will be growing in volume up to the year 2000 and still be clearly dominant even if electronics, telephone and face-to-face communication grow faster. Instead of using the concept of the paperless office, it may be wiser to speak of the lesspaper office."[66]

[63] J. Rennel u. a., Future of Paper in the Telematic World, Helsinki 1984, S. 189.

[64] In einem großen deutschen Automobilwerk steigt der Papierverbrauch jährlich um 10 %, obwohl die Büroautomatisierung ständig auf neuestem Stand gehalten wird (Quelle: J. Rennel, Future of Paper, a.a.O., S. 200). Eine große amerikanische Beratungsfirma, die das heute realisierbare „vollelektronische Büro" eingerichtet hat, verwendet heute 50 % mehr Papier als früher (P. A. Strassmann auf dem Symposium „Paper in Future Information-Systems", in Stockholm, 1985).

[65] So die Quintessenz eines Symposiums „Paper in Future Information-Systems" in Stockholm, 1985, cit. nach Verband Schwedischer Zellstoff- und Papierfabriken (Hrsg.), SCPF-Information, 1985, Nr. 6, S. 1 f. Auch Studien der Diebold Deutschland GmbH kommen zu ähnlichen Ergebnissen. So heißt es als Zusammenfassung der Untersuchung „Der Markt für Papiere der Informationstechnik": Trotz wachsender Konkurrenz, die dem Medium Papier durch andere Informationsträger erwächst, hat die Ausbreitung der Informationstechnik neue Anwendungsgebiete erschlossen, die die 'papierlose Gesellschaft' vorerst noch in weite Ferne rücken."

[66] J. Rennel u. a., Future of Paper . . ., a.a.O., S. 200.

Die als gesichert gelten könnende Aussage, daß auch im Büro der Zukunft nicht auf Papier verzichtet werden kann, beinhaltet noch keine Aussage hinsichtlich der Zukunft der von der Papierverarbeitung hergestellten Produkte. Eine Veränderung auf dem Markt für traditionelle Schreibwaren und Bürobedarf ist überall da im Gange oder noch zu erwarten, wo die innerbetriebliche Organisation, das Rechnungswesen und die Textsysteme auf EDV-Basis umgestellt werden. Dies gilt selbst für kleine Firmen und Selbständige, die zwar keine eigene EDV-Anlage besitzen, aber zunehmend von entsprechenden Gemeinschaftsanlagen Gebrauch machen. Dieser Wandel hat eine verstärkte Hinwendung zu Endlospapier zur Folge, und hiervon sind die Hersteller von Geschäftsbriefbogen, Rechnungen, Buchungsmitteln und Einzelformularen und -sätzen betroffen. Bei diesen Produkten sind bereits heute stagnierende oder rückläufige Tendenzen erkennbar, die auf die Konkurrenz elektronischer Medien bzw. auf Systemänderungen zurückzuführen sind.

Die Mikroverfilmung, ein bereits seit langem bekanntes Mittel, um den Speicheraufgaben bei der Informationsflut zu begegnen, fand bisher besonders dort Anwendung, wo ein extrem hoher Beleganfall stattfindet (Banken, Versicherungen u. ä.). Sie hat sicherlich verhindert, daß die Verwendung von traditionellen Speichermitteln wie Ordnern und Karteien ebenso schnell gewachsen ist wie die Informationen es sind, hat die „alten Methoden" aber bei weitem noch nicht verdrängen können. Es ist auch nicht zu erwarten, daß dies in den nächsten zehn Jahren den Volltextabspeicherungen oder Hybriddatenbanken gelingen wird. Insgesamt ist festzustellen, daß die Bedrohung von Produkten aus dem Sektor Schreibwaren und Bürobedarf durch neue Kommunikationstechniken zweifellos gegeben ist und in erster Linie die Erzeugnisse Geschäftsbücher, Durchschreibebücher und System-Buchungsmittel betreffen wird.

Ein zweiter Einflußfaktor für die künftige Entwicklung des Sektors Schreibwaren und Bürobedarf ist die abnehmende Bevölkerungs-, insbesondere Schülerzahl. Bisher wurde diese Entwicklung allerdings überkompensiert durch eine Steigerung des Pro-Kopf-Verbrauchs an einschlägigen Produkten und durch eine Zunahme der Studentenzahlen. Dadurch ergaben sich zwar Umschichtungen innerhalb der Produktpalette, denen die Hersteller jedoch durch entsprechende Strategien gewachsen waren. Von 1984 bis 2000 werden sich nach Modellrechnungen des Statistischen Bundesamtes die Zahlen der Bevölkerung in den hier relevanten Bevölkerungsgruppen wie folgt ändern (1984 = 100):

	1990	2000
Altersgruppe 5- bis 15jährige	89	96
Altersgruppe 15- bis 25jährig	84	54.

Die Gruppe der 5- bis 15jährigen, also der Grund- und Hauptschüler nimmt bis 1990 nur relativ gering ab und steigt dann bis zum Jahr 2000 wieder an, so daß sich daraus nur eine temporäre Einbuße an Marktpotential ergibt. Wesentlich gravierender sind die Hersteller solcher Produkte bedroht, die auf die Altersgruppe der 15- bis 25jährigen, mithin der Schüler auf Gymnasien, weiterführenden Schulen sowie der Studenten abzielen. Hier wird sich das Kundenpotential praktisch halbieren. Absatzeinbrüche dieses Ausmaßes dürften sich nur dann kompensieren lassen, wenn sich auf dem „Erwachsenenmarkt" neue Absatzmöglichkeiten, etwa bei Artikeln für die Freizeitgestaltung, finden lassen.

VII. Zusammenfassung und Ausblick

1. Das wirtschaftliche Umfeld für die Papierverarbeitung

Die deutsche Wirtschaft steht seit Anfang der siebziger Jahre unter starkem Einfluß welt- und gesamtwirtschaftlicher Wandlungen. Eine genauere Analyse ergab,[1] daß ein wichtiger erklärender Faktor für die aufgetretenen Wachstums- und Beschäftigungsprobleme in den Angebotsschocks durch die Ölpreisschübe von 1973/74 und 1979/80 sowie den daraus resultierenden Nachfrage-, Preis- und Leistungsbilanzwirkungen zu suchen ist. Kein Wirtschaftszweig konnte sich der deutlichen Verlangsamung im Wachstum des realen Bruttosozialprodukts nach 1973 entziehen. Am stärksten wurden die ölabhängigen Wirtschaftszweige getroffen; die Verteuerung des Öls hat in vielen Branchen zu einer Reihe von Anpassungsvorgängen geführt. Gleichzeitig mit diesen gravierenden Änderungen im wirtschaftlichen Datenkranz setzte weltweit eine Diskussion über die „Grenzen des Wachstums" und die Erschöpfbarkeit der Ressourcen ein. Im Zusammenhang mit den Preisschüben veranlaßte dies die Unternehmen, Produktgestaltung und Produktionsprozesse auf Einsparungsmöglichkeiten zu überprüfen.

Die Wachstumsverlangsamung hat zu Anpassungsreaktionen in der Wirtschaft geführt. So entfielen angesichts stagnierender oder rückläufiger Nachfrageentwicklung viele Investitionsvorhaben; häufig erfolgte diese Reaktion aber zu spät, so daß Überkapazitäten entstanden.

Demgegenüber sind seit etwa 1976 vermehrte Anstrengungen erkennbar, über „innovative" Investitionen neue Absatzmärkte sowohl hinsichtlich neuer Produkte als auch hinsichtlich neuer Märkte zu erschließen. Sie reichten jedoch nicht aus, die von der Entwicklung der Absatzerwartungen und phasenweise auch der Zinsentwicklung ausgehenden dämpfenden Wirkungen auf die Investitionsausgaben zu neutralisieren.

Aus der Veränderung der Wechselkurse ergab sich in den siebziger Jahren eine „reale" Aufwertung der D-Mark und damit eine Verschlechterung der Preiswettbewerbsposition der deutschen Industrie. Nun hängen aber die Auswirkungen von derartigen Veränderungen auch von nichtpreislichen Wettbewerbsfaktoren ab. Hierzu zählen vor allem die qualitativen Merkmale

---

[1] W. Gerstenberger, Analyse der strukturellen Entwicklung der deutschen Wirtschaft, München 1983.

der am Weltmarkt angebotenen Produkte selbst sowie der im Zusammenhang damit gewährte Service. Insgesamt gesehen war die deutsche Position nicht stark genug, um in wichtigen Exportbranchen in der zweiten Hälfte der siebziger Jahre Anteilsverluste am „Weltmarkt" zu vermeiden. Zu Beginn der achtziger Jahre brachte die Dollaraufwertung der deutschen Exportindustrie zunächst wieder eine kräftige Erholung; endgültig läßt sich über die Position der deutschen Industrie am Weltmarkt erst nach Abschluß der Währungspendelbewegungen urteilen.

Die hier skizzierten Wandlungen im wirtschaftlichen Umfeld blieben natürlich nicht ohne Auswirkungen auf die Papierverarbeitung in der Bundesrepublik Deutschland. Diese ist als Zulieferbranche mit einer Reihe von Wirtschaftszweigen, vor allem der chemischen sowie der Nahrungs- und Genußmittelindustrie, verbunden. Die gewerbliche Nachfrage bestimmt zu etwa acht Zehntel den Absatz von Papierwaren; knapp zwei Zehntel trägt die direkte Nachfrage privater Haushalte bei. Die „spezifische" Nachfrage nach Papierwaren, definiert als die Nachfrage je Produktionseinheit des Hauptabnehmerbereichs, zeigt infolge preisinduzierter Materialeinsparungen in einigen Verwendungsbereichen eine rückläufige Tendenz. Trotzdem besteht nach wie vor eine enge Verbindung zwischen dem verarbeitenden Gewerbe insgesamt und der Papierverarbeitung. Daß die Papierverarbeitung im allgemeinen höhere jährliche Wachstumsraten der Produktion aufweist als das verarbeitende Gewerbe insgesamt, liegt einmal daran, daß „papierwarenintensive" Branchen zu den wachstumsstarken Industriezweigen zählen. Zum anderen ist dies nicht zuletzt auf die großen Exporterfolge der deutschen Hersteller von Papierwaren zurückzuführen. Die deutschen Anbieter haben in 18 von 19 wichtigen Abnehmerländern, auf die insgesamt neun Zehntel aller deutschen Exporte entfielen, zum Teil kräftige Anteilsvergrößerungen an den Importen dieser Länder erzielen können. Darüber hinaus haben sie auch ihre Marktanteile in diesen Ländern steigern können und damit einen wichtigen Beweis für ihre Fähigkeit, im internationalen Wettbewerb mithalten zu können, geliefert. Nicht zu verkennen ist aber auch, daß diese insgesamt günstige Position in Teilbereichen bedroht ist. Hierauf deuten einmal die ebenfalls rasch gestiegenen Importe, insbesondere aus europäischen Nicht-EG-Länder hin.

Die hier dargestellten Veränderungen in den Rahmenbedingungen und ihre Rückwirkungen auf die Papierverarbeitung wirken auch in die Zukunft hinein. Dabei wird es für diesen Wirtschaftszweig vor allem um die Aufrechterhaltung oder Verbesserung der Wettbewerbsfähigkeit gehen, die sich einzelwirtschaftlich in der Ertragskraft ausdrückt. Offensichtlich scheint der Standort Bundesrepublik für die meisten Produktionen der Papierverarbeitung in besonderem Maße geeignet zu sein. Der deutsche Markt für Papierwaren ist einerseits groß genug, um kostengünstige Großproduktionen zu gestatten (Skalenvorteile), andererseits differenziert und international offen genug, um entsprechende Ansprüche an die Produktpalette zu stellen. Das Angebot an Beschäftigten ist in quantitativer und — von regionalen Spezifika abgesehen — qualitativer Hinsicht vorhanden, um moderne Verfahrenstechnologien der Papierverarbeitung einzusetzen, aber auch zu schaffen, wie die hohe Weltgeltung beweist, die entsprechende deutsche Maschinenbauerzeugnisse genießen. Die Kosten für den Produktionsfaktor Arbeit sind zudem unter Berücksichtigung der Produktivität im Vergleich zu wichtigen Konkurrenzländern durchaus wettbewerbsfähig. In der Bundesrepublik vergleichsweise knappe und/oder teure Ressourcen wie Umwelt, Boden und Energie werden von der Papierverarbeitung nur in relativ bescheidenem Ausmaß in Anspruch genommen. Schließlich ist auch die Versorgung mit wichtigen Rohstoffen langfristig gesichert und — verglichen mit ausländischen Wettbewerbern — zu vertretbaren Kosten möglich.

2. Künftige Wettbewerbsposition der Papierverarbeitung

Im Mittelpunkt der vorliegenden Untersuchung stand die Analyse der Anpassungsreaktionen der Papierverarbeitung an die veränderten wirtschaftlichen Rahmenbedingungen; die dabei verfolgten Strategien sind auch wichtige Determinanten für die künftige Entwicklung. Im folgenden werden nochmals thesenhaft die wichtigsten Ergebnisse dieser Analyse vorgestellt und jeweils darauf hingewiesen, welches Gewicht den jeweiligen Problemen bzw. Anpassungsvorgängen in den nächsten Jahren zukommen dürfte.

— Die wichtigsten in der Papierverarbeitung eingesetzten *Rohstoffe*, nämlich Papier und Pappe sowie Kunststoffe und kunststoffähnliche Produkte, haben hinsichtlich ihrer Preise zwei Gemeinsamkeiten: Sie sind vom Wechselkurs der DM gegenüber dem Dollar abhängig und sie werden von Ölpreissteigerungen stark betroffen, da sie entweder aus Erdöl hergestellt werden oder energieintensiven Produktionen entstammen. Der starke Anstieg der Rohstoffpreise hat in der Papierverarbeitung ab Mitte der siebziger Jahre einen Prozeß der Materialeinsparung in Gang gesetzt, der flankiert wurde von ähnlichen Strategien der Rohstofflieferanten aus der Papiererzeugung und der chemischen Industrie.

  Die mengenmäßige Versorgung mit Rohstoffen für die Papier- und Pappeverarbeitung, die zeitweilig als gefährdet angesehen wurde, dürfte auch in Zukunft mit Sicherheit gewährleistet sein. Auch eine über einen längeren Zeitraum bestehen bleibende dramatische Verteuerung ist nicht zu erwarten. Hier wäre nur dann eine Einschränkung anzubringen, wenn die Papiererzeugung in der Bundesrepublik oder mindestens in der Europäischen Gemeinschaft nicht wettbewerbsfähig bleiben würde, da sich dann eine zu starke Abhängigkeit von kartellierten ausländischen Lieferanten ergäbe. Auch bei den in Frage kommenden Kunststoffen und chemischen Erzeugnissen kann die Versorgung als langfristig gesichert gelten; mit „explosionsartigen" Verteuerungen wird heute kaum noch gerechnet.

— Produktionsbezogene *Umweltprobleme* stehen in der Papierverarbeitung weitgehend im Hintergrund. Mit dem sich verstärkenden Umweltbewußtsein der Bevölkerung geriet aber ihr bedeutendster Teilbereich, die Verpackungswirtschaft, ins Kreuzfeuer der öffentlichen Kritik, wobei sich diese derzeit von der Verpackung ganz generell auf die Verpackung von Massengetränken verlagert hat. Obwohl Papierverpackungen insgesamt heute durchschnittlich zu 85 % aus Altpapier bestehen und mithin eine der wichtigsten Säulen des Recyclings sind, bietet wiederum ihre Erfassung und Wiederaufbereitung vor allem in den Haushalten technische und wirtschaftliche Probleme. In den Großanfallstellen ist hingegen eine weitgehende Rückführung in den Produktionsprozeß gewährleistet. Der Stand der abfall- und umweltpolitischen Diskussion läßt erkennen, daß der Gesetzgeber Eingriffsmöglichkeiten in den Verpackungsmarkt vorbereitet, um dem Anfall von Müll in den Haushalten zu begegnen. Welcher Art die Eingriffe sein werden und welche Auswirkungen auf den einzelnen Marktebenen sie zeitigen werden, ist derzeit außerordentlich schwierig zu beurteilen. Soweit derzeit erkennbar, werden sich eventuelle Eingriffe zunächst auf die Verpackungen von Massengetränken erstrecken, wobei der Sektor der Milchverpackungen aus technisch-hygienischen Gründen als „tabu" angesehen werden kann.
Da ein staatlicher Eingriff in Form eines Verbotes bestimmter Packmittel und hier insbesondere der Kartonverpackung bei dem gegenwärtigen Wirtschaftssystem der Bundesrepublik Deutschland kaum vorstellbar ist, wären allenfalls als Maßnahmen nur die Erhebung einer Verpackungssteuer oder die Einführung eines Pfandsystems denkbar; wahrscheinlich sind sie jedoch nicht.

— Das Durchschnittsalter der von der deutschen Papierverarbeitung genutzten *Ausrüstungen* lag 1983 bei 7,6 Jahren; es entsprach damit dem Durchschnitt des gesamten verarbeitenden Gewerbes. Anders als bei diesem hat sich das Durchschnittsalter in der Papierverarbeitung in den letzten zehn Jahren beträchtlich erhöht. Dies dürfte in erster Linie auf die Investitionszurückhaltung seit Mitte der siebziger Jahre zurückzuführen sein, als angesichts ungewiß erscheinender Zukunftsaussichten und sich abzeichnender Überkapazitäten die Ausgaben für neue Anlagen und Gebäude stark eingeschränkt wurden. Die Gefahren, die von einer drohenden Überalterung ausgehen, sind von den Unternehmen offensichtlich erkannt worden; seit Beginn der achtziger Jahre wurden in erheblichem Umfang Ersatzinvestitionen durchgeführt; dadurch liegen die Investitionen wieder (real) auf dem Niveau des Jahres 1973. Unter dem Aspekt, die Flexibilität des Angebots zu erhöhen, wurde auch die Mikroelektronik in die Papierverarbeitung gebracht, wenn auch nicht verkannt werden darf, daß die Technik in diesem Wirtschaftszweig verbreitet noch der von Handwerksbetrieben verhaftet ist. Die Einführung komplizierter und hoch leistungsfähiger Maschinen hat einmal kräftige Erhöhungen der Arbeitsproduktivität und damit erhebliche Einsparungen an Arbeitskräften zur Folge. Zum anderen resultiert sie auch in Kapazitätseffekten. Um die teuren Maschinen auszulasten, betätigen sich die Unternehmen auch auf Märkten, die bisher außerhalb ihres angestammten Marktes lagen. Für kleinere, kapitalschwächere Firmen ergibt sich durch diese Entwicklung eine doppelte Gefahr: Sie können sich einmal die modernen Aggregate nicht mehr leisten, ohne in eine gefährlich hohe Verschuldung zu geraten, bekommen andererseits aber auch neue und potente Konkurrenten.

— Die *Produktionsstruktur* der Papierverarbeitung ist in den letzten Jahren geprägt durch einen kräftigen Strukturgewinn der Erzeugnisgruppe Hygienepapierwaren. Dies gilt im übrigen auch hinsichtlich der Produktstruktur im Außenhandel. Damit wird unterstrichen, daß es sich bei diesen Erzeugnissen um noch wachstumsträchtige Märkte mit vielen „neuen“ Produkten handelt. Auch bei den nach wie vor dominierenden Erzeugnissen der Papierverarbeitung, den Verpackungsmitteln und Verpackungshilfsmitteln, ist zu erkennen, daß die im Sinne der Produktzyklustheorie „alten“ Erzeugnissen Säcke, Tüten und Beutel relativ stark an Bedeutung verloren haben, während „neue“ Erzeugnisse wie Faltschachteln, Displays und Flüssigkeitspackungen ihren Produktionsanteil vergrößert haben. Die Wellpappe ist zwar ein altes Produkt, aber durch technologische Weiterentwicklungen relativ dynamisch. Insgesamt war der Anteil der Verpackungsmittel an der Gesamtproduktion leicht rückläufig. Die hinsichtlich der Zukunft als besonders gefährdet geltende Gruppe „Schreibwaren, Bürobedarf u. ä.“ enthält eine Mischung „alter“ und „neuer“ Produkte; dabei dominieren die wachstumsschwachen Produktbereiche.

— Die Bundesrepublik als einer der größten Papierverbraucher der Welt stellt bei einer Importquote von rund 40 % für ausländische Papiererzeuger einen ganz wichtigen Markt dar. Für diese lag es also nahe, durch Kauf oder Kooperationen hier Stützpunkte zu errichten, wenn sie den Standort Bundesrepublik für Papier verarbeitende Branchen als zukunftsträchtig ansehen. In der Tat haben skandinavische und nordamerikanische Unternehmen in großem Umfang derartige Investitionen getätigt und hier insbesondere den Verpackungsbereich bevorzugt. Ansatzpunkte boten sich hierfür vor allem Mitte der siebziger Jahre, als sich angesichts der oben geschilderten Turbulenzen eine ganze Reihe von deutschen Firmen nicht mehr in der Lage sahen, die für die geänderten Rahmenbedingungen erforderlichen Anpassungsstrategien zu konzipieren und vor allem zu finanzieren und daher eine Anlehnung an finanzstarke Partner suchten. Aus der Tatsache, daß sich Kapital von solchen Firmen fand, die bezüglich ihrer Anlagepolitik hochmobil und stark erfolgsorientiert arbeiten, kann geschlossen werden, daß sie die Bundesrepublik auch in Zukunft als einen für Unternehmen der Papierverarbeitung gut geeigneten Standort ansehen und diesem Industriezweig auch künftig gute Chancen einräumen.

3. Wachstumschancen der Papierverarbeitung in der Zukunft

Die Inlandsnachfrage nach Papierwaren wird angesichts der breitgestreuten industriellen Abnehmerbereiche künftig in etwa dem Produktionswachstum des verarbeitenden Gewerbes entsprechen. Dies würde eine im Vergleich zur bisherigen Entwicklung leichte Wachstumsabschwächung bedeuten. Zusätzliche Wachstumsimpulse sind aber aus dem Außenhandel zu erwarten. Dies ist als Quintessenz aus der Analyse in den wichtigsten Produktbereichen zu verstehen.

Hinsichtlich der künftigen Nachfrage nach *Wellpappe* und Erzeugnissen daraus ist von einem Wachstum auszugehen, das dem der Gesamtindustrie entspricht. Hierfür spricht der breitgestreute Einsatz von Wellpappe-Verpackungen in vielen Branchen und da auch „neue Technologien" (z. B. die Hardware für elektronische Kommunikationsmittel) geeignete Verpackungen benötigen, dürften hierdurch Absatzrückgänge bei stagnierenden oder schrumpfenden Wirtschaftsbereichen kompensiert werden können.

Bei der Beurteilung der Zukunftschancen für *Papiersäcke* ist davon auszugehen, daß Substitutionsvorgänge weitgehend zum Abschluß gekommen sind. Dies gilt sowohl in bezug auf die konkurrierenden Materialien (z. B. Kunststoffe) als auch Systeme (z. B. Losetransport). Da die wichtigsten Abnehmerbereiche aber eher zu den schrumpfenden Branchen gerechnet werden müssen, ist trotzdem mit einer rückläufigen Produktion zu rechnen, wenn nicht die Bemühungen um die Erschließung neuer Märkte von Erfolg gekrönt sein werden.

Bei *Tüten, Beuteln und Tragetaschen* wird die Nachfrage nach Massenprodukten künftig nicht mehr nennenswert steigen. Marktchancen resultieren aber noch aus der Nachfrage nach Spezialerzeugnissen, insbesondere für die Verpackung von vorgefertigten Mahlzeiten, Diät- und Gesundkost sowie von Freizeitartikeln. Insgesamt ist daher nur ein mäßiges Mengenwachstum bei einem ausgeprägteren Wertwachstum zu erwarten.

Bei der Beurteilung der Wachstumschancen für *Faltschachteln* kann davon ausgegangen werden, daß diese Verpackung von Substitutionsvorgängen nur in sehr begrenztem Ausmaß bedroht wird. Eine — wenn auch geringe — Wachstumsreserve liegt noch in der Zunahme der Zahl der Haushalte. Hinzu kommt, daß die Nachfrage nach „vorgefertigter" Nahrung im privaten sowie im institutionellen Bereich noch weiter steigen dürfte. Auch im Export sind noch Chancen vorhanden.

Bei *Flüssigkeitspackungen aus Karton* ist von einem in Teilbereichen stagnierenden Getränkemarkt mit deutlichen Sättigungserscheinungen auszugehen, wobei die demographische Entwicklung (Rückgang der Bevölkerung im Kinderalter) als konsumdämpfender Faktor hinzukommt. Die Substitutionsvorgänge, insbesondere die Ablösung der Einweg-Glasflasche bei kohlensäurefreien Erfrischungsgetränken, haben sich zwar verlangsamt, dürften aber noch einige Wachstumsimpulse bergen. Weitere Wachstumschancen ergeben sich hingegen aus der Auslandsnachfrage und durch Diversifizierung in die Verpackung höherviskoser Flüssigkeiten. Insgesamt sind die Wachstumschancen für diese Verpackungen, trotz der Unsicherheit hinsichtlich möglicher staatlicher Eingriffe, durchaus positiv zu beurteilen.

Hygienepapierwaren zeigen in einigen Bereichen Merkmale von „reifen" Produkten mit weitgehend gesättigten Märkten. Der Pro-Kopf-Verbrauch vieler Produkte verändert sich kaum noch und die Anwendungsquote ist hoch. Bei einem Rückgang der Gesamtbevölkerung wäre also eine rückläufige Nachfrage nach Hygienepapierwaren die Konsequenz; wenn diesem Bereich dennoch Wachstumschancen zu attestieren sind, so liegt das daran, daß ständig neue Produkte oder Anwendungsbereiche gefunden werden. Hierzu gehören einmal neue Märkte im Ausland, wo noch erhebliche Reserven zur Steigerung des Pro-Kopf-Verbrauchs bestehen.

Die zukünftigen Chancen bei *Tapeten* sind nur als vergleichsweise mäßig zu beurteilen. Vom Wohnungsneubau werden keine nennenswerten Impulse ausgehen. Andere Formen der Wand- und Deckenbekleidung haben zudem erheblich an Bedeutung gewonnen. Die Zunahme von Wohnungs- und Hauseigentum dürfte die Bevölkrung immobiler machen und damit auch die Umzugstätigkeit, ein wichtiger Anlaß für einen „Tapetenwechsel", abnehmen. So ist insgesamt bestenfalls mit einer Nachfragestagnation zu rechnen.

Ungünstig stellen sich auch die Wachstumschancen bei *Schreibwaren und Bürobedarf* dar. Traditionelle Produkte werden in weiten Bereichen durch neue Formen der Bürokommunikation abgelöst. Dies wird in erster Linie die Erzeugnisgruppe Geschäftsbücher, Durchschreibebücher und System-Buchungsmittel betreffen. Ein zweiter Einflußfaktor für die künftige Entwicklung des Sektors Schreibwaren und Bürobedarf ist die abnehmende Bevölkerungs-, insbesondere Schülerzahl; diese Entwicklung wurde bisher allerdings durch eine Steigerung des Pro-Kopf-Verbrauchs an einschlägigen Produkten und eine Zunahme der Studentenzahlen kompensiert. Die Rückgänge bei den Zahlen der Schüler auf Gymnasien, weiterführenden Schulen sowie Studenten werden in den nächsten Jahren dramatische Formen annehmen, so daß das rapide schrumpfende Absatzpotential sich durch neue Produkte nur teilweise kompensieren lassen wird.

Es kann insgesamt davon ausgegangen werden, daß bei gegenüber früheren Wirtschaftsperioden deutlich abgeschwächtem Wachstum sich wesentliche Teile der deutschen Papierverarbeitung gegenüber ihren ausländischen Wettbewerbern, aber auch gegenüber ihren inländischen Konkurrenten aus mit ihnen in Substitutionskonkurrenz stehenden Bereichen werden behaupten können. Gefährdungen zeichnen sich in einzelnen Produktbereichen und bei solchen Standardprodukten aus Massenfertigung ab, die in der Herstellung wenig know-how-intensiv sind und bei denen der Wettbewerb ausschließlich über den Preis erfolgt.

Literaturverzeichnis

Baumann, H. u. a.: Die Kunststoffverarbeitung in den 80er Jahren, München-Wien 1981

Baumgart, E. u. a.: Produktionsvolumen und -potential des Bergbaus und des verarbeitenden Gewerbes in der Bundesrepublik Deutschland, 27. Folge, Berlin 1985

Bundesministerium für das Post- und Fernmeldewesen (Hrsg.): Anlagenband 4 zum Telekommunikationsbericht, Bonn 1976, S. 196

Deutsche Bundesbank: Beilage zu „Statistische Beihefte zu den Monatsberichten der Deutschen Bundesbank", Reihe 3, Zahlungsbilanzstatistik

— Jahresabschlüsse der Unternehmen in der Bundesrepublik Deutschland, Sonderdruck Nr. 5

— Ertragslage und Finanzierungsverhältnisse der Unternehmen im Jahre 1983, in: Monatsberichte der Deutschen Bundesbank, 36. Jahrgang (1984) Heft 11, S. 13 ff.

— Rentabilität, Finanzkraft und Liquidität der Unternehmen, in: Monatsberichte der Deutschen Bundesbank, 1985, Nr. 8, S. 30 ff.

Europäische Föderation der Wellpappefabrikanten (FEFCO): Jahresbericht 1982, Moudon 1983

European Carton Makers Association (ECMA), cit. nach pulp and paper international, 1984, Heft 9, S. 25

Fédération Européenne de l'Emballage Souple (FEDES): Geschäftsberichte

Gebhardt, A. u. a.: Auswirkungen von Energiepreiserhöhungen auf die Wettbewerbsfähigkeit energieintensiver Produktionen der deutschen Industrie, Ifo-Studien zur Industriewirtschaft, Band 25, München 1983

Gemeinschaft Papiersackindustrie e. V.: Geschäftsberichte

Gerstenberger, W.: Analyse der strukturellen Entwicklung der deutschen Wirtschaft, München 1983

Grebe, W.: Die Packstoffe Papier, Karton und Pappe für die Verpackung, in: Rationalisierungs-Gemeinschaft Verpackung (Hrsg.), RGV-Handbuch Verpackung, Berlin, Loseblattsammung, Kennziffer 3112

Grefermann, K.: Papierverarbeitung und Druckerei-Industrie aus der Sicht der siebziger Jahre, Struktur und Wachstum, Reihe Industrie, Heft 22, Berlin-München 1973

Haunß, P.: Druck und Weiterverarbeitung werbender Briefhüllen, in: Papier + Kunststoff-Verarbeiter, 1983, Heft 8, S. 24 ff.

Hauptverband der Papier, Pappe und Kunststoffe verarbeitenden Industrie (HPV): Statistik, verschiedene Jahrgänge

Henninges, H. von: Arbeitsplätze mit belastenden Arbeitsanforderungen, in MittAB 1981, Heft 4, S. 378 ff.

Hiebsch, D.: Betriebserfahrungen mit einer modernen Wellpappenanlage, in: Allgemeine Papier-Rundschau, 1984, Heft 31, S. 906

Hoffmann, R.: Papier- und Schreibwaren als Leistungspaket für den SB-Handel, in: dynamik im handel, 1984, Heft 9, S. 24 ff.

Ifo-Institut für Wirtschaftsforschung: Zahlen zur Investitionstätigkeit ausgewählter Wirtschaftsbereiche, verschiedene Ausgaben

Industrieverband Papier- und Plastikverpackung e. V. (IPV): Geschäftsberichte

ISB-Berechnungen, in: selbstbedienung — dynamik im handel, 1980, Heft 6, S. 34

Jacobs, G.: Entwicklung von Nachfrage, Produktanforderungen und Produktionstechnik bei Faltschachtelkarton, in: Wochenblatt für Papierfabrikation, 1981, Heft 4, S. 113 ff.

Kalish, J.: Quality is key in folding boxboard, in: pulp and paper international, 1985, Heft 3, S. 47 ff.

Kalveram, G.: Die Verpackung — Distributionspolitische Relevanz versus Umweltbelastung, in: neue verpackung 1985, Heft 2, S. 54 ff.

Koppelmann, U.: Verpackungsplanung, in: RGV-Handbuch Verpackung, 1. Band, Berlin 1978

Lilienstern,, H. Rühle von: Rationelle Verpackungswirtschaft durch Kooperation ihrer Partner, in RGV-Handbuch Verpackung, 1. Band, Berlin 1978

Lothar, K. H.: Gesundheit mit Genuß, in: Packung & Transport, 1984, Heft 2, S. 26 ff.

Monopolkommission: Hauptgutachten 1982/1983, Baden-Baden 1984

O. V.: Faltschachteln — die verbraucherfreundlichen Verpackungen, in: Allgemeine Papier-Rundschau, 1984, Heft 48, S. 1406 f.

— Hohe Unfallhäufigkeit in der Holzwirtschaft, in: Holz-Zentralblatt, 1985, Nr. 109, S. 1537

— In Konkurrenz zu Papier und Tissue: Wegwerfprodukte aus Nonwovens, in: Papier + Kunststoff-Verarbeiter, 1983, Heft 12, S. 41 ff.

— Kimberly-Clark forciert Wischtuchgeschäfte, in: Allgemeine Papier-Rundschau, 1985, Heft 40, S. 1094

— Länderprofil Deutschland, in: Europa Birkner Marketing Report, Band 2, Hamburg 1979, S. 101

— Markt mit hohem Volumen, in: food + nonfood, 1982, Nr. 7, S. 34 ff.

— Papierlose Büros bleiben Illusion, in: Der Polygraph, 1975, Heft 20, S. 1619

— Tetra Pak 1984: Verhalten zufrieden, in: neue verpackung, 1985, Heft 4, S. 70

— Tissue market strengthens, in pulp and paper international, 1984, Heft 7, S. 84 ff.

— RG Verpackung im RKW, Produktionsmenge und Produktionswert der Verpackungsindustrie in der Bundesrepublik Deutschland und Berlin (West), Eschborn, verschiedene Jahrgänge

— What's the future for the European market?, in: pulp and paper international, 1981, Heft 9, S. 36 ff.

— Wieder mehr Markenprofil auf dem Hygienesektor, in: Allgemeine Papier-Rundschau, 1984, Heft 20, S. 613 f.

Pearson, J.: Tissue: overcapacity problems loom, in: pulp and paper international, 1985, Heft 7, S. 35 ff.

Rennel, J. u. a.: Future of Paper in the Telematic World, Helsinki 1984

Schmidt, R.: Die Marke — die Spezialität — der Service, in: Allgemeine Papier-Rundschau, 1985, Heft 7, S. 161

Schoch, W.: Aseptische Kartonverpackungen in der Lebensmittelverpackung, in: Deutsche Papierwirtschaft, 1985, Heft 2, S. T 65 ff.

Schreiber, B.: Rohstoffmärkte im Umbruch, in: Allgemeine Papier-Rundschau, 1984, Heft 11/12, S. 274

Schroeder, R.: Papierverarbeitung und Druckerei-Industrie, Struktur und Wachstum, Reihe Industrie, Heft 1, Berlin-München 1965

Seppi, H. W.: Der Tapetenmarkt — heute und morgen, in: Bausortiment + Heimwerkerbedarf, Beilage des Holz-Zentralblatts vom 27.12.1985

Sieger, R.: Welches ist die optimale Betriebsgröße in der deutschen Wellpappenindustrie? in: Allgemeine Papier-Rundschau, 1980, Heft 27, S. 832 ff.

Statistisches Amt der Europäischen Gemeinschaften (EUROSTAT): Stundenverdienste, Arbeitszeit, Luxemburg, verschiedene Jahrgänge

Statistisches Bundesamt: Lange Reihen zur Wirtschaftsentwicklung 1984, Mainz 1984

— Fachserie D, Reihe 3

— Fachserie 4, Reihe 4.1.1
Reihe 4.1.2
Reihe 4.1.3
Reihe 4.1.4
Reihe 4.2.1
Reihe 4.3.1
Reihe 4.3.3
Reihe 7.1
Reihe S 5

— Fachserie 6, Reihe 6

— Fachserie 7, Reihe 1
Reihe 2
Reihe 3
Reihe S 2

— Fachserie 16, Reihe 2.1
Reihe 2.2

— Fachserie 17, Reihe 2
Reihe 8

— Fachserie 18, Reihe 2

— Fachserie Auslandsstatistik, Reihe 2.2

Troll, L.: Arbeitsplatz Büro, in: MittAB 1982, Heft 4, S. 480 ff.

Umweltbundesamt (Hrsg.): Daten zur Umwelt 1984, Berlin 1984

— Verpackungen für Getränke, 4. Fortschreibung 1970-1984, Texte 28/85

Verband der Wellpappenindustrie e. V.: Mitteilungen

Verband Schwedischer Zellstoff- und Papierfabriken (Hrsg.): SCPF-Information, 1985, Nr. 6

Weinzierl, H.: Konsumverhalten, Verpackung und Umweltpolitik, Statement anläßlich einer Podiumsdiskussion unter dem Titel „Verpackung und Umwelt — ist der Staat gefordert?“ am 23.1.1985

Wettergren, L.: Disposable diapers spur demand for TMP, in: pulp and paper international, 1979, Heft 4, S. 63 ff.

Tabellenanhang

Tabelle A 1

Vorleistungen aus inländischer Produktion zur Herstellung von Papier- und Pappewaren, 1980

Die Vorleistungen[a] stammen aus ...	Mio. DM[b]	Anteile in %
Erzeugung und Verteilung von Elektrizität, Dampf, Warmwasser, Gas	152	1,9
Herstellung von chemischen Erzeugnissen, Spalt- und Brutstoffen	559	7,0
Herstellung von Mineralölerzeugnissen	106	1,3
Herstellung von Kunststofferzeugnissen	408	5,1
Herstellung von EBM-Waren	177	2,2
Herstellung von Zellstoff, Holzschliff, Papier u. Pappe	3 357	41,8
Herstellung von Erzeugnissen der Druckerei und Vervielfältigung	342	4,3
Dienstleistungen des Handels	432	5,4
Dienstleistungen des Verkehrs	663	8,3
sonstigen Bereichen	1 827	22,7
Insgesamt[c]	8 023	100

a) Ohne bereichsinterne Lieferungen (2 381 Mio. DM). - b) Ab-Werk-Preise. - c) Vorleistungen der Produktionsbereiche bzw. letzte Verwendung von Gütern aus inländischer Produktion ohne Umsatzsteuer.

Quelle: Statistisches Bundesamt, Fachserie 18, Reihe 2.

Tabelle A 2

Output von Papier- und Pappewaren nach Absatzbereichen, 1980

Absatzbereich	Mio. DM[a)]	Anteile in %
Produktionsbereiche[b)c)]	10 357	70,0
dar.: Herstellung von chemischen Erzeugnissen, Spalt- und Brutstoffen	1 785	12,1
Gewinnung von Steinen und Erden, Herstellung von Baustoffen usw.	450	3,0
Herstellung von elektrotechnischen Erzeugnissen	527	3,6
Herstellung von Erzeugnissen der Druckerei und Vervielfältigung	412	2,8
Herstellung von Nahrungs- und Genußmitteln	1 718	11,6
Dienstleistungen des Handels	947	6,4
Dienstleistungen der Wissenschaft und Kultur und der Verlage	417	2,8
Sonstige marktbestimmte Dienstleistungen usw.	702	4,7
Leistungen der Gebietskörperschaften und der Sozialversicherung	702	4,7
Endnachfrage	4 435	30,0
dar.: Privater Verbrauch im Inland	2 407	16,3
Ausfuhr	1 759	11,9
Output[c)d)] insgesamt	14 792	100

a) Ab-Werk-Preise. - b) Ohne bereichsinterne Lieferungen (2 381 Mio. DM). - c) In der Abgrenzung der Input-Output-Systematik zählen die Dienstleistungssektoren ebenfalls zu den Produktionsbereichen. - d) Gesamte Verwendung von Gütern.

Quelle: Statistisches Bundesamt, Fachserie 18, Reihe 2.

Tabelle A 3

Stellung und Entwicklung der Papier- und Pappeverarbeitung im Rahmen des verarbeitenden Gewerbes[a], 1977 und 1984

Merkmal	Einheit	Papier- und Pappeverarbeitung		Verarbeitendes Gewerbe		Papier- u. Pappeverarbeitung im Rahmen des verarb. Gewerbes	
		1977	1984	1977	1984	1977	1984
						Anteile am verarbeitenden Gewerbe in %	
Beschäftigte[b]	1000	110	98	7 297	6 524	1,5	1,5
Umsatz[b]	Mrd.DM	12	18	853	1 187	1,4	1,5
dav.: Inlandsumsatz	Mrd.DM	11	15	643	826	1,6	1,8
Auslandsumsatz	Mrd.DM	1	3	210	361	0,5	0,8
Geleistete Arbeiterstunden	Mio.Std.	150	128	9 194	7 588	1,6	1,7
Brutto-Lohn- u. -Gehaltssumme	Mrd.DM	3	4	205	264	1,3	1,3
Brutto-Anlageinvestitionen	Mio.DM	530	790	38 950	51 850	1,4	1,5

Kennzahlen						Verarbeitendes Gewerbe = 100	
Umsatz je Beschäftigten[b)]	DM	105 560	178 190	116 914	181 996	96,1	97,9
Brutto-Lohn- u. -Gehaltssumme je 1000 DM/Umsatz	DM	218	188	218	194	100,0	96,9
Brutto-Lohnsumme je geleistete Arbeiterstunde	DM	11,83	17,43	13,79	20,03	85,8	87,0
Investitionsquote[c)]	%	4,3	4,2	4,1	3,8	104,9	100,5
Investitionsintensität[d)]	DM	4 730	7 855	5 105	7 815	92,7	110,5
Ausfuhrquote[e)]	%	11,0	18,3	29,3	37,2	37,5	49,2
Einfuhrquote[f)]	%	7,6	10,2	21,4	29,5	35,5	34,5

a) Betriebe von Unternehmen mit 20 Beschäftigten und mehr, einschließlich Handwerk. - b) Fachliche Betriebsteile. - c) Investitionen in % des Umsatzes. - d) Investitionen je Beschäftigten. - e) Ausfuhren in % des Gesamtumsatzes (einschließlich Kleinbetriebe). - f) Einfuhren in % der Inlandsverfügbarkeit (= Gesamtumsatz abzüglich Ausfuhren zuzüglich Einfuhren).

Quelle: Statistisches Bundesamt; Ifo-Investitionstest.

Tabelle A 4

Durchschnittliche Zahl der Betriebe pro Unternehmen in der Papierwirtschaft, 1981

Wirtschaftszweig	Durchschnittliche Zahl der Betriebe pro Unternehmen					
	im Wirtschaftszweig	der 3	6	10	25	50
		umsatzgrößten Unternehmen				
Papier- und Pappeverarbeitung	1,2	7,7	5,2	5,0	3,6	2,6
davon:						
- H.v. Tapeten, Spezialpapieren, Verpackungsmitteln aus Papier	1,2	5,3	5,5	.	2,9	2,2
- H.v. Schreibwaren, Bürobedarf aus Papier und Pappe; Buchbinderei	1,1	.	.	.	.	1,5
- H.v. sonstigen Waren aus Papier und Pappe	1,3	.	3,7	.	.	.
Zellstoff-, Holzschliff-, Papier- und Pappeerzeugung	1,3	6,0	4,2	.	2,1	1,7
Druckerei, Vervielfältigung	1,0	1,7	1,7	.	1,4	.

Quelle: Monopolkommission, Hauptgutachten 1982/1983, Baden-Baden 1984, Tabelle II.7.

Tabelle A 5

Unternehmen[a], Betriebe[b], Betriebsteile[c] und Beschäftigte in der Papier- und Pappeverarbeitung[d], 1983

- Anteile in % -

	Papier- und Pappeverarbeitung insgesamt	H.v. Tapeten, Spezialpapieren, Verpackungsmitteln	H.v. Schreibwaren, Bürobedarf, Buchbinderei	H.v. sonstigen Waren aus Papier und Pappe
Unternehmen insgesamt	100	57,5	27,7	14,8
Mehrbetriebsunternehmen	100	63,6	17,2	19,2
Beschäftigte insgesamt	100	54,6	22,1	23,3
Mehrbetriebsunternehmen in % der Unternehmen insgesamt	13,5	15,0	8,4	17,6
Beschäftigte je Unternehmen (Anzahl)	139	132	111	220

Betriebe insgesamt	100	58,9	25,7	15,4
Beschäftigte insgesamt	100	54,9	22,0	23,1
Beschäftigte je Betrieb (Anzahl)	116	109	100	174
Fachliche Betriebsteile insgesamt	100	56,0	26,0	18,0
Beschäftigte insgesamt	100	53,8	23,0	23,2
Beschäftigte je Betriebsteil (Anzahl)	87	84	77	112

a) Unternehmen mit 20 Beschäftigten und mehr. - b) Betriebe von Unternehmen mit 20 Beschäftigten und mehr. - c) Fachliche Betriebsteile von Betrieben von Unternehmen mit 20 Beschäftigten und mehr. - d) Einschließlich Handwerk.

Quelle: Statistisches Bundesamt, Fachserie 4, Reihe 4.1.1.

Tabelle A 6

Industrielle Kleinbetriebe in der Papier- und Pappeverarbeitung, 1983[a)]

- in % -

Davon Betriebe mit ... bis ... Beschäftigten	Papier- und Pappeverarbeitung insgesamt	H.v. Tapeten, Spezialpapieren, Verpackungsmitteln	H.v. Schreibwaren, Bürobedarf, Buchbinderei	H.v. sonstigen Waren aus Papier und Pappe
1	14,7	7,2	14,7	24,0
2 - 4	26,4	20,3	25,8	34,3
5 - 9	27,0	29,4	27,0	24,0
10 - 19	31,9	43,1	32,5	17,7
Kleinbetriebe absolut	989	459	163	367
in %	100	46,4	16,5	37,1

a) Ende September.

Quelle: Statistisches Bundesamt, Fachserie 4, Reihe 4.1.2.

Tabelle A 7

Entwicklung der Konzentration von Beschäftigung und Umsatz in der Papier- und Pappeverarbeitung

- Anteile der jeweils umsatzgrößten Unternehmen in % -

Die jeweils umsatzgrößten ... Unternehmen	1973	1975	1977	1979	1981
			Beschäftigte		
3	8,9	9,8	7,2	9,6	9,6
6	13,4	14,0	11,8	14,2	12,9
10	19,0	19,0	17,6	17,7	18,2
25	29,5	29,9	29,5	29,0	30,0
50	40,1	40,7	40,4	a)	39,9
			Umsatz		
3	10,5	11,5	12,8	12,3	12,7
6	15,8	17,7	19,0	18,0	18,7
10	21,9	24,0	26,0	22,9	25,5
25	34,2	36,4	39,7	34,6	38,2
50	46,7	48,4	50,8	a)	49,8

a) Aus Gründen der Geheimhaltung nicht veröffentlicht.

Quelle: Monopolkommission: Hauptgutachten, verschiedene Jahrgänge.

Tabelle A 8

Konzentration in Wirtschaftszweigen der Papier- und Pappeverarbeitung, 1981

\- Anteile in % -

Anteil der ... umsatzgrößten Unternehmen am Umsatz des jeweiligen Wirtschaftszweiges	Papier- und Pappeverarbeitung insgesamt	H.v. Tapeten, Spezialpapieren, Verpackungsmitteln	H.v. Schreibwaren, Bürobedarf, Buchbinderei	H.v. sonstigen Waren aus Papier und Pappe
3	12,7	11,9	a)	a)
6	18,7	18,6	a)	56,8
10	25,5	a)	41,5	a)
25	38,2	39,0	a)	a)
50	49,8	53,7	75,3	93,5
Anteil des Wirtschaftszweiges am Gesamtumsatz	100	56,2	16,4	27,4

a) Aus Gründen der Geheimhaltung nicht veröffentlicht.

Quelle: Hauptgutachten der Monopolkommission 1982/83.

Tabelle A 9

Regionale Verteilung in der Papier- und Pappeverarbeitung, 1983[a)]

Bundesland	Betriebe		Beschäftigte		Anteil der Beschäftigten in der Papier- u. Pappeindustrie an der Gesamtindustrie in %
	Anzahl	%	Anzahl	%	
Schleswig-Holstein	29	3,3	2 976	2,9	1,8
Hamburg	11	1,2	1 369	1,3	0,9
Niedersachsen	79	9,0	8 415	8,2	1,3
Bremen	4	0,4	474	0,5	0,6
Nordrhein-Westfalen	231	26,2	32 698	31,9	1,7
Hessen	68	7,7	7 983	7,8	1,3
Rheinland-Pfalz	49	5,6	6 141	6,0	1,7
Baden-Württemberg	192	21,8	19 611	19,1	1,4
Bayern	176	20,0	18 468	18,0	1,5
Saarland	7	0,8	388	0,4	0,3
Berlin (West)	35	4,0	3 974	3,9	2,5
Bundesgebiet insgesamt	881	100	102 497	100	1,5

a) Betriebe von Unternehmen mit 20 Beschäftigten und mehr, einschließlich Handwerk, Jahresdurchschnitt.

Quelle: Statistisches Bundesamt, Fachserie 4, Reihe 4.1.4.

Tabelle A 10

Entwicklung der Inlandsnachfrage[a] nach Papierwaren, des Umsatzes des verarbeitenden Gewerbes insgesamt sowie des Bruttosozialprodukts, 1970 bis 1984

(Durchschnittliche jährliche Veränderungsraten in %)

Aggregat	Zeitraum 1970/76	1977/84
Papierwaren		
nominal	6,9	6,1
real	0,3	0,9
Umsatz des verarbeitenden Gewerbes		
nominal	5,6	3,1
real	1,8	0,9
Bruttosozialprodukt		
nominal	8,8	5,6[b]
real	2,7	1,7[b]

a) Als Indikator für die Inlandsnachfrage wurde die Inlandsverfügbarkeit, errechnet aus Umsatz minus Ausfuhr plus Einfuhr verwendet. - b) Vorläufige Werte.

Quelle: Statistisches Bundesamt, Fachserie 4, Reihen 4.1.1 und 4.1.2, Fachserie 7, Reihe 7.1, Fachserie 17, Reihen 17.2 und 17.8; Berechnungen des Ifo-Instituts.

Tabelle A 11

Inlandsnachfrage[a)] nach Papier- und Pappewaren, 1970 bis 1983

- in Mio. DM -

Jahr	Inlandsnachfrage in jeweiligen Preisen	Inlandsnachfrage in Preisen von 1980
1970	7 210	12 038
1971	7 497	12 036
1972	8 080	12 701
1973	8 891	13 460
1974	10 488	12 481
1975	10 033	11 113
1976	10 480	11 960
1977	10 769	12 401
1978	11 110	12 783
1979	12 294	13 430
1980	13 845	13 845
1981	14 732	13 647
1982	14 683	13 129
1983	14 865	13 356
1984	15 584	13 435

a) Produktion abzüglich Ausfuhren zuzüglich Einfuhren (ohne Warenverkehr mit der DDR).

Quelle: Statistisches Bundesamt, Fachserie 4, Reihe 3.1, Fachserie 7, Reihe 1 und Fachserie 17, Reihen 2 und 8; Berechnungen des Ifo-Instituts.

Tabelle A 12

Investitionstätigkeit der Papier- und Pappeverarbeitung im Inland

Jahr	Brutto-Anlageinvestitionen				
	in jeweiligen Preisen			in Preisen von 1980	
	Investitionen (Mio. DM)	Entwicklung (1980=100)	Anteil am verarb. Gewerbe (%)	Investitionen (Mio. DM)	Entwicklung (1980=100)
1972	605	73,8	1,7	871	106,2
1973	515	62,8	1,5	716	87,3
1974	425	51,8	1,3	551	67,2
1975	475	57,9	1,5	571	69,6
1976	555	67,7	1,6	640	78,0
1977	530	64,6	1,4	596	72,7
1978	580	70,7	1,5	632	77,1
1979	700	85,4	1,6	738	90,0
1980	820	100	1,6	820	100
1981	940	114,6	1,9	899	109,6
1982	760	92,7	1,6	697	85,0
1983	790	96,3	1,6	709	86,5
1984	790	96,3	1,5	698	85,1

Quelle: Ifo-Investitionserhebung.

Tabelle A 13

Investitionsintensität und -quote der Papier- und Pappeverarbeitung im Inland

Jahr	Investitionsintensität[a)]		Investitionsquote[b)]		Ausrüstungsanteil[c)]
	in jeweil. Preisen	in Preisen von 1980	in der Papierverarb.	im verarb. Gewerbe	
1972	4 585	6 600	7,1	5,6	82
1973	3 900	5 420	5,4	4,7	76
1974	3 305	4 285	3,6	4,1	75
1975	4 015	4 825	4,2	4,0	83
1976	4 950	5 710	4,7	3,9	85
1977	4 730	5 315	4,3	3,9	83
1978	5 265	5 740	4,6	4,0	83
1979	6 320	6 665	5,0	4,1	80
1980	7 200	7 200	5,3	4,4	78
1981	8 300	7 935	5,6	4,0	83
1982	6 990	6 410	4,4	3,9	86
1983	7 710	6 920	4,5	4,0	91
1984	7 855	6 945	4,2	3,8	88

a) Brutto-Anlageinvestitionen je Beschäftigten. - b) Brutto-Anlageinvestitionen in % des Umsatzes. - c) Anteil der Investitionen für Maschinen und maschinelle Anlagen sowie für Fahrzeuge, Werkzeuge, Betriebs- und Geschäftsausstattung usw. an den gesamten Brutto-Anlageinvestitionen in jeweiligen Preisen.

Quelle: Ifo-Investitionserhebung.

Tabelle A 14

Miete und Pacht von Anlagen in der Papier- und Pappeverarbeitung

- Anteile in % -

Jahr[a)]	Aufwendungen für gemietete und gepachtete Sachanlagen	
	Anteil an der Zahl der Unternehmen	Anteil an den Investitionen
1972	50,7	7,0
1973	56,1	11,1
1974	56,2	14,7
1975	47,7	15,9
1976	51,9	14,3
1977	61,3	18,0
1978	62,4	18,5
1979	69,1	19,6
1980	68,6	18,7
1981	71,8	19,7
1982	74,7	27,4
1983	74,6	26,2

a) 1972 bis 1974 Unternehmen mit 100 Beschäftigten und mehr, ab 1975 Unternehmen mit 20 Beschäftigten und mehr.

Quelle: Statistisches Bundesamt, Fachserie 4, Reihe 4.2.1.

Tabelle A 15

Miete und Pacht von Sachanlagen in den Wirtschaftszweigen der Papier- und Pappeverarbeitung

- Anteil der Aufwendungen für gemietete und gepachtete Sachanlagen an den Investitionen insgesamt -

Wirtschaftszweig	1977	1978	1979	1980	1981	1982	1983
Herstellung von Tapeten, Spezialpapieren, Verpackungsmitteln aus Papier und Pappe	13,4	14,5	17,2	14,4	17,2	26,5	26,2
Herstellung von Schreibwaren, Bürobedarf aus Papier und Pappe; Buchbinderei	17,6	16,3	19,1	24,2	15,6	26,9	25,8
Herstellung von sonstigen Waren aus Papier und Pappe	32,0	31,0	26,3	28,0	31,3	29,1	26,5
Papier- und Pappeverarbeitung insgesamt	18,0	18,5	19,6	18,7	19,7	27,4	26,2

Quelle: Statistisches Bundesamt, Fachserie 4, Reihe 4.2.1.

Tabelle A 16

Zielsetzung der Investitionen der Papier- und Pappeverarbeitung im Inland

Als Hauptziel ihrer Investitionen nannten ... % der Unternehmen[a)]	1972	1973	1974	1975	1976	1977	1978	1979	1980	1981	1982	1983	1984
Kapazitätserweiterung	46	45	36	37	45	48	38	41	49	38	31	28	17
- unter Beibehaltung des Produktionsprogramms	24	19	26	9	25	30	10	29	39	12	22	22	11
- unter Änderung/Ausweitung des Produktionsprogramms	21	20	5	26	6	9	27	11	9	23	9	5	5
Rationalisierung	38	38	44	49	43	37	48	35	32	41	51	38	44
- gerichtet auf Lohn- und Gehaltskosten	31	29	34	41	31	31	36	27	27	36	45	33	35
- gerichtet auf sonstige Kosten	5	2	4	1	11	4	7	6	4	4	4	4	7
Ersatzbeschaffung	16	17	20	14	12	15	14	24	19	21	18	34	39
Die Investitionen dienen u.a. der Einführung neuer Produktionsmethoden bei ... % der Unternehmen[a)]	9	5	13	27	27	24	31	30	35	39	19	35	25

a) Meldungen gewichtet mit dem Firmenumsatz.

Quelle: Ifo-Investitionserhebung.

Tabelle A 17

Altersstruktur der Ausrüstungen in der Papierverarbeitung sowie im verarbeitenden Gewerbe[a], 1973 und 1983

(Anteil der Jahrgangsgruppen in %)

Altersgruppe (Jahre)	1973 Papierverarbeitung	1973 verarb. Gewerbe	1983 Papierverarbeitung	1983 verarb. Gewerbe
0 - 2	23,3	21,1	16,4	16,7
3 - 6	24,4	32,0	29,8	30,3
7 - 10	23,5	22,4	21,6	21,0
11 - 16	15,0	16,8	23,9	22,1
17 u. mehr	13,8	7,7	8,3	9,9
Durchschnittsalter (Jahre)	5,9	7,0	7,6	7,6

a) Nach dem Benutzerkonzept, auf Basis der Werte in Preisen von 1976.

Quelle: Ifo-Anlagevermögensrechnung.

Tabelle A 18

Entwicklung des Kapitaleinsatzes der Papier- und Pappeverarbeitung im Inland

Kapitaleinsatz	Einheit	1972	1974	1976	1978	1980	1981	1982	1983	1984
Brutto-Anlagevermögen[a)]										
Papier- und Pappeverarbeitung	Mio.DM	8 613	9 518	10 037	10 520	11 094	11 452	11 713	11 847	11 958
	1970=100	119,3	131,8	139,0	145,7	153,6	158,6	162,2	164,0	165,6
Verarbeitendes Gewerbe	1970=100	112,4	120,6	125,1	129,1	133,9	136,2	137,8	138,9	139,9
Kapitalintensität[b)]										
Papier- und Pappeverarbeitung	DM	65 260	73 975	89 532	95 482	97 429	101 104	107 718	115 586	118 924
	1970=100	123,1	139,6	168,9	180,1	183,8	190,7	203,2	218,1	224,4
Verarbeitendes Gewerbe	1970=100	115,6	126,5	144,0	150,7	154,5	161,1	169,0	177,8	180,8
Papier- und Pappeverarbeitung	Verarb. Gew.= 1	0,80	0,83	0,89	0,90	0,90	0,89	0,91	0,93	0,94

a) In Preisen von 1980. - b) Brutto-Anlagevermögen in Preisen von 1980 je Beschäftigten.

Quelle: E. Baumgart u.a., "Produktionsvolumen und -potential, Produktionsfaktoren des Bergbaus und des Verarbeitenden Gewerbes in der Bundesrepublik Deutschland", 27. Folge, Berlin 1985.

Tabelle A 19

Unmittelbare und mittelbare deutsche Direktinvestitionen im Ausland: Kenngrößen der deutschen Investoren aus der Papierverarbeitung

- Bestand jeweils zum Jahresende -

Jahr	Unmittelbare deutsche Direktinvestitionen (Mio. DM)	Summe unmittelbarer und mittelbarer Direktinvestitionen (Mio. DM)	Anzahl der Investoren
1976	36	36	18
1977	60	60	23
1978	88	88	31
1979	140	141	33
1980	157	158	35
1981	184	184	34
1982	200	200	34
1983	263	263	35

Quelle: Deutsche Bundesbank, Beilage zu "Statistische Beihefte zu den Monatsberichten der Deutschen Bundesbank", Reihe 3, Zahlungsbilanzstatistik, Nr. 6, Juni 1983 und Nr. 3, März 1985.

Tabelle A 20

Unmittelbare und mittelbare deutsche Direktinvestitionen im Ausland: Kennziffern der ausländischen Investitionsobjekte in der Papierverarbeitung

Jahr	Anzahl der Unternehmen	Bilanzsumme in Mrd. DM	Jahresumsatz in Mrd. DM	Beschäftigte in 1000
1976	54	0,5	0,5	4
1977	43	0,4	0,6	5
1978	44	0,5	0,6	5
1979	44	0,8	0,9	7
1980	40	0,9	1,1	6
1981	44	1,1	1,3	7
1982	44	1,2	1,4	6
1983	46	1,2	1,4	6

Quelle: Deutsche Bundesbank, Beilage zu "Statistische Beihefte zu den Monatsberichten der Deutschen Bundesbank", Reihe 3, Zahlungsbilanzstatistiken, Nr. 6, Juni 1983 und Nr. 3, März 1985.

Tabelle A 21

Unmittelbare und mittelbare ausländische Direktinvestitionen in der Papierverarbeitung der Bundesrepublik Deutschland

Jahr	Unmittelbare	Mittelbare	Anzahl	Bilanzsumme (Mrd. DM)	Jahresumsatz (Mrd. DM)	Beschäftigte (in 1000)
	ausländische Direktinvestitionen (Mio. DM)		der inländischen Unternehmen		mit ausländischer Beteiligung	
1976	396	161	60	1,5	2,0	15
1977	339	203	68	1,7	2,2	16
1978	418	250	70	2,0	2,5	17
1979	444	225	69	2,1	3,0	17
1980	439	268	69	2,0	3,3	17
1981	453	217	69	1,9	3,1	17
1982	449	222	67	1,8	3,2	15
1983	389	251	68	1,7	3,1	15

Quelle: Deutsche Bundesbank, Beilage zu "Statistische Beihefte zu den Monatsberichten der Deutschen Bundesbank", Reihe 3, Zahlungsbilanzstatistik, Nr. 6, Juni 1983 und Nr. 3, März 1985.

Tabelle A 22

Entwicklung des Arbeitseinsatzes in der Papier- und Pappeverarbeitung[a)]

Arbeitseinsatz	Einheit	1972	1973	1974	1975	1976	1977	1978	1979	1980	1981	1982	1983	1984
Beschäftigte														
Anzahl	1000	132	132	129	118	112	112	110	111	114	113	109	102	101
Entwicklung	1972=100	100	100,1	97,5	89,7	84,9	84,9	83,5	83,9	86,3	85,8	82,4	77,7	76,2
Anteil am verarbeitenden Gewerbe	%	1,58	1,57	1,57	1,55	1,50	1,52	1,50	1,50	1,53	1,56	1,56	1,53	1,52
Geleistete Beschäftigtenstunden														
Anzahl	Mio.Std.	242	240	228	204	201	199	193	194	196	193	184	177	174
Entwicklung	1972=100	100	99,0	94,2	84,3	83,0	82,4	79,8	80,0	81,1	79,7	76,1	73,2	72,0
Anteil am verarbeitenden Gewerbe	%	1,57	1,56	1,57	1,55	1,51	1,54	1,52	1,52	1,56	1,59	1,59	1,58	1,57
Arbeitsstunden je Beschäftigten														
Anzahl	Std.	1 835	1 815	1 774	1 725	1 794	1 779	1 754	1 750	1 725	1 705	1 695	1 729	1 734
Entwicklung	1972=100	100	98,9	96,7	94,0	97,7	96,9	95,6	95,4	94,0	92,9	92,4	94,2	94,5
Arbeitsproduktivität[b)]	DM	21,54	23,22	24,14	23,91	26,47	28,16	29,44	30,57	31,39	31,80	32,62	34,27	35,46
Entwicklung	1972=100	100	107,8	112,1	111,0	122,9	130,7	136,7	141,9	145,7	147,6	151,4	159,1	164,6

a) Betriebe von Unternehmen mit 20 Beschäftigten und mehr, einschließlich Handwerk. - b) Effektives Bruttowertschöpfungsvolumen in Preisen von 1980 je geleistete Beschäftigtenstunde.

Quelle: E. Baumgart u.a., "Produktionsvolumen und -potential, Produktionsfaktoren des Bergbaus und des Verarbeitenden Gewerbes in der Bundesrepublik Deutschland", 27. Folge, Berlin 1985.

Tabelle A 23

Qualifikationsstruktur der Beschäftigten in der Papier- und Pappeverarbeitung[a)]

- Anteile in % -

Beschäftigungsart	Geschlecht	Leistungsgruppe	1972	1984
Arbeiter	männlich	1	20,7	21,1
		2	20,8	35,0
		3	14,0	5,6
	weiblich	1	1,8	0,8
		2	21,8	20,1
		3	20,9	17,4
		Gesamt	100	100
Kaufmännische Angestellte	männlich	II	13,6	20,1
		III	23,5	28,7
		IV	11,4	5,0
		V	1,4	0,8
	weiblich	II	2,9	2,8
		III	14,0	20,4
		IV	24,1	18,0
		V	9,1	4,2
		Gesamt	100	100
Technische Angestellte	männlich	II	25,3	29,0
		III	48,4	53,7
		IV	16,8	9,9
		V	0,9	0,7
	weiblich	II	0,4	0,4
		III	2,4	2,9
		IV	4,0	2,4
		V	1,8	1,0
		Gesamt	100	100

a) Jeweils Oktober.

Quelle: Statistisches Bundesamt, Fachserie 16, Reihen 2.1 und 2.2.

Tabelle A 24

Prozeßinnovationen in ausgewählten Wirtschaftszweigen der Papier- und Pappeverarbeitung

Wirtschaftszweig	Die Investitionen dienen u.a. der Einführung neuer Produktionsmethoden bei ... % der Unternehmen[a]												
	1972	1973	1974	1975	1976	1977	1978	1979	1980	1981	1982	1983	1984
Kombinierte Fertigung	.	.	.	.	.	.	.	17	1	19	15	1	5
Herst.v. Tüten und Beuteln	17	6	22	61	26	43	35	14	9	12	18	25	32
Herst.v. Briefumschlägen und Papierausstattungen	0	4	1	12	0	3	16	22	32	27	27	13	0
Herst.v. Geschäftsbüchern und Organisationsmitteln	0	15	3	12	56	0	25	20	25	0	68	2	17
Herst.v. Wellpappe	4	3	3	4	12	12	13	4	9	26	5	13	10
Herst.v. Faltschachteln	0	0	0	43	16	6	3	4	1	11	0	4	20
Herst.v. Kartonagen[b]	22	2	8	0	3	3	0	4	0	6	5	31	23
Herst.v. Tapeten	37	23	77	9	25	86	29	26	55	14	34	36	0
Papier- und Pappeverarbeitung insgesamt	9	5	13	27	27	24	31	30	35	39	19	35	25

a) Meldungen gewichtet mit dem Firmenumsatz. - b) Ohne Faltschachteln.

Quelle: Ifo-Investitionserhebung.

Tabelle A 25

Kapitalproduktivität[a] und Kapitalintensität[b] in der Papier- und Pappeverarbeitung

Jahr	Kapitalproduktivität in DM	Kapitalproduktivität 1970=100	Kapitalintensität in 1000 DM	Kapitalintensität 1970=100
1972	714	93	65	123
1973	697	91	69	131
1974	678	89	73	140
1975	662	86	83	156
1976	650	85	90	169
1977	640	84	92	173
1978	631	82	95	180
1979	622	81	97	184
1980	614	80	97	184
1981	609	80	101	191
1982	607	79	108	203
1983	605	79	116	218
1984	605	79	119	224

a) Potentielles Bruttowertschöpfungsvolumen je 1000 DM Brutto-Anlagevermögen in Preisen von 1980. - b) Brutto-Anlagevermögen in Preisen von 1980 je Beschäftigten.

Quelle: DIW, E. Baumgart u.a.: "Produktionsvolumen und -potential des Bergbaus und des Verarbeitenden Gewerbes in der Bundesrepublik Deutschland", 27. Folge, Berlin 1985.

Tabelle A 26

Lieferanteil ausgewählter Regionen am Welthandel[a)] mit Waren aus Papier und Pappe

- Anteile in % -

Land	1972	1973	1974	1975	1976	1977	1978	1979	1980	1981	1982
BR Deutschland	16,3	17,5	16,8	15,0	17,2	17,9	18,0	18,0	18,3	18,2	20,9
Frankreich	10,0	10,1	9,9	10,4	9,8	10,4	10,4	10,5	10,5	10,2	8,9
Italien	3,7	3,2	3,0	3,2	3,3	3,3	3,8	3,5	3,5	3,6	3,9
Niederlande	10,2	10,7	9,5	8,9	8,9	8,7	8,1	8,0	8,0	7,0	7,0
Belgien/Luxemburg	6,8	6,8	6,2	6,2	6,9	7,0	7,0	7,3	7,3	7,2	6,5
Großbritannien	8,1	7,3	7,2	7,8	7,0	8,5	8,7	8,2	7,4	6,5	6,1
Irland	0,5	0,6	0,7	0,7	0,6	0,6	0,6	0,6	0,7	0,6	0,7
Dänemark	1,8	1,6	1,9	1,8	1,7	1,7	1,7	1,6	1,7	1,6	1,6
EG-Staaten	57,3	57,9	55,3	53,9	55,4	58,1	58,4	57,8	57,5	54,7	54,7
USA	11,8	13,2	14,4	14,3	14,1	13,1	12,3	12,7	13,3	15,6	14,7
Kanada	1,1	1,0	1,0	0,8	1,0	1,0	1,2	1,4	1,3	1,4	2,1
Nordamerika	12,9	14,2	15,4	15,1	15,1	14,1	13,5	14,1	14,6	17,0	16,8
Schweden	5,1	5,3	4,9	5,0	4,8	4,7	4,6	5,0	4,9	4,7	4,3
Norwegen	0,9	0,9	1,2	1,1	1,0	0,8	0,7	0,7	o.A.	o.A.	o.A.
Finnland	6,8	6,5	7,1	8,6	6,8	6,8	5,9	5,7	7,5	o.A.	O.A.
Skandinavien	12,8	12,7	12,2	14,7	12,6	12,3	11,2	11,4	.	.	.

a) Anteil der Exporte des jeweiligen Landes am Welthandel; dieser umfaßt alle Exporte der OECD-Länder (fob) sowie deren Importe (cif) aus Nicht-OECD-Ländern. Der Anteil des Handels der Nicht-OECD-Länder untereinander, der unter 10 % des tatsächlichen Welthandels liegen dürfte, wird nicht erfaßt.

Quelle: Berechnungen des Ifo-Instituts nach Unterlagen der OECD.

Tabelle A 27

Ausfuhren von Papier- und Pappewaren aus der Bundesrepublik Deutschland, 1970 bis 1984

Jahr	Ausfuhr (Mio. DM) in jeweiligen Preisen	Ausfuhr (Mio. DM) in Preisen von 1980	Anteil der Ausfuhr (%)[a] an der Produktion[b]	Anteil der Ausfuhr (%)[a] an der Gesamtausfuhr[c]
1970	556	842	7,5	0,47
1971	618	913	8,0	0,48
1972	704	1 022	8,5	0,50
1973	790	1 102	8,7	0,46
1974	1 101	1 301	10,1	0,50
1975	1 023	1 108	10,0	0,49
1976	1 273	1 382	11,6	0,52
1977	1 341	1 482	12,0	0,52
1978	1 416	1 562	12,2	0,53
1979	1 614	1 726	12,6	0,54
1980	1 905	1 905	13,1	0,57
1981	2 280	2 141	14,6	0,61
1982	2 664	2 387	16,7	0,66
1983	2 937	2 620	18,1	0,72
1984	3 374	2 899	19,6	0,73

a) Auf der Basis jeweiliger Preise. - b) Anteil der Ausfuhr an der Produktion von Papier und Pappewaren (Ausfuhrquote). - c) Anteil der Ausfuhr an der Ausfuhr von Erzeugnissen des verarbeitenden Gewerbes.

Quelle: Statistisches Bundesamt, Fachserie 4, Reihe 3.1, Fachserie 7, Reihe 1 und Fachserie 17, Reihen 2 und 8; Berechnungen des Ifo-Instituts.

Tabelle A 28

Ausfuhren von Papier- und Pappewaren[a] aus der Bundesrepublik Deutschland nach Abnehmerregionen, 1972 und 1984

Abnehmerregion[b]	1972		1984	
	Mio. DM	%	Mio. DM	%
Frankreich	130,2	19,2	524,3	15,6
Belgien/Luxemburg	79,9	11,8	342,1	10,1
Niederlande	142,8	21,1	643,5	19,1
Italien	60,6	8,9	204,9	6,1
Verein. Königreich	13,4	2,0	315,4	9,3
Irland	1,0	0,0	23,0	0,7
Dänemark	18,3	2,7	95,8	2,8
Griechenland	5,3	0,8	67,3	2,0
EG (10)	451,5	66,5	2216,3	65,7
Andere europäische Länder	144,1	21,3	584,3	17,3
USA/Kanada	12,5	1,8	105,6	3,1
Übrige westliche Industrieländer	14,1	2,1	53,0	1,6
Entwicklungsländer	43,0	6,3	336,0	10,0
Europäische Staatshandelsländer	13,3	2,0	78,5	2,3
Sonst. Staatshandelsländer	0,1	0,0	0,6	0,0
Ausfuhren insgesamt	678,6[c]	100	3374,4	100

a) Abgrenzung nach den Gütergruppen der Produktionsstatistiken. - b) Definition gemäß Außenhandelsstatistik des Statistischen Bundesamtes, Stand 1984. - c) Die Differenz zu der an anderer Stelle genannten Summe von 704 Mio. DM ergibt sich durch nicht zuzuordnende Abnehmerländer.

Quelle: Berechnungen des Ifo-Instituts nach: Statistisches Bundesamt, Reihe 7, Sonderbeiträge und Fachserie 7, Reihe 7.

Tabelle A 29

Lieferanteile der Bundesrepublik Deutschland an den Einfuhren wichtiger Länder bei Papier- und Pappewaren, 1970 und 1982

- in % -

Land	Lieferanteil der BR Deutschland	
	1970	1982
Frankreich	34,4	29,5
Italien	36,3	43,6
Niederlande	45,9	53,5
Belgien/Luxemburg	27,2	35,1
Großbritannien	10,7	24,1
Irland	1,7	9,7
Dänemark	16,0	21,7
Griechenland	17,9	54,6
Portugal	12,3	22,1
Spanien	18,9	39,6
Türkei	12,0	19,9
Jugoslawien	25,3	51,1
Österreich	53,5	55,9
Schweiz	30,8	33,8
Schweden	13,4	15,3
USA	4,7	6,2
Kanada	1,2	1,3
Japan	4,9	7,4
Welt[a)]	16,1	20,9

a) Umfaßt alle Exporte der OECD-Länder (fob) sowie deren Importe (cif) aus Nicht-OECD-Ländern. Der Anteil des Handels der Nicht-OECD-Länder untereinander, der unter 10 % des tatsächlichen Welthandels liegen dürfte, wird nicht erfaßt.

Quelle: Berechnungen des Ifo-Instituts nach Unterlagen der OECD.

Tabelle A 30

Ausfuhren der Bundesrepublik Deutschland von Papier- und Pappewaren nach wichtigen Erzeugnisgruppen, 1972 und 1984

Erzeugnisgruppe	1972		1984	
	Mio. DM	%	Mio. DM	%
Schreibwaren und Bürobedarf	109,9	15,6	357,2	10,6
Verpackungsmittel	175,7	25,0	1060,0	31,4
Hygienepapierartikel	39,1	5,5	846,2	25,1
Tapeten	117,7	16,7	157,4	4,7
Übrige Papier- und Pappewaren	261,9	37,2	953,6	28,2
Papier- und Pappewaren insgesamt	704,0	100	3374,4	100

Quelle: Berechnungen des Ifo-Instituts nach: Statistisches Bundesamt, Fachserie 7, Reihe 1.

Tabelle A 31

Einfuhren von Papier- und Pappewaren in die Bundesrepublik Deutschland, 1970 bis 1984

Jahr	Einfuhr (Mio. DM) in jeweiligen Preisen	Einfuhr (Mio. DM) in Preisen von 1980	Anteil der Einfuhr (%)[a] an der Inlandsverfügbarkeit[b]	Anteil der Einfuhr (%)[a] an der Gesamteinfuhr[c]
1970	356	519	4,9	0,44
1971	421	603	5,6	0,48
1972	488	707	6,0	0,50
1973	573	819	6,4	0,52
1974	742	851	7,1	0,59
1975	812	879	8,1	0,62
1976	819	881	7,8	0,51
1977	889	953	8,3	0,52
1978	913	982	8,2	0,50
1979	1 094	1 149	8,9	0,50
1980	1 232	1 232	8,9	0,50
1981	1 394	1 274	9,5	0,54
1982	1 399	1 237	9,5	0,52
1983	1 558	1 400	10,5	0,54
1984	1 709	1 473	11,0	0,52

a) Auf der Basis jeweiliger Preise. - b) Anteil der Einfuhr an der Inlandsverfügbarkeit von Papier- und Pappewaren (Einfuhrquote). - c) Anteil der Einfuhr an der Einfuhr von Erzeugnissen des verarbeitenden Gewerbes.

Quelle: Statistisches Bundesamt, Fachserie 4, Reihe 3.1, Fachserie 7, Reihe 1 und Fachserie 17, Reihen 2 und 8; Berechnungen des Ifo-Instituts.

Tabelle A 32

Einfuhren von Papier- und Pappewaren[a] in die Bundesrepublik Deutschland nach Lieferregionen, 1972 und 1984

Lieferregion[b]	1972		1984	
	Mio. DM	%	Mio. DM	%
Frankreich	77,0	16,2	277,3	16,2
Belgien/Luxemburg	62,6	13,2	137,4	8,0
Niederlande	165,4	34,8	364,8	21,3
Italien	18,0	3,8	120,4	7,0
Verein. Königreich	24,0	5,1	75,0	4,4
Irland	2,0	0,4	13,6	0,8
Dänemark	16,9	3,6	69,0	4,0
Griechenland	0,0	0,0	1,3	0,1
EG (10)	365,5	77,1	1058,8	61,8
Österreich	19,6	4,1	227,2	13,2
Schweiz	10,6	2,2	75,6	4,4
Schweden	14,9	3,1	96,3	5,6
Finnland	4,3	0,9	60,0	3,5
Übrige westeuropäische Länder	5,2	1,1	42,2	2,5
USA/Kanada	30,6	6,5	63,5	3,7
Übrige westliche Industrieländer	18,5	3,9	28,8	1,7
Entwicklungsländer	3,7	0,8	48,8	2,8
Europ. Staatshandelsländer	1,4	0,3	6,3	0,4
Sonst. Staatshandelsländer	0,0	0,0	7,3	0,4
Einfuhren insgesamt	474,3[c]	100	1714,8	100

a) Abgrenzung nach den Gütergruppen der Produktionsstatistiken. - b) Definition gemäß Außenhandelsstatistik des Statistischen Bundesamtes, Stand 1984. - c) Die Differenz zu der an anderer Stelle genannten Summe von 488 Mio. DM ergibt sich durch nicht zuzuordnende Abnehmerländer.

Quelle: Berechnungen des Ifo-Instituts nach: Statistisches Bundesamt, Reihe 7, Sonderbeiträge und Fachserie 7, Reihe 7.

Tabelle A 33

Abnehmeranteil der Bundesrepublik Deutschland an den Ausfuhren wichtiger Länder bei Papier- und Pappewaren, 1970 und 1982

- in % -

Land	Anteil der BR Deutschland	
	1970	1982
Frankreich	15,6	17,9
Italien	8,6	18,0
Niederlande	39,6	28,1
Belgien/Luxemburg	13,2	10,9
Großbritannien	4,0	7,2
Irland	6,8	16,5
Dänemark	27,6	23,4
Griechenland	1,1	1,1
Portugal	1,0	15[a)]
Spanien	3,8	12,3
Österreich	12,9	28,0
Schweiz	10,8	24,8
Schweden	6,5	9,2
USA	2,6	2,4
Kanada	0,2	0,4
Japan	2,0	3,6
Welt[b)]	8,8	9,2

a) Geschätzt; Originalwert enthielt offensichtlich einen Druckfehler. - b) Umfaßt alle Exporte der OECD-Länder (fob) sowie deren Importe (cif) aus Nicht-OECD-Ländern. Der Anteil des Handels der Nicht-OECD-Länder untereinander, der unter 10 % des tatsächlichen Welthandels liegen dürfte, wird nicht erfaßt.

Quelle: Berechnungen des Ifo-Instituts nach Unterlagen der OECD.

Tabelle A 34

Einfuhren der Bundesrepublik Deutschland von Papier- und Pappewaren nach wichtigen Erzeugnisgruppen, 1972 und 1984

Erzeugnisgruppe	1972		1984	
	Mio. DM	%	Mio. DM	%
Schreibwaren und Bürobedarf	58,4	12,0	226,0	13,2
Verpackungsmittel	51,3	10,5	321,1	18,7
Hygienepapierartikel	39,0	8,0	371,2	21,6
Tapeten	51,3	10,5	61,0	3,6
Übrige Papier- und Pappewaren	235,2	48,2	735,5	42,9
Papier- und Pappewaren insgesamt	488,0	100	1714,8	100

Quelle: Berechnungen des Ifo-Instituts nach: Statistisches Bundesamt, Fachserie 7, Reihe 1.

Tabelle A 35

Entwicklung des innerdeutschen Warenverkehrs bei Papier- und Pappewaren, 1972 bis 1984

- in Mio. DM -

Jahr	Bezüge	Lieferungen	Saldo des Warenverkehrs
	der Bundesrepublik Deutschland		
1972	14,9	4,9	-10,0
1973	15,1	5,4	-9,7
1974	14,9	11,1	-3,8
1975	17,0	14,1	-2,9
1976	22,1	10,6	-11,5
1977	19,9	15,9	-4,0
1978	20,1	17,1	-3,0
1979	28,5	22,5	-6,0
1980	36,4	18,5	-17,9
1981	36,2	16,3	-19,9
1982	33,2	14,0	-19,2
1983	40,2	10,1	-30,1
1984	51,2	14,2	-37,0

Quelle: Statistisches Bundesamt, Fachserie 6, Reihe 6.

Tabelle A 36

Rohstoffintensität[a)] in der Papierverarbeitung

Wirtschaftszweig	1975	1978	1982
Papier- und Pappeverarbeitung	44,0	42,4	42,1
dar.: Herstellung von Tapeten, Spezialpapieren, Verpackungsmitteln	51,2	48,6	47,9
Herstellung von Schreibwaren und Bürobedarf, Buchbinderei	.	31,1	32,9
Herstellung von sonstigen Waren aus Papier und Pappe	.	35,4	34,9
Verbrauchsgüter produzierendes Gewerbe	39,4	39,8	48,1
Bergbau und verarbeitendes Gewerbe insgesamt	41,1	40,2	38,8

a) Anteil des Materialverbrauchs am Bruttoproduktionswert; 1982 ohne, 1975 und 1978 einschl. Energieverbrauch.

Quelle: Statistisches Bundesamt, Fachserie 4, Reihe 4.3.3.

Tabelle A 37

Materialeingang in der Papierverarbeitung

(in % des gesamten Rohstoffeingangs, 1982)

Bezogene Rohstoffe (einschl. fremdbezogene Vorprodukte)	Papierverarbeitung insgesamt	H.v. Tapeten, Spezialpapieren, Verpackungsmitteln	H.v. Schreibwaren, Bürobedarf, Buchbinderei	H.v. sonstigen Waren aus Papier und Pappe
Papier und Pappe	56,0	68,3	53,3	28,7
Papier- und Pappewaren	9,8	8,1	14,5	11,4
Chemische Erzeugnisse	9,4	9,6	5,6	10,6
Kunststofferzeugnisse	5,6	4,0	8,6	8,1
Holzschliff und Zellstoff	7,0	2,5	0,1	21,0
Eisen-, Blech- und Metallwaren	1,3	1,4	1,1	1,3
Übrige Rohstoffe	10,9	6,1	16,8	18,9
Rohstoffe insgesamt in %	100	100	100	100
in Mio. DM	7 302	4 447	933	1 922

Quelle: Berechnungen des Ifo-Instituts nach: Statistisches Bundesamt, Fachserie 4, Reihe S 5.

Tabelle A 38

Aufwendungen für Energie in der Papierverarbeitung, 1982

Bezogene Brenn- und Treibstoffe sowie Energie	Papier- und Pappeverarbeitung		H.v. Tapeten, Spezialpapieren, Verpackungsmitteln		H.v. Schreibwaren, Bürobedarf, Buchbinderei		H.v. sonstigen Waren aus Papier und Pappe	
	Mio. DM	%	Mio. DM	%	Mio. DM	%	Mio. DM	%
Feste Brennstoffe	17,0	3,6	7,5	2,8	0,1	0,2	9,4	6,0
Flüssige Brenn- und Treibstoffe	162,9	34,5	99,3	36,9	14,9	32,2	48,6	31,2
Gas	68,2	14,5	49,2	18,3	3,6	7,8	15,4	9,9
Elektrischer Strom	214,9	45,6	109,6	40,7	26,4	57,0	79,0	50,7
Fernwärme und Preßluft	8,3	1,8	3,5	1,3	1,3	2,8	3,5	2,2
Bezogene Energie insgesamt	471,3	100	269,1	100	46,3	100	155,9	100
Umsatz (Mio. DM)	17 255,2		9 592,6		2 558,0		5 104,6	
Aufwendungen je 1000 DM Umsatz	27,30		28,10		18,10		30,54	

Quelle: Statistisches Bundesamt, Fachserie 4, Reihe S.5 und 4.1.1; Berechnungen des Ifo-Instituts.

Tabelle A 39

Energieeinsatz und spezifischer Energieverbrauch der Papierverarbeitung

Jahr	Gesamter Energieeinsatz in 1000 t SKE	davon in %				Spezifischer Energieverbrauch[a)]	1976 = 100
		Kohle	Heizöl	Gas	Strom		
1972	650	10,2	62,6	8,6	18,6	0,144	90,0
1973	703	12,4	57,6	10,4	19,6	0,146	91,3
1974	700	13,6	52,6	13,0	20,8	0,147	91,9
1975	686	11,3	52,8	14,6	21,3	0,162	101,3
1976	736	8,3	51,6	18,8	21,3	0,160	100
1977	744	5,8	49,9	23,5	20,8	0,153	95,6
1978	838	4,8	47,9	29,2	18,1	0,170	106,3
1979	830	5,3	47,0	28,3	19,4	0,160	100,0
1980	812	5,5	43,5	29,8	21,2	0,153	95,6
1981	778	6,0	41,4	30,0	22,6	0,148	92,5
1982	739	5,6	36,3	33,9	24,2	0,141	88,1
1983	732	6,3	33,2	35,8	24,7	0,139	86,9
1984	757	6,4	30,7	37,9	25,0	0,140	87,5

a) Spezifischer Energieverbrauch in t SKE/1000 DM Nettoproduktion.

Quelle: Statistisches Bundesamt, Fachserie 4, Reihe 4.1.1; Berechnungen des Ifo-Instituts.

Tabelle A 40

Brutto-Stundenverdienste der Arbeiter in der Papierverarbeitung in wichtigen EG-Ländern

Land	Einheit	1972	1975	1978	1979	1980	1981	1982	1983	1984	durchschn. jährl. Steigerung in %
Bundesr. Deutschland	ECU	1,95 a)	2,97 a)	4,41	5,20	5,58	5,90	6,58	5,91	6,09	10,0 a)
	G.I. b)=100	95	92	95	105	105	105	106	86	87	
Frankreich	ECU a)	1,35	2,43	3,25	3,67	4,21	4,66	5,00	5,24	5,57	12,5
	G.I.=100	103	108	107	110	109	108	108	108	109	
Italien	ECU	1,34 a)	2,30 a)	2,56	2,89	3,26	3,64	4,15	4,75	4,91	11,5 c)
	G.I.=100	108	120	99	101	99	95	97	97	94	
Niederlande	ECU d)	2,04	3,47	4,81	5,09	5,30	5,57	6,38	6,68	7,00	10,8
	G.I.=100	113	108	105	107	106	106	106	102	105	
Belgien	ECU	n.a.	2,85	4,27	4,58	4,93	5,55	5,44	5,55	6,02	8,7 e)
	G.I.=100	.	88	90	89	88	92	92	92	94	
Verein. Königreich	ECU	n.a.	2,27	2,64	3,22	4,15	5,38	5,71	5,98	n.a.	12,9 f)
	G.I.=100	.	101	99	102	105	110	110	107	.	
Dänemark	ECU	2,41	4,52	6,55	6,92	6,93	7,86	8,23	8,89	9,46	12,1
	G.I.=100	102	103	108	108	108	112	110	112	111	

a) Einschließlich Papiererzeugung. - b) G.I. = Gesamt-Industrie. - c) 1978 bis 1984. - d) Einschließlich Papiererzeugung und Druckindustrie. - e) 1975 bis 1984. - f) 1975 bis 1983.

Quelle: Berechnungen des Ifo-Instituts nach EUROSTAT, Stundenverdienste/Arbeitszeit.

Tabelle A 41

Arbeitskosten in der Papierwirtschaft[a)], 1972 bis 1981

- in ECU/Stunde -

Land	1972	1975	1978	1979	1980	1981
BR Deutschland	3,22	5,47	8,22	8,80	9,37	10,58
Frankreich	2,94	5,48	6,99	7,96	9,00	11,13
Italien	3,11	5,05	5,79	6,37	7,04	8,00
Niederlande	3,56	6,61	9,24	10,04	10,43	10,88
Belgien	3,10	6,10	9,29	9,91	10,81	12,11
Verein. Königreich	n.a.	3,23	4,02	4,70	6,17	8,23
Dänemark	n.a.	6,60	9,58	11,31	11,66	11,64

a) Papiererzeugung, Papierverarbeitung, Druckindustrie, Verlagswesen.

Quelle: EUROSTAT, Stundenverdienste/Arbeitszeit.

Tabelle A 42

Ertragsentwicklung in der Papierverarbeitung, in der Kunststoffverarbeitung und im verarbeitenden Gewerbe insgesamt, 1965 bis 1983

Jahr	Jahresüberschuß vor Steuern in % des Umsatzes[a)]		
	Papierverarbeitung	Kunststoffverarbeitung	verarbeitendes Gewerbe
1965	9,7	9,7	11,4
1966	9,7	8,4	10,6
1967	8,6	8,0	10,6
1968	8,3	8,2	9,7
1969	7,7	7,7	9,5
1970	5,8	5,9	8,4
1971	5,5	6,2	7,9
1972	5,9	5,7	8,2
1973	5,1	4,9	7,5
1974	5,3	5,2	6,2
1975	4,7	4,0	6,3
1976	4,6	5,3	7,3
1977	4,1	5,2	7,0
1978	4,6	5,2	7,2
1979	3,9	5,3	7,1
1980	4,3	4,4	6,5
1981	2,0	2,8	5,5
1982	2,1	2,9	5,6
1983	3,4	4,3	5,8

a) Umsätze und Steuern bis 1967 einschl. kumulierter Umsatzsteuer, ab 1968 ohne Mehrwertsteuer. Bis 1979 Systematik der Wirtschaftszweige des Statistischen Bundesamts, Ausgabe 1961; ab 1980 Systematik der Wirtschaftszweige des Statistischen Bundesamts, Ausgabe 1979.

Quelle: Deutsche Bundesbank, Jahresabschlüsse der Unternehmen in der Bundesrepublik Deutschland 1965 - 1981, Sonderdruck Nr. 5; für 1982: Berechnungen des Ifo-Instituts nach: Ertragslage und Finanzierungsverhältnisse der Unternehmen, in: Monatsberichte der Deutschen Bundesbank, 36. Jahrg. (1984), Heft 11, S. 13 ff. sowie dto., 37. Jahrg. (1985), Heft 11, S. 14 ff.

Tabelle A 43

Entwicklung der Produktionsstruktur[a] bei Papierwaren, 1972 und 1984

Erzeugnisse	1972	1984
Tapeten	7,1	3,6
Verpackungsmittel	54,9	51,9
dar.: Papiersäcke	(4,4)	(3,1)
Tüten und Beutel	(5,1)	(2,4)
Wellpappe	(19,3)	(20,4)
Verpackungsmittel aus Karton, Displays etc.	(16,3)	(19,2)
Schreibwaren, Bürobedarf u.ä.	13,5	12,3
dar.: Geschäftsbücher, Lernmittel, Kalender	(7,3)	(5,9)
Briefumschläge, Papierausstattungen	(3,6)	(3,4)
Hygienepapierwaren, Filtrierpapierwaren	11,2	22,2
Übrige Papierwaren	13,3	10,0
Papierwaren insgesamt in %	100	100
in Mio. DM	8 295,9	17 249,4

a) Anteile der Erzeugnisse am Produktionswert für Papierwaren insgesamt in %

Quelle: Berechnungen des Ifo-Instituts nach: Statistisches Bundesamt, Fachserie D, Reihe 3 und Fachserie 4, Reihe 3.1.

FSC
www.fsc.org
MIX
Papier | Fördert
gute Waldnutzung
FSC® C083411

Kolibri 360 GmbH
Ferdinand-Jühlke-Straße 7
99095 Erfurt, Deutschland
produktsicherheit@kolibri360.de

Druck:
CPI Druckdienstleistungen GmbH
im Auftrag der
Kolibri 360 GmbH
Ferdinand-Jühlke-Str. 7
99095 Erfurt